Mungo Park und der Niger

Joseph Thomson

Writat

Diese Ausgabe erschien im Jahr 2024

ISBN: 9789359944135

Herausgegeben von
Writat
E-Mail: info@writat.com

Inhalt

REDAKTIONELLES VORWORT.

Die Geschichte der Welterkundung ist immer attraktiv. Wir interessieren uns natürlich sehr für die Persönlichkeit der Männer, die den Weg ins Unbekannte gewagt und uns so das Gesicht von Mutter Erde enthüllt haben. Das Interesse an der Forschungsarbeit war in den letzten Jahren besonders stark und weit verbreitet, und man geht davon aus, dass eine Reihe von Bänden, die sich mit den großen Entdeckern und Erkundungen der Vergangenheit befassen, einem breiten Leserkreis willkommen sein dürfte. Ohne Kenntnis des Erreichten können die Ergebnisse der beispiellosen Forschungstätigkeit der Gegenwart nicht verstanden werden. Es ist daher zu hoffen, dass die vorliegende Serie ein echtes Bedürfnis befriedigen wird. Mit ein oder zwei Ausnahmen befasst sich jeder Band hauptsächlich mit einem führenden Entdecker, wobei die Persönlichkeit des Mannes hervorgehoben, die Geschichte seines Lebens erzählt und in allen Einzelheiten gezeigt wird, was er für die Erforschung der Welt getan hat. Wenn es nötig sein sollte, etwas vom allgemeinen Plan abzuweichen, wird man immer im Auge behalten, dass es sich bei der Serie im Wesentlichen um eine populäre Serie handelt. Nach Abschluss wird die Reihe eine Biografische Geschichte der geografischen Entdeckung bilden.

Die Herausgeber gratulieren sich selbst dazu, dass sie die Mitarbeit von Männern gewinnen konnten, die in ihren eigenen Abteilungen als höchste Autoritäten gelten. Ihre Namen sind der Öffentlichkeit zu bekannt, als dass sie einer Vorstellung bedürfen. Jeder Autor ist selbstverständlich für seine eigene Arbeit voll verantwortlich.

DIE REDAKTION.

- 2 -

KAPITEL I.
DER ERSTE LICHTSCHEIN.

Um die erste Anspielung auf den Fluss Niger zu finden, müssen wir bis zum Anfang der Geschichte zurückgehen.

Viele Jahrhunderte vor der christlichen Ära war der Geist der geografischen Forschung weit verbreitet. Es gab damals, wie auch in späteren Zeiten, leidenschaftliche Geister, deren eifrige Neugier es ihnen nicht erlaubte, sich mit der Kenntnis ihrer eigenen Länder zufrieden zu geben. Damals, wie im Mittelalter, dürsteten Könige und Kaiser nach politischem Aufstieg, Kaufleute nach neuen Reichtumsquellen und Unternehmergeister nach Möglichkeiten, große Taten zu vollbringen, die ihren Namen der Nachwelt hinterlassen würden.

Phönizien, Griechenland, Karthago und Rom hatten jeweils ihre kühnen Seefahrer und Reisenden, deren Erkundungen mehr oder weniger glaubwürdig aus der Masse an Fabeln und Falschdarstellungen abgeleitet werden können, die Zeit und Unwissenheit um sie herum gesammelt haben.

Schon in jenen frühen Tagen – vor zwanzig oder mehr Jahrhunderten – war Afrika der Hauptanziehungspunkt für diejenigen, die ihren Besitz oder ihr Wissen über die Erdoberfläche erweitern wollten. Das Geheimnis des Nils und des Inneren Afrikas jenseits der Großen Wüste hatte bereits seine Faszination auf den Geist der Menschen ausgeübt. Die Mittelmeernationen wetteiferten miteinander, indem sie eine Expedition nach der anderen entsandten, um die Küste zu erkunden und, wenn möglich, den Kontinent zu umrunden. Einige von ihnen wagten sich über die Straße von Gibraltar – die Säulen des Herkules, wie sie damals genannt wurden –, während andere das Rote Meer und die Ostküste versuchten. Was diese alten Seefahrer tatsächlich erreichten, war jahrhundertelang Gegenstand heftiger Auseinandersetzungen, wobei der dunkle Horizont nur wenig aufgeklärt wurde. Es ist daher nicht unsere Aufgabe, in das umstrittene Land vorzudringen, und glücklicherweise liegen die damit verbundenen Fragen außerhalb unseres Zuständigkeitsbereichs. Für unsere Zwecke genügt es zu wissen, dass sowohl an der Ost- als auch an der Westküste Afrikas sehr ausgedehnte Reisen unternommen wurden. Zu den bemerkenswertesten und glaubwürdigsten gehört die Expedition, die Necho, der König von Ägypten, mit phönizischen Seefahrern aussandte und der es angeblich gelungen sein soll, den Kontinent zu umsegeln. und die karthagische Expedition von Hanno, die zweifellos die Westküste über eine beträchtliche Strecke in Richtung Äquator erkundete.

Aber die Unternehmungen der Mittelmeernationen beschränkten sich nicht nur auf die Küstenlinie. Der Handelsgeist Karthagos und das kriegerische Genie Roms veranlassten sie gleichermaßen, das Landesinnere aufzusuchen.

In dieser Richtung sollte jedoch jedem von ihnen ebenso wirksam Einhalt geboten werden wie seinen Seeleuten auf dem Seeweg. Die brennende Hitze, die weiten kargen Sandstrände, die wasserlosen Wüsten und die wilden Nomaden, denen sie begegnen mussten, waren ebenso schrecklich wie die riesigen Wellen und schrecklichen Stürme des Atlantiks. Zu den natürlichen Schrecken dieser von den Göttern verlassenen Wüstenregion fügte ihre Fantasie jede erdenkliche Monstrosität hinzu, so dass er tatsächlich ein mutiger Mann war, der sich aus den fröhlichen und angenehmen Grenzen der nördlichen Länder in die schrecklichen Schrecken der Sahara wagte.

Und doch muss es Männer gegeben haben, ob Krieger, Kaufleute oder einfache Entdecker, wir wissen es nicht, die die gefürchtete Wüstenzone durchquerten und die fruchtbareren Länder der Neger erreichten, die dahinter lagen. Auf den Seiten von Herodot und Strabo, von Plinius und Ptolemäus, inmitten all der mythologischen Absurditäten und lächerlichen Geschichten, von denen sie wimmeln, finden wir nicht nur reichlich Beweise für solch erfolgreiche Abenteuer, sondern auch eine wunderbar zutreffende Einschätzung der physischen Bedingungen, die die Region zwischen dem Mittelmeer und dem Sudan kennzeichneten. Sie beschreiben zunächst eine Zone von scharf kontrastierter Fruchtbarkeit und Unfruchtbarkeit, von grünen Oasen und abstoßender Wüste, spärlich bewohnt von wilden, umherziehenden Stämmen. Als nächstes kommt eine noch schrecklichere Region weiter südlich – ein Land der Verwüstung und des Todes, heimgesucht vom wilden Scirocco und Sandstürmen, verbrannt von grimmigen, unerbittlichen Sonnen, nicht erfrischt von funkelnden, aus der Erde geborenen Quellen, nicht befeuchtet vom himmlischen Regen oder vom sanften Tau der Nacht. Dahinter liegt eine dritte Region – das Land der Neger – fruchtbar gemacht durch Quellen und Flüsse, Sümpfe und Seen.

Noch bemerkenswerter ist die Tatsache, dass wir bei jedem der erwähnten Autoren klare Hinweise darauf finden, dass er einen großen Fluss kannte, der durch Negroland fließt.

Die Menschen des Altertums waren auf der Suche nach einer Lösung für die Probleme des Nils – seines Ursprungs, seines Laufs und des Mysteriums seines jährlichen Überlaufs – und da es wahrscheinlich war, dass einige ihrer Informanten den Fluss tatsächlich gesehen hatten, als er in östlicher Richtung floss, waren sie im Allgemeinen der Meinung, der Fluss der Neger sei der Nil selbst.

Über die verschiedenen Informationsquellen, auf die sich die klassischen Schriftsteller bei ihren Beschreibungen dieser wilden Länder stützten, wissen wir nur wenig. Eine jedoch sticht mit wunderbarer Klarheit und Hervorhebung hervor und vermittelt einen allgemeinen Eindruck von Glaubwürdigkeit: die Expedition der Nasamones, wie sie Herodot berichtet.

Die Nasamones – fünf angesehene junge Männer, denen es zu Hause zweifellos an geeigneten Möglichkeiten fehlte, ihren Ambitionen und ihrer Energie freien Lauf zu lassen – brachen von ihrem Heimatland in den Südwesten Ägyptens auf, um das Herz Afrikas zu erkunden.

Sie reisten teils nach Süden, teils nach Westen und durchquerten die halb bewohnte, halb sterile Zone. Am Ende der großen Wüste angekommen, sammelten sie Proviant und Wasser und stürzten sich, mutig im Herzen, „zu suchen, zu siegen oder zu sterben", in das schreckliche Unbekannte. Viele mühsame Tage lang setzten sie ihre Suche mit unvermindertem Mut und Ausdauer fort. Schließlich verließen sie die Region der Trostlosigkeit und des Todes und fanden sich in einem fruchtbaren Land wieder, das von Pygmäen bewohnt wurde, in dem es viele Obstbäume gab und das von riesigen Seen und Sümpfen bewässert wurde. Außerdem fanden sie einen großen Fluss, der von Westen nach Osten floss.

Ob diese unternehmungslustigen jungen Afrikaforscher die Nähe des Tschadsees erreicht hatten, wie wir vielleicht glauben würden, oder den Niger in der Nähe der großen Biegung des Hauptstroms, wäre Zeitverschwendung. Begnügen wir uns mit dem Wissen, dass in dieser sehr frühen Periode der Weltgeschichte, viele Jahrhunderte vor der christlichen Ära, der Zentral- oder Westsudan unserer Tage erreicht wurde und die Tatsache festgestellt wurde, dass durch ihn ein großer Fluss floss.

Auf diese Weise wurde die Erforschung Zentralafrikas eingeleitet – der erste ungewisse Lichtschimmer warf auf seine dunkle Oberfläche; und der Fluss Niger offenbarte sich der Welt als Diskussionsthema für Sesselgeographen und als Ziel, das von den abenteuerlustigeren Geistern angestrebt werden sollte, die ihre Gedanken eher in Taten als auf dem Papier verwirklichen würden.

KAPITEL II.
MEHR LICHT: DIE ARABISCHE ZEIT.

Viele Jahrhunderte lang wurde dem Wissen der frühen klassischen Schriftsteller über Afrika nur wenig hinzugefügt. Karthago verlor seinen hohen Status und auf seinen Ruinen errichtete sich Rom mit grenzenlosem Ehrgeiz und scheinbar grenzenloser Errungenschaft ein neues und ebenso großartiges afrikanisches Reich. Aber wo der Mensch die vorrückende Flut nicht aufhalten konnte, setzte die Natur der Macht der römischen Waffen Grenzen und sagte am Rande der Wüste stumm: „Bis hierher sollst du gehen und nicht weiter."

Die römische Macht erreichte den Höhepunkt ihres Ruhms, und die Wüste blieb noch immer unerforscht; sie schwand ihrem Untergang entgegen, und dann waren die Tage der geographischen Eroberung vorüber. In Nordafrika wie auch anderswo wich das Mythologische der christlichen Ära, und der Einfluss der neuen Religion breitete sich offenbar bis zu den entlegensten Wüstenstämmen aus. Er war jedoch nicht dazu bestimmt, von Dauer zu sein. Im siebten Jahrhundert war im Heiligen Osten ein neuer Prophet auferstanden, und in den Wüsten Arabiens keimten die Samen einer gewaltigen Revolution. Die Grenzen des Mutterlandes erwiesen sich bald als zu klein für die erstaunliche Vitalität und den leidenschaftlichen Missionsgeist des neuen Glaubens – des Islam. Er brach aus und drang mit unglaublicher Geschwindigkeit durch Nordafrika vor, überwältigte Heidentum und Christentum gleichermaßen auf seinem unaufhaltsamen Weg, bis er den Atlantik erreichte und sich nach Norden und Süden wandte, um neue Gebiete zu suchen, die er für Gott erobern konnte. Die natürlichen Schwierigkeiten, die den Vormarsch der Karthager und Römer nach Süden aufgehalten hatten, bildeten für ein in der Wüste geborenes Volk kein Hindernis. In den Hochebenen der Berberstämme waren die Araber zu Hause. Beflügelt von einer feurigen Begeisterung, der nichts widerstehen konnte, und beseelt von einer Hoffnung auf den Himmel, die nichts erschüttern konnte, zogen sie von Bezirk zu Bezirk, von Stamm zu Stamm, überall trugen sie die lodernde Fackel des Islams, überall schlugen sie Feuer von den wandernden Völkern, mit denen sie in Kontakt kamen, bis aus jeder Sahara-Oase der gemeinsame Ruf zu hören war: „Es gibt keinen Gott außer dem einen Gott." In dem neuen Feuer verschwanden christliche Symbole und heidnische Götzen gleichermaßen in einem einzigen Massenmord.

An eine so gebildete und genährte Rasse, die so von feurigem Eifer und unauslöschlichem Glauben durchdrungen ist und so von der überragenden Bedeutung ihrer Mission erfüllt ist – und darüber hinaus, was den praktischen Teil ihrer Arbeit betrifft, mit dem bisher unbekannten dürreresistenten Kamel ausgestattet ist In Afrika war die sogenannte unpassierbare Wüste kein Hindernis für die Erfüllung der ihnen von Gott gestellten Aufgabe. Nur für den, der sich umdrehte, gähnte die Hölle. Für den, der vorwärts ging, war es vielleicht der Tod, aber es war der Tod mit der Errungenschaft des Paradieses.

In diesem Geiste wurde den Schrecken der Sahara entgegengetreten, und zwar nur, um besiegt zu werden; und bevor das neunte Jahrhundert dem zehnten wich, wurde das Land der Neger erreicht, und die Mächte des Islam stellten sich in Schlachtordnung gegen jene des Heidentums. Zum ersten Mal wurde das Nigerbecken nun in direkte Verbindung mit Nordafrika gebracht. Der genaue Zeitpunkt, wann dies geschah, ist noch immer unklar, obwohl Barth die Aussage zitiert, dass innerhalb von weniger als hundert Jahren nach Beginn der mohammedanischen Ära im Negerkönigreich Ghana oder Ghanata westlich von Timbuktu Schulen und Moscheen gegründet wurden. Unbestreitbarer ist die Aussage des arabischen Schriftstellers Ebn Khaldun (1380 n. Chr .), dass um 280 n. Chr. oder 893 n. Chr. Handelsbeziehungen zwischen dem Oberniger und Nordafrika bestanden . Wann diese erstmals eingerichtet wurden, ist uns nicht bekannt.

Die Lebenskräfte, die in den wilden Nomaden und den physischen Schwierigkeiten der Sahara kein Hindernis gefunden hatten und die Jünger Mohammeds bis an die Grenzen des Sudan getragen hatten, stießen bei ihrem weiten Fortschritt dort auf ein Hindernis, wo man es am wenigsten erwartet hätte. Das halbe Erfolgsgeheimnis des Islam war dieses Prinzip im Glaubensbekenntnis, das darauf ausgelegt war, die leidenschaftliche Fantasie und das leicht erregbare Temperament der Berberstämme des Nordens anzulocken und zu entfachen. Damit benötigte der Mohammedanismus für die Verbreitung seiner Lehren nur wenig Hilfe durch Feuer und Schwert. Es musste nur gepredigt werden, um geglaubt zu werden, und machte jeden Zuhörer nicht nur zu einem Konvertiten, sondern auch zu einem Missionar, der voller Begeisterung für die Sache Gottes und Mohammeds war. Dies war jedoch nicht der Fall, als der Islam mit dem unentwickelten lethargischen Geist der barbarischen Schwarzen im Sudan konfrontiert wurde. Der Intellekt des Negers musste auf die Aufnahme der neuen spirituellen Lehren vorbereitet werden.

Eine Zeit lang bestand eine feste Grenze zwischen Islam und Heidentum, die mehr oder weniger eng mit der Grenze zwischen Berbern und Negern, der Sahara und dem Sudan übereinstimmte.

Allerdings nur für eine gewisse Zeit. Obwohl die neue religiöse Kraft nicht länger in einer unaufhaltsamen, allumfassenden Flut voranschreiten konnte, sollte sie nicht daran gehindert werden, sich allmählich in die durchnässte Masse des Heidentums vorzuarbeiten. Entlang der gesamten Linie der gegnerischen Kräfte von Senegambia bis zum Tschadsee drangen mohammedanische Missionare vor, nicht mit Feuer und Schwert und allen Schrecken roher Gewalt, sondern bewaffnet mit den spirituellen Waffen des Glaubens, der Hoffnung und der glühenden Begeisterung. Unter ihrer Fürsorge entstanden Schulen und Moscheen, um die sich immer mehr Konvertiten versammelten, bis schließlich jede Region ihre Sauerteigkeime hatte und nur auf den richtigen Moment und den inspirierten Führer wartete, um die Losung des Islam aufzustellen und noch einmal zu fegen mit der ganzen gestauten Kraft des zurückgestauten Wildbachs weiter.

Innerhalb kurzer Zeit tauchten zwei dieser Anführer an gegenüberliegenden Punkten des Nigerbeckens auf. Im Westen, nahe der großen Biegung des Niger, konvertierte um das Jahr 1000 ein König von Songhay zum Islam, während gegen Ende desselben Jahrhunderts ein König von Bornu seinem Beispiel folgte. [1]

Von diesem Zeitpunkt an begann für den Zentral- und Westsudan eine neue und vielversprechendere Ära. Unter der Fürsorge und dem Impuls der neuen Religion begannen diese rückständigen Regionen einen Aufwärtstrend. Ein neues und starkes Band führte die verstreuten Ansammlungen von Stämmen zusammen und schweißte sie zu mächtigen Gemeinschaften zusammen. Ihr moralisches und geistiges Wohlergehen wuchs sprunghaft und ihr politisches und soziales Leben erreichte ein insgesamt höheres Niveau. Die Künste und Industrien des Nordens etablierten sich rasch unter ihnen und mit ihnen kam die Liebe zu anständiger Kleidung, Sauberkeit und ordentlicherem Verhalten. Was auch immer über den Mohammedanismus in seiner letzten Wirkung gesagt werden mag, es kann kein Zweifel daran bestehen, dass er das nötige Maß an Gutem in sich trug, um ein barbarisches Volk auf eine höhere Stufe der Zivilisation zu heben. Er war von einer Anpassungsfähigkeit und Einfachheit geprägt, die für das Verständnis ungeschulter Geister gut geeignet war, und darin lag das Geheimnis eines Erfolgs, wie ihn seitdem keine andere propagandistische Religion in Afrika auch nur annähernd erreicht hat.

Für die Herrscher von Songhay und Bornu wurde das islamische Schlagwort „Es gibt keinen Gott außer dem einen Gott" bald zu einem Schlachtruf, dessen magischer Einfluss unwiderstehlich sein sollte. Bewaffnet mit der neuen spirituellen Kraft erlangten diese bis dahin barbarischen Königreiche außergewöhnliche Macht. Songhay dehnte seinen Einfluss allmählich über alle oberen Regionen des Nigers aus, bis es die alten Königreiche Ghanata im Norden des Nigers und Melli im Süden absorbiert hatte. Mit dem politischen Einfluss von Songhay gingen auch die religiösen Kräfte in seinen Rücken. Zeitweise wurde seine militärische Macht gebremst, aber nur, wenn der religiöse Enthusiasmus und die Missionarslust seiner Herrscher vorübergehend nachließen und vom größeren Eifer benachbarter Fürsten überflügelt wurden. Mit diesen Ausnahmen war die Geschichte von Songhay eine Geschichte des allgemeinen Fortschritts in politischer, sozialer und kommerzieller Hinsicht. Den Höhepunkt seiner Macht erreichte das Königreich zu Beginn des 16. Jahrhunderts unter einem mächtigen Negerkönig namens Hadj Mohammed Askia, dessen Herrschaft sich vom Zentrum des heutigen Reiches Sokoto bis an die Grenzen des Atlantiks erstreckte, eine Entfernung von 2400 Kilometern in Ost-West-Richtung, und von Mosi im Süden bis zur Oase Tawat im Norden, *also* etwas über 1600 Kilometer. [2]

Askia war kein einfacher Krieger, der auf seine eigene Größe bedacht war. Wie alle großen sudanesischen Herrscher jener frühen Tage war er für seinen glühenden Glauben sowie für seine Liebe zu Gerechtigkeit und Gnade bekannt, so dass sein Historiker Ahmed Baba aus Timbuktu über ihn schrieb: „ Gott nutzte seine Dienste, um die wahren Gläubigen (in Negroland) vor ihren Leiden und Katastrophen zu retten." Er baute Moscheen und Schulen und tat alles in seiner Macht stehende, um das Lernen zu fördern; und ohne Rücksicht auf den materiellen Wohlstand seines Volkes ermutigte er Kaufleute aus allen Teilen des Sudan, der Sahara und Nordafrika. So wurde er nicht nur von seinen Untertanen geliebt und verehrt, sondern sein Ruhm reichte bis in die entferntesten Länder.

Leider verfügte das so gegründete prächtige Reich nicht über die Elemente der Stabilität. Es gab zu viel Ein-Mann-Macht und keine feste Regierungsgrundlage außer dem Herrscher. Infolgedessen war die Geschichte von Songhay von unterschiedlichen Schicksalen geprägt. Alte Königreiche wie Melli erlangten vorübergehend ihre Unabhängigkeit zurück, entfernte Provinzen brachen immer wieder aus und es kam zu ständigen Erbfolgekriegen und militärischen Aufständen. Aber obwohl es oft unterdrückt wurde, wurde es nie getötet, bis ein völlig neuer Feind in der Person von Mulai Hamed, dem Sultan von Marokko, auftauchte, vor dessen Musketieren es als unabhängiges Königreich zum Untergang verurteilt war. Dies geschah im Jahr 1591, während der Herrschaft von Askia Ishak. Ahmed Baba, der einheimische Historiker, der zu dieser Zeit lebte und selbst nicht nur ein materieller Leidtragender, sondern auch ein nach Marokko verschleppter Gefangener war, sagte über diese schreckliche Katastrophe: „So fand diese Mahalla (oder Expedition) zu dieser Zeit im Sudan statt (Songhay) eines jener Länder der Erde, die überall mit Komfort, Überfluss, Frieden und Wohlstand am meisten begünstigt sind; So funktionierte die Regierung des Emir el Mumenin, Askia el Hadj Mohammed ben Abu Bakr, aufgrund seiner Gerechtigkeit und der Macht seines königlichen Befehls, der nicht nur in seiner Hauptstadt (Gogo) volle und zwingende Wirkung entfaltete. sondern in allen Bezirken seines gesamten Reiches, von der

Provinz Dendi bis zur Grenze Marokkos und vom Gebiet Bennendugu (südlich von Jinni) bis nach Zeghaza und Tawat. Aber in einem Augenblick änderte sich alles, und auf die friedliche Ruhe folgte ein ständiger Zustand der Angst, des Trostes und der Sicherheit trotz der Sorgen und des Leids; An die Stelle des Wohlstands traten Ruin und Unglück, und überall begannen die Menschen gegeneinander zu kämpfen, und Eigentum und Leben gerieten ständig in Gefahr; und dieser Ruin begann, breitete sich aus, nahm zu und setzte sich schließlich in der gesamten Region durch." [3] Wenn man bedenkt, dass dies von einem gebürtigen Niger am Ende des 16. oder Anfang des 17. Jahrhunderts auf Arabisch geschrieben wurde und von einem Neger-Sultan handelt, der über ein Königreich herrscht, das teils aus Negern und teils aus Berbern besteht, ist das Erstaunen unumgänglich der nachdenkliche Geist.

Doch Songhay war im Nigerbecken nicht das einzige Zentrum einer erstaunlichen politischen und sozialen Entwicklung unter dem Einfluss des Mohammedanismus. Bornu war in jeder Hinsicht sein Rivale. Wir haben bereits gesehen, dass der König von Bornu (Dunama ben Humé) gegen Ende des 11. Jahrhunderts den Islam angenommen hatte. Das Ergebnis der Verbindung von materieller Macht und spiritueller Inspiration zeigte sich bald, denn bevor Ben Humé starb, hatte er ein mächtiges Reich gegründet, dessen Einfluss bis nach Ägypten reichte. Erst Mitte des 13. Jahrhunderts erreichte Bornu jedoch unter der fähigen Herrschaft eines gewissen Dibalami Dunama Selmami seine größte Macht und den Höhepunkt seines Ruhms. Zu dieser Zeit erstreckte sich Bornu, oder, wie es manchmal genannt wurde, Kameni (?), das damals der Regierungssitz war, vom Nil bis zum Niger und von Mabina (Adamawa?) im Süden bis Wadan im Norden, laut Imam Ahmed (1571-1603), dem einheimischen Historiker von Bornu, so wie Ahmed Baba der von Songhay gewesen war. Aber Dunama erhöhte nicht nur die materielle Macht von Bornu. Wie Askia von Songhay förderte er die Religion, so dass „der wahre Glaube seiner Zeit weit verbreitet war", so Ebn Said (1282), ein arabischer Schriftsteller.

Nach Dunamas Tod brachen schwierige Zeiten über das Reich herein, und es folgte eine lange Periode von Bürgerkriegen und verheerenden Expeditionen. Mit der Thronbesteigung Alis (1472) kehrten wieder bessere Zeiten ein, und Bornu erlangte seine frühere Größe zurück. Es ist klar, dass sich Alis Königreich weit westlich des Nigers erstreckte und den Portugiesen bekannt wurde, die bereits 1489 Bernu oder Bornu auf ihren Karten verzeichneten.

Unter den beiden nachfolgenden Herrschaften von Edris und Mohammed gewann Bornu noch weiter an Bedeutung und unterhielt Beziehungen zu den nördlichen Sultanen von Tripolis.

Der bemerkenswerteste aller Herrscher der Bornu scheint jedoch Edris Alawoma (1571-1603) gewesen zu sein, der den Vorteil hatte, mit Imam Ahmed einen zeitgenössischen Biographen zu haben. Dieser Prinz scheint nicht nur ein unternehmungslustiger und fähiger Krieger gewesen zu sein, sondern zeichnete sich auch durch Milde und Gerechtigkeit sowie weitsichtige Staatskunst aus. Unter ihm wuchs das Reich zu enormen Ausmaßen und umfasste fast den gesamten Zentralsudan und einen Großteil des Westsudan. Gleichzeitig wurde das Land wohlhabender, der Reichtum der Städte nahm zu und die mohammedanische Religion und Bildung verbreiteten sich weit und schnell.

Glücklicherweise wurde Bornu auf einer stabileren Grundlage gegründet als Songhay. Es hatte einen größeren Zusammenhalt in seinen verschiedenen Elementen und war weniger auf den kriegerischen Charakter seiner Herrscher angewiesen, um einen Zerfall zu verhindern. Auch seine Fürsten scheinen aus besserer und liberalerer Abstammung gewesen zu sein. Den einheimischen Chroniken entnehmen wir sogar, dass sie „gelehrt, liberal gegenüber den Ilama, verschwenderische Almosenspender, Freunde der Wissenschaft und Religion, gnädig und mitfühlend gegenüber den Armen" waren. Daher behielt Bornu seine Stellung und Unabhängigkeit, während Songhay und andere Staaten aufstiegen und fielen. Zu Beginn dieses Jahrhunderts erlebte es vor den siegreichen Fillani-Männern in ihrer Mission der religiösen Erneuerung eine vorübergehende Verfinsterung, tauchte jedoch wieder so kraftvoll wie eh und je auf, obwohl sein politischer Einfluss nun auf das eigentliche Bornu und die unmittelbare Nachbarschaft beschränkt war Tschadsee.

Doch während Songhay und Bornu jahrhundertelang ihre bemerkenswerte politische, religiöse, soziale und kommerzielle Entwicklung durchliefen, waren sie, wie wir bereits erwähnt haben, keineswegs vom Verkehr mit der Außenwelt abgeschottet. Der Durst nach den Sklaven Bornus und nach dem Gold Mellis und des Obernigers war bei den späteren Generationen der Araber eine fast ebenso starke Kraft wie der religiöse Eifer ihrer Vorfahren. Die einen wie die anderen trotzten allen Schrecken der Wüstenroute und hielten eine ständige Verbindung mit dem Sudan aufrecht. Anfangs scheint Ägypten der erste Ausgangspunkt der sudanesischen Karawane gewesen zu sein, wobei eine Route nach Westen nach Songhay und in die Region des Obernigers führte, während eine andere davon abzweigte und nach Süden ins Tschadbecken führte. In späteren Zeiten wurde Ägypten von Tripolis als Ausgangspunkt abgelöst, obwohl praktisch dieselben Routen genutzt wurden, um dieselben Ziele zu erreichen. Auch der gefährlichste Teil der gesamten Sahara, nämlich die Region zwischen dem oberen Niger und Marokko, wurde schon früher von unermüdlichen maurischen Händlern wegen ihrer Sklaven und ihres Goldes durchquert. Der Endpunkt ihrer

Route lag zunächst deutlich westlich von Timbuktu, an einem Ort namens Biru oder Walata, wo in der Tat in den frühen Tagen des Handelsverkehrs fast der gesamte westliche transsaharische Verkehr zusammenlief.

Gegen Ende des 11. Jahrhunderts wurde Timbuktu von den Tuareg der Sahara als Handelsstation gegründet. Doch erst zwei Jahrhunderte später, als es in die Hände eines mächtigen Königs von Melli fiel, erlangte es eine gewisse Bedeutung. Sofort entwickelte es sich zu einem internationalen Markt ersten Ranges, auf dem sich Kaufleute aus Ägypten, Tripolis, Marokko, den Sahara-Oasen und dem Sudan trafen, um ihre verschiedenen Tauschartikel auszutauschen.

Timbuktu war zu keiner Zeit die Hauptstadt eines großen Königreichs. Seine Größe beruhte einzig und allein auf seinem Handel und seiner Bedeutung als Sammel- und Verteilungszentrum. Dass es so bekannt wurde, dass es allen Orten im Sudan überlegen war, ist leicht verständlich, wenn man bedenkt, dass es das Ziel aller Kaufleute Nordafrikas war. Politisch wurde Timbuktu dadurch zu einer Position von unangemessener Bedeutung erhoben, obwohl es kommerziell als Handelshauptstadt nicht überbewertet werden konnte.

Mit dem Aufstieg der Songhay-Macht wurde Timbuktu diesem Königreich unterworfen. Mit dem Fall des ersteren erlangte es eine gewisse politische Bedeutung als Zentrum der maurischen Macht, bis es nach der Teilung von Marokko seinen alten Status als nicht mehr und nicht weniger als ein Handelszentrum wiedererlangte, eine Position, die es bis heute beibehalten hat.

Unter einem handelsaktiven und unternehmungslustigen Volk wie den Arabern Marokkos, Tripolis und Ägyptens gab es natürlich nicht genügend Studenten, die begierig darauf waren, Informationen über die Binnenländer zu sammeln und zu sammeln, in die ihre Kaufleute reisten. Unter den zahlreichen Historikern und Geographen, die uns interessante Fakten liefern, können wir El Bekri, El Edrisi (1153), Ebn Said (1282), Ebn Khaldun (1382) und Makrizi (1400) erwähnen.

Aber die Araber hatten sowohl ihre Entdecker als auch ihre Schriftsteller. Unter diesen beiden ragen besonders hervor, nämlich Ebn Batuta (1353) und Leo Africanus (1528). Ebn Batuta, der von Reisedurst überwältigt zu sein scheint und fast alle Länder der damals bekannten Welt besucht hatte, begann seine zentralafrikanischen Erkundungen von Marokko aus und durchquerte die Wüste nach Walata, der Grenzprovinz Melli nicht weit vom Niger entfernt. Von Walata aus überquerte er den Niger zur Hauptstadt des Königreichs und reiste von dort auf dem Landweg nach Timbuktu. Von Kabara, dem „Hafen" von Timbuktu, segelte er den Niger hinunter nach

Gogo, der Hauptstadt von Songhay, und wandte sich von dort aus wieder nordwärts durch die Wüste über die Oase Tawat nach Marokko.

Die Reisen des Leo Africanus waren noch umfangreicher, denn er bereiste den gesamten Zentral- und Westsudan. Wenn man bedenkt, dass er viele Jahre später einen Reisebericht aus dem Gedächtnis schrieb, sind die aufgezeichneten Ereignisse und die Genauigkeit und Menge der vielfältigen Informationen, die er über die Länder gibt, die er besuchte, erstaunlich. Er beschreibt nicht nur die Königreiche Melli, Songhay und Bornu, sondern auch die dazwischen liegenden Länder Gober, Katsena, Kano und Agades, zu denen er allesamt etwas Wichtiges zu sagen hat. Selbst wenn er unsere Leichtgläubigkeit am meisten zu strapazieren scheint, hat er im Allgemeinen völlig recht, wie zum Beispiel, wenn er beschreibt, wie die Leute eines Bezirks nachts unter ihren Bettgestellen Feuer anzünden, um sich warm zu halten. Die Wahrheit dieser Aussage kann der Verfasser dieser Zeilen aus eigener Beobachtung bezeugen, wobei die Vorsichtsmaßnahme jedoch nicht getroffen wurde, um äußere Kälte abzuwehren, sondern um Fieber, eine Krankheit, die zu bestimmten Jahreszeiten an vielen Orten am Niger auftritt.

Es ist nicht unsere Absicht, auf die heikle Frage einzugehen, was die arabischen Schriftsteller und Reisenden über den Verlauf und das endgültige Ziel des Niger wussten. Diejenigen von ihnen, die reisten, taten dies nicht als Geographen, und obwohl sie genau genug notierten, was sie sahen, kümmerten sie sich kaum um das, was sie nicht sahen, und hielten sich von rein spekulativen Untersuchungen fern. M'Queen [4] hat jedoch deutlich gemacht, dass viele von ihnen sich bewusst waren, dass der Nil und der Niger unterschiedlich waren und dass die allgemeine Tendenz der arabischen Meinung darin bestand, den letzteren Fluss in den Atlantik münden zu lassen.

Ein Großteil der Verwirrung darüber, was die Araber wussten oder glaubten, entstand größtenteils aus der Unwissenheit europäischer Geographen, die das westliche Königreich Ghana mit dem zentralen von Kano und die Stadt Kugha am Oberlauf des Niger mit der Stadt Kuka in Bornu verwechselten. Mit dem neuen Licht, das auf die Geschichte und Geographie des Nigerbeckens fällt, können wir nun erkennen, dass die arabischen Schriftsteller eine wunderbar genaue Vorstellung von den politischen und physischen Merkmalen der betreffenden Region hatten. Ihnen gebührt nicht nur die Ehre, den Schleier gelüftet zu haben, der den Sudan umhüllte, und die Samen der Zivilisation zu verbreiten, die so bemerkenswert gediehen sind, sondern auch, das Wissen über diese Region unter den westlichen Nationen zu verbreiten – ein Wissen, das, wie wir sehen werden, mit europäischer Energie und wissenschaftlicher Genauigkeit aufgegriffen und zu großen Zwecken eingesetzt werden sollte.

KAPITEL III.
DEN WEG ZUM NIGER ÖFFNEN.

Mit Leo Africanus endete praktisch die arabische Periode in der Geschichte der Erforschung Afrikas. Schon zur Zeit des Reisenden entwickelten sich die unheilbaren Krankheiten, die für die mohammedanischen Staaten unserer Zeit so charakteristisch sind, rasch. Lernen und Kunst wurden nicht mehr gefördert. Liberalität des Denkens und missionarisches Unterfangen wurden durch Fanatismus, Hass auf Fremde und Isolation von allen äußeren, freundlichen Einflüssen ersetzt. Alles, was den arabischen Namen in der Weltgeschichte groß und ruhmreich gemacht hatte, fiel in eine Katastrophe.

Zum Glück für den Fortschritt sammelte das Kreuz, während der Halbmond in den aufsteigenden mephitischen Nebeln verblasste und seinen Glanz verlor, immer neue Herrlichkeiten und erwies sich als Herold und Morgenstern einer helleren und größeren Ära. Unter seinen inspirierenden Einflüssen erwachten die westlichen Nationen aus der Düsternis und Unwissenheit, in die sie gehüllt waren, und verspürten das Aufkommen neuer heroischer Impulse.

Unter den so erwachenden christlichen Nationen übernahm Portugal die Führung. Mit Blick auf den Atlantik schaute es stets über die wilde Weite der Gewässer, stellte sich das mögliche Jenseits auf der leeren Fläche vor und zog eine zähe Rasse von Seefahrern heran, die sich der großen Mission, die ihnen noch bevorstand, nicht bewusst waren. Auch nach Süden wandten sich ihre Gedanken ständig und folgten ihren Soldaten, während sie gegen die Mauren kämpften und ihre christlichste Flagge entlang der gesamten Küste Marokkos hissten. Sie hörten Echos vom riesigen Reichtum Innerafrikas, von der Macht von Prester John und den Reichtümern des fernen Cathay, bis die Fantasie von Königen, Soldaten, Kaufleuten und Priestern gleichermaßen von dem Wunsch entfacht wurde, sie zu teilen. Damit waren die vagesten Vorstellungen über die Ausdehnung des afrikanischen Kontinents im Umlauf. Die nördliche Küstenlinie war hinreichend bekannt, aber zu Beginn des fünfzehnten Jahrhunderts hatte sich noch niemand nach Süden über den westlichen Abschluss des Atlasgebirges hinaus gewagt, und niemand behauptete zu wissen, wie weit sich das Land weiter nach Süden erstreckte. Diese Unwissenheit hielt jedoch nicht das ganze Jahrhundert an.

Unter seinen tatkräftigen und weitsichtigen Königen Johann und Immanuel machte sich Portugal daran, hinter den Schleier zu dringen und die Ehre und die größeren Belohnungen zu erlangen, die, so glaubte man, demjenigen zuteil wurden, der als Erster die Goldquellen Innerafrikas, die Hauptstadt von Priester Johann, oder die Länder des Fernen Ostens erreichte.

An ausgedehnte Reisen war damals noch nicht zu denken. Beim Segeln ging es vor allem darum, sich seinen Weg entlang der Küste zu ertasten. Daher wurde die Küstenlinie Afrikas nicht durch eine einzige ausgedehnte Reise, sondern durch viele aufeinanderfolgende Expeditionen nach und nach kartografiert. Auf diese Weise gewann man mit jeder erfolgreichen Erweiterung der Grenzen des Bekannten mehr Mut, Selbstvertrauen, Erfahrung und Geschick, und ein Geist des Wettstreits wurde geweckt, der die neuen fahrenden Ritter des Handels und der Wissenschaft unaufhaltsam immer weiter nach Süden auf der Suche nach dem gelobten Land trieb.

1433 erreichte Gilianez das Kap Bojador und zehn Jahre später Nuno Tristan die Insel Arguin. Bislang fanden sie nur Wüsten und brennende Sonnen, eine abstoßende Küste und eine spärliche Population wilder Nomaden vor – keine Nachricht von Priester Johannes, kein Hinweis auf die riesigen Reichtümer, die sie zu erwarten gelernt hatten. Doch nichts durfte ihren Eifer dämpfen oder ihre optimistischen Erwartungen zunichtemachen.

Im Jahr 1446 passierte Fernandez die Kapverden und im folgenden Jahr erreichte Lancelot die fruchtbare Region Senegambia.

Nun schien es, als würden die mutigen Abenteurer ihre Belohnung erhalten. Sie waren endlich in einer fruchtbaren Region angekommen, in der es an Gold und Elfenbein mangelte, und, was noch besser war, sie hörten von einem großen Königreich namens Melli, das damals noch nicht im rasch wachsenden Reich von Songhay aufgegangen war. Dies, so dachten sie, müsse das Land von Priester Johann sein.

Diese wichtigen Entdeckungen und die damit verbundenen glühenden Hoffnungen gaben der portugiesischen Entdeckungsreise neuen Schwung. Mit neuem Unternehmungsgeist und Ausdauer verfolgten abenteuerlustige Seefahrer den Weg der Entdeckung. Bis 1471 erreichten sie die Goldküste, und noch vor Ende des Jahrhunderts war das Kap umrundet, und unter der Führung von Almeida und Albuquerque verwirklichten sich einige ihrer großartigen Träume von Reichtum und Macht mit der Gründung ihres indischen Reiches.

Doch obwohl die Portugiesen der Welt damit Senegal und Gambia offenbart und offenbar eine Tür zum Königreich des Nigerbeckens geöffnet hatten, geschah nichts. Aus den Schriften von De Barros erfahren wir, dass Gesandtschaften des portugiesischen Königs an die Herrscher von Melli und Mosi und angeblich sogar an den von Songhay gesandt wurden. Von diesen Missionen ist uns jedoch nichts weiter überliefert. Sie haben unser Wissen über das Landesinnere scheinbar nicht erweitert. Entlang der Küste und sogar ein Stück weiter die Flüsse Senegal und Gambia hinauf wurden

Fabriken errichtet, doch die Gier nach Gold und Sklaven überlagerte bei den verantwortlichen Agenten offensichtlich alle anderen Überlegungen, denn wir erfahren von ihnen nicht das Geringste an Informationen über die Geographie des fernen Landesinneren – oder zumindest sind keine davon heute dokumentiert.

Portugals großartige Unternehmungen auf dem Gebiet der maritimen Entdeckungen waren nur von kurzer Dauer. Bald brachen böse Zeiten über das Land herein, und zwischen Philipp II. von Spanien zu Lande und den Holländern zur See schien es eine Zeitlang, als würde es seinen Platz unter den unabhängigen Nationen Europas verlieren.

Seit seiner Eroberung durch Spanien war sein Kurs rückwärts gerichtet, und seine Geschichte wurde zu einer Geschichte des Schrumpfens des Reiches und des allmählichen Verlusts jeglichen Geistes, der zu nationaler Größe und Fortschritt tendiert. Für uns endete die Arbeit der Portugiesen mit der Erkundung der Küste Senegals, der Entdeckung der Flüsse Senegal und Gambia – die man damals für Seitenarme des Niger hielt – und der Offenbarung der zukünftigen Route nach Niger und Timbuktu für Europa.

Die so gut begonnene, so großartig durchgeführte und so katastrophal abgeschlossene Forschungsarbeit begann nun in andere Hände zu fallen. Gleichzeitig mit dem Zurückweichen der Portugiesen traten die Engländer an die Front. Es war damals die elisabethanische Zeit, diese Ära ruhmreicher Erinnerung, der Beginn von Großbritannien. Auf allen Seiten schossen mutige Seefahrer hervor, wie die Welt sie noch nie gesehen hatte, und machten England zur Herrin der Meere. Es entwickelte sich ein Geist des kommerziellen Unternehmertums und des abenteuerlichen Wagemuts, den nichts aus der Fassung bringen und dem nichts widerstehen konnte. Bevor diese ereignisreiche Zeit zu Ende ging, hatte Drake seine Landsleute zu den reichen Beutegebieten des spanischen Mains geführt, Raleigh hatte den Grundstein für die englische Herrschaft in Nordamerika gelegt, Baffin und Hudson hatten den Weg für die Erkundung der Arktis geebnet und Davis hatte nicht nur begonnen die Reihe heldenhafter Expeditionen, die mit der Nordwestpassage verbunden waren, aber englische Schiffe in die Indischen Meere geführt hatten.

Damit haben wir jedoch nichts zu tun. Wichtiger ist für uns die Feststellung, dass Hawkins seine erste Reise an die westafrikanische Küste unternahm und den grausamen Handel mit Menschenfleisch und Blut einleitete, der einen so unauslöschlichen Makel auf dem britischen Handel hinterlassen hat.

Aber es war nicht nur der Sklavenhandel, der die Aufmerksamkeit englischer Kaufleute auf Afrika lenkte. Für sie wie für die Portugiesen waren Niger und Timbuktu beschwörende Worte. Beide galten als wahre Schatzgruben. Die damalige Vorstellungskraft stellte sich den einen Fluss als über goldenen

Sand fließend vor, den anderen als fast mit dem Edelmetall gepflastert. Man glaubte, dass Senegal und Gambia die Mündungen des Niger bildeten und dass eine Fahrt auf einem dieser Flüsse den Reisenden direkt zur Quelle so großen Reichtums bringen würde. Dies zu erreichen, wurde nun zum Traum der Nationen, sodass man wohl sagen kann, dass der Niger und seine eingebildeten Schätze der Magnet waren, der die Menschen dazu verleitete, das Innere des schwarzen Kontinents zu erkunden.

Portugal hatte die Aufgabe, einen Gürtel um Afrika zu ziehen. Nun sollte *Großbritannien* diese Aufgabe übernehmen und ins Landesinnere vordringen, und zwar mit nachhaltigeren Ergebnissen als die portugiesischen Botschaften und Missions- und Handelsunternehmen.

Dieses edle Werk begann im Jahr 1618. Es wurde eine Gesellschaft gegründet, die Gambia erkunden sollte, mit dem Ziel, die reiche Region Niger zu erreichen.

Die Ehre, Großbritanniens Pionier bei der Erkundung Afrikas zu sein, wurde Richard Thompson zuteil, der als Mann mit Geist und Unternehmungsgeist beschrieben wird. Er verließ England auf dem 120 Tonnen *schweren Schiff „Catherine"* mit einer Ladung im Wert von fast 2.000 Pfund und erreichte gegen Ende des Jahres Gambia. Hier fand er die Portugiesen immer noch an der Macht, die die Nationen mit erbitterter Tyrannei regierten, obwohl sie schnell in die kommerzielle und nationale

Apathie verfielen, die sie im 19. Jahrhundert zu einem Inbegriff gemacht hatte.

Thompsons Unternehmen war, wie so viele seiner Nachfolger, dazu verdammt, eine traurige Katastrophe zu erleiden. Zuerst überfielen die Portugiesen einen großen Teil der Besatzung und massakrierten sie, während ihr Kapitän den Fluss hinauf erkundete. Unbeirrt behielt er seinen Posten und verlangte Verstärkung und Nachschub. Seine Arbeitgeber waren für ihn wie Metall und schickten ihm umgehend ein weiteres Schiff zu Hilfe. Das Klima erwies sich als ebenso gefährlicher Feind wie die Portugiesen, und der Großteil der Besatzung des neuen Schiffes erlag dem tödlichen Gift.

Ein weiteres Schiff wurde ausgerüstet, seine Besitzer ließen sich vom Verlust an Menschen und Gütern nicht einschüchtern und waren wie eh und je zuversichtlich, dass der glorreiche Preis, den es zu erringen galt, erwartet wurde.

Diesmal übernahm ein gewisser Richard Jobson das Kommando. Er kam 1620 in Gambia an, nur um von einer neuen Katastrophe und einer neuen und noch lähmenderen Gefahrenquelle zu hören – Thompsons Männer hatten meutert und ihn ermordet. Die Feindseligkeit der Portugiesen, ein tödliches Klima und die Meuterei im Lager standen dem erhofften Vordringen ins Land entgegen. Aber diese alten Seeleute waren aus strengem, unnachgiebigem Holz, das nur der Tod selbst brechen konnte, und unbeirrt trotzte Jobson allen Gefahren und machte sich auf die Suche. Mit jeder weiteren Meile bedrängten neue Schwierigkeiten die tapfere Truppe. Es konnten keine Piloten gewonnen werden, die den Weg zeigten. Eine Zeit lang erwies sich dies als kein ernstes Hindernis. Bald jedoch wurde die Strömung stärker und drohte sie zurückzudrängen. Stündlich waren sie durch versteckte Felsen in Gefahr, und Wasserfälle und Stromschnellen errichteten eine schäumende Barriere, die ihr weiteres Vorankommen behinderte. Es gab auch Sandbänke, auf denen sie landeten, und Krokodilen musste man trotzen, um ihnen zu entkommen, während Seepferdchen wütend schnaubten und drohten, die Boote zu überschwemmen. Da sie nicht mit den Moskitonetzen der Neuzeit ausgestattet waren, folgten auf die Tage überwältigender Müdigkeit unter der schmelzenden Sonne Nächte wahnsinniger Folter unter den Stichen unzähliger Mücken und Sandmücken. Aber für sie war alles neu und wunderbar. Sie waren wie Kinder, die in eine neue Welt voller ungeahnter Wunder eintauchten, ein wahres Land voller Zauber. Die gefräßigen Krokodile und die monströsen Flusspferde im Fluss, Elefantentruppen, die unwiderstehlich durch den dichten Wald jagen, Leoparden, die katzenartig nach ihrer Beute Ausschau halten, und Löwen, die mit ihrem beeindruckenden Gebrüll die Stille der Nacht stören, waren einige der Elemente von dieses neue Wunderland. Es gab auch Affen zwischen den Bäumen – ihre Sprünge waren eine nie versiegende Quelle der Freude; und Paviane, die in riesigen Herden durch das Unterholz marschierten und die Luft mit seltsamen Schreien erfüllten, außer wenn „eine große Stimme sich erhob und der Rest verstummte".

Nicht weniger erstaunlich war das Insektenleben des Tropenwaldes – die Glühwürmchen in unzähligen Zahlen, die in der Dunkelheit der Nacht in schillernden Farben aufblitzten, die Grillen, die ihren ohrenbetäubenden Chor anstimmten, die seltsamen Käfer und die vielfarbigen Schmetterlinge.

Wie wunderbar muss den Entdeckern auch das tropische Laubwerk vorgekommen sein, so frisch sie aus England kamen. Die riesigen Gräser, das fast undurchdringliche Unterholz, die Schönheit des Palmenstamms, die Majestät des Seidenbaumwollbaums. Und nicht zuletzt, wie seltsam das Erscheinungsbild der Eingeborenen war, ihr verhältnismäßiger Mangel an

Kleidung, ihre einfachen Gewohnheiten und rudimentären Vorstellungen von allen Dingen unter dem Himmel. Der moderne Reisende, *gleichgültig* angesichts des reichen Erbes von hundert Vorgängern, kann nicht umhin, jemanden wie Jobson zu beneiden, als er zum ersten Mal alle Wunder, Schönheiten und Neuheiten Afrikas sah.

Aber während wir vergeblich versuchen, die Gefühle nachzuvollziehen, die dieser Pionier im Kopf hatte, sind wir uns der schrecklichen Ernsthaftigkeit und Entschlossenheit, des unbezwingbaren Mutes und der verbissenen Ausdauer dieses Mannes bewusst. Selbst der Teufel hat keine Angst vor Jobson. Als der unerschrockene Seemann bestimmte bemerkenswerte Geräusche hört und von den Eingeborenen erfahren wird, dass es die Stimme des Teufels ist, greift er nach seinem Gewehr und stürmt los, um gegen seine satanische Majestät zu kämpfen. Als unser Held erscheint, verwandelt er sein schreckliches Brüllen in Schreckenstöne und zeigt sich als riesiger Neger, der in qualvoller Angst im Staub kriecht.

Am 26. Januar 1621 hatte Jobson einen Ort namens Tenda erreicht, wo er von einer vier Monate im Landesinneren gelegenen Stadt hörte, deren Dächer mit Gold bedeckt waren. Leider musste er, so sehr sein Appetit auch durch solche wunderbaren Geschichten geweckt wurde, unbefriedigt bleiben. Die Trockenzeit begann sich bald auf die Wassermenge im Fluss auszuwirken, was das Vorankommen von Tag zu Tag schwieriger machte, bis er sich wenige Tage vor einer Stadt namens Tombaconda, etwa 300 Meilen vom Meer entfernt, gezwungen sah, von weiteren Versuchen abzusehen Er glaubte, dass es sich bei Tombaconda um Timbuktu selbst handelte, das in Wirklichkeit etwa 1.000 Meilen entfernt war. Am 10. Februar trat er seine Rückkehr an, in der Hoffnung, mit dem Ansteigen des Wassers zurückkehren und seine Arbeit abschließen zu können, ein Projekt, das er jedoch nie in die Tat umsetzte.

Es kam zu Streitigkeiten zwischen den Kaufleuten am Fluss und der Kompanie, und das Unternehmen scheiterte vorerst.

Erst fast ein Jahrhundert später wurde ein neuer Versuch unternommen, das Ziel zu verfolgen, den Niger und den Reichtum Innerafrikas zu erreichen. Im Jahr 1720 initiierte der Herzog von Chandos als Vorsitzender der African Company eine neue Expedition über Gambia in das Land der Verheißung.

Dieses Mal wurde das Unternehmen unter die Führung eines Kapitäns Bartholomew Stibbs gestellt, der England 1723 verließ und im Oktober desselben Jahres in Gambia ankam. Seine Erfahrungen waren identisch mit denen von Jobson, allerdings erreichte er nicht dessen Höhepunkt. Zwischen ihnen wurde jedoch deutlich gemacht, dass Gambia keine Verbindung zum Niger und ebenso wenig zum Senegal hatte.

Mit Stibbs endeten die kommerziellen Versuche Englands, den Weg ins Innere Afrikas zu erschließen.

Die Erweiterung unseres Wissens über seine Geographie lief auf die Erforschung des schiffbaren Teils Gambias und die Feststellung hinaus, dass es keine Verbindung zum Niger hatte.

Die Franzosen taten unterdessen für den Senegal, was die Briten im Schwesterfluss taten. Sechs Jahre nachdem Thompson letzteres betreten hatte, hatten sich die Franzosen an der Mündung des Senegal niedergelassen und die Stadt St. Louis gegründet. Ihre erste Erkundungsreise unternahm sie im Jahr 1637, als sie ein Stück entlang des schiffbaren Teils des Flusses vordrangen.

Wichtiger war jedoch die Expedition eines gewissen Sieur Brue, Generaldirektors der Französisch-Afrikanischen Kompanie, im Jahr 1697, die beachtliche Erfolge erzielte. Diese Expedition wurde zwei Jahre später durch eine zweite Reise flussaufwärts ergänzt, bei der die Festung St. Joseph gegründet wurde und der Handel mit Kaufleuten aus Timbuktu eröffnet wurde.

Die Erfahrungen von Sieur Brue ähnelten in jeder Hinsicht denen von Jobson und Stibbs in Gambia, waren jedoch wirtschaftlich glücklicher, da er mit fortgeschritteneren Rassen zu tun hatte und es schaffte, die Grenzen eines reichen Goldbezirks (Bambuk) zu erreichen. einerseits und einer ebenso ertragsstarken Zahnfleischregion andererseits.

Er hörte auch viel über den Niger und Timbuktu und schien sich davon überzeugt zu haben, dass der Senegal keine Verbindung zum berühmten Fluss im Landesinneren hatte und dass dieser nach Osten und nicht nach Westen floss, wie es damals die Tendenz war zu glauben Wir finden die französischen Karten des 18. Jahrhunderts, die zeigen, wie der Niger ins Landesinnere fließt und eine unsichere Grenze hat.

KAPITEL IV.
VORBEREITUNG AUF DEN PARK: DER AFRIKANISCHE VEREIN.

Die zweite Hälfte des 18. Jahrhunderts markiert den Beginn der modernen Periode der afrikanischen Erforschung. Bislang waren alle afrikanischen Unternehmungen von Regierungen zur nationalen Vergrößerung oder von Kaufleuten mit kommerziellen Zielen angestiftet worden. Die frühen portugiesischen Entdeckungen waren ein Beispiel für das eine; die britische Expedition nach Gambia ein Beispiel für das andere. Doch nun war die Zeit gekommen, in der die afrikanische Erforschung, losgelöst von beidem, eine neue Richtung selbstloser Forschung einschlagen und erreichen sollte, was Regierungen und Handelsgemeinschaften nicht gelungen war.

Der African Association gebührt die Ehre, diese neue und glorreichere Ära einzuleiten. Lord Rawdon, der spätere Marquis von Hastings, Sir Joseph Banks, der Bischof von Landaff, Mr. Beaufoy und Mr. Stuart waren die ersten Geschäftsführer dieser Vereinigung, deren Ziele die Förderung von Entdeckungen in Afrika und die Verbreitung kommerzieller, politischer und wissenschaftlicher Informationen über den noch immer traurig unbekannten Kontinent waren.

Zunächst widmete die Vereinigung ihre Aufmerksamkeit Nordafrika und trug in kurzer Zeit maßgeblich dazu bei, viele zuverlässige und wertvolle Informationen über die mohammedanischen Staaten dieser Region zusammenzutragen.

Ihre Untersuchungen sollten sich jedoch ebenso wenig auf die Sahara beschränken wie der erste Ansturm der mohammedanischen Sturzflut.

Die Routen der großen Karawanen in den Sudan wurden untersucht und die arabischen Schriftsteller leisteten ihren Beitrag, um den Bedarf an mehr Aufklärung zu decken.

Ihre Nachforschungen richteten sich besonders auf den Niger, in der Hoffnung, das Geheimnis seiner wahren Lage und seines Verlaufs zu lösen. Wo begann es und wo endete es? war das doppelte Problem, das die Geographen des 18. Jahrhunderts noch mehr verwirrte als die Frage nach der Quelle des Nils.

Sie gaben sich nicht mit den Anfragen zufrieden, die sie nur in Verwirrung und endlose Diskussionen brachten, und beschlossen, Entdecker auszusenden. Sie boten ihnen keine finanziellen Anreize und keine Hoffnung auf eine konkrete Belohnung. Die Ehre und der Ruhm der Entdeckung sollten ihr Preis sein: Die Vereinigung verpflichtete sich gleichzeitig, ihrerseits die Kosten des Reisenden zu tragen.

Die angebotenen Anreize waren völlig ausreichend. Bewundernswert qualifizierte Männer stellten sich in größerer Zahl als nötig vor, so dass die Hauptschwierigkeit der Vereinigung darin bestand, zu wählen und nicht zu suchen.

Der erste der heroischen Gruppe afrikanischer Pioniere war Ledyard, bereits ein Reisender mit den unterschiedlichsten Erfahrungen. Seine Mission war es, den afrikanischen Kontinent vom Nil bis zum Atlantik zu durchqueren. An der Schwelle zu seinem Vorhaben starb er 1788 an Fieber.

Als nächster übernahm Herr Lucas die Arbeit. Er verfügte über umfassende Kenntnisse des maurischen Lebens und der maurischen Sprache, die er sich zunächst als Sklave in Marokko und dann als britischer Vizekonsul in diesem Reich angeeignet hatte. Die ihm zugewiesene Aufgabe bestand darin, von Tripolis aus die Sahara zu durchqueren und in den Sudan zu gelangen. Dies gelang ihm jedoch nicht. Ein Aufstand arabischer Stämme versperrte ihm den Weg, und Herr Lucas gab das Unternehmen auf. Er brachte nur zusätzliche Informationen über das Landesinnere mit, die er von einheimischen Händlern erfahren hatte.

Erfolgreicher im ersten Teil einer nachfolgenden Expedition war Horneman (1789), der zwar zweifellos die Wüste durchquerte, dabei jedoch für immer verschwand.

Offensichtlich war Afrika eine harte Nuss und gefährlich für jeden, der es versuchte.

Da ihre Versuche, das Ziel ihrer Wünsche vom Norden aus zu erreichen, scheiterten, wandte sich die Afrikanische Vereinigung als nächstes an Westafrika, um eine mögliche Öffnung zum Landesinneren zu finden. Einmal mehr wurde Gambia als direkteste und praktikabelste Route gewählt.

Mit Major Houghton schienen sie den richtigen Mann für diese Aufgabe gefunden zu haben. Als Konsul in Marokko hatte er Bekanntschaft mit den Mauren und ihrer Sprache gemacht, und in Goree, das damals in britischer Hand war, kam er mit den westafrikanischen Negern in Kontakt und lernte die Lebens- und Reisebedingungen in der Region Gambia kennen.

Der neue Versuch wurde 1791 unternommen. Anders als Jobson und Stibbs reiste der abenteuerlustige Entdecker nicht mit dem Boot und einer großen europäischen Gruppe, sondern über Land, allein und in Begleitung eines äußerst bescheidenen Gefolges. Anfangs lief alles gut; keine Schwierigkeiten oder Schwierigkeiten hielten ihn auf. Er folgte im Großen und Ganzen dem Flusslauf und erreichte sicher Medina, die Hauptstadt von Wuli, und wurde vom König des Ortes gastfreundlich empfangen. Die Elemente waren weniger freundlich. Ein Feuer, das die Stadt in Schutt und Asche legte, beraubte ihn eines Großteils seiner Habe. Von Medina aus verließ

Houghtons Route Gambia und verlief nach Westen zum Falemé, einem südlichen Nebenfluss des Senegal und Grenzlinie der goldhaltigen Region Bambuk. Auch hier wurde er gastfreundlich empfangen und voller Freude auf seine Reise durch Bambuk geschickt. Seine Freude dauerte jedoch nicht lange. Die letzte Mitteilung, die er von ihm erhielt, enthielt diese anschaulichen Zeilen: „Major Houghtons Empfehlungen an Dr. Laidley; ist bei guter Gesundheit, auf dem Weg nach Timbuktu; von Fenda Bukars Sohn all seiner Habe beraubt." Keine Verzweiflung in diesen Worten, was auch immer für ein Unglück den Schreiber getroffen haben mag; kein Zögern in seinem Entschluss, sein Ziel zu erreichen – nur die eine, bedingungslose Entschlossenheit, weiterzugehen . Aber er ging weiter, um zu sterben. Trotz Fenda Bukars Sohn scheint er immer noch genügend Mittel besessen zu haben, um die skrupellose Habgier einiger Mauren zu wecken. Von diesen Elenden angelockt, wurde er in die Wüste geführt, wo man ihn all seiner Habe beraubte und ihn einem grausamen Tod überließ.

Es scheint, dass das katastrophale Ende dieser verschiedenen Expeditionen der Begeisterung der Freiwilligen, die Arbeit fortzusetzen, einen Dämpfer verpasst hat, denn heute bietet die African Association jedem, der die durch Houghtons Tod unterbrochene Aufgabe übernimmt, eine großzügige Belohnung an.

Kein Wunder, wenn qualifizierte Männer zögerten, sich anzubieten. Afrikanische Fieber hatten damals einen Schrecken, den sie heute nicht mehr haben. Der Kontinent war praktisch unbekannt, und ohne Fakten, die als Abhilfe hätten wirken können, hatte alles einen schrecklichen Anstrich. Kannibalismus, allgemeine Blutrünstigkeit und Wildheit, Plünderlust und alle möglichen grausamen Praktiken wurden mit dem Namen Neger in Verbindung gebracht. Man ging davon aus, dass der Tod durch Verdursten oder Verhungern das Schicksal derer war, die dem Miasma des Landes oder dem mörderischen Speer der Eingeborenen entkamen. Der Mann, der sich einer solchen Ansammlung vage wahrgenommener und stark übertriebener Schrecken stellen würde, war in der Tat mutig.

Dennoch musste der Afrikanische Verband nicht lange warten. In dieser Krise ihrer Angelegenheiten war der Mann für die Arbeit bereit, einer, der dazu bestimmt war, ihre Hoffnungen mit einem triumphalen Erfolg zu krönen, eine glänzendere Zukunft für das afrikanische Reisen einzuleiten und ihm einen solchen Anstoß zu geben, dass es zu einem glorreichen Thema werden würde . Das war Mungo Park.

KAPITEL V.
MUNGO PARK.

Um unsere Erkundungsgeschichte fortzusetzen, müssen wir nun die glühenden Sonnen und die miasmatische Atmosphäre Westafrikas verlassen und uns dem gemäßigten Klima und den erfrischenden, luftigen Hügeln Südschottlands zuwenden – vom Fluss, der dem Geographen am Herzen lag, und dem Fluss, den der Dichter liebte – vom Niger zur Schafgarbe.

Der Mann, dessen Mission es war, die isolierenden Barrieren zu durchbrechen, die durch Wildheit und ein tödliches Klima zwischen dem Land der Neger und allen äußeren humanisierenden Einflüssen errichtet wurden, muss unbedingt eine heroische Wiege haben und aus einer heroischen Rasse stammen. Ihm muss die Erziehung des Spartaners zugutekommen, die ihn körperlich für den Kampf mit Not und Entbehrungen wappnet – ihm muss die Erziehung und Erziehung zugute kommen, die zu allen Formen edler Unzufriedenheit und Taten von hohem Ansehen neigt.

Eine solche Wiege und ein solches Volk waren Ettrickdale und seine Bauern. Ihr Leben war geprägt von ehrlicher Arbeit und ständiger Selbstbeherrschung, und sie hatten eine direkte und indirekte Erziehung, die beim richtigen Mann romantische Instinkte entwickelt und eine leidenschaftliche Vorstellungskraft mit strengen religiösen Überzeugungen, intensiver Sachlichkeit und prosaischer Zielstrebigkeit verbindet. Ihre Umgebung war gleichermaßen geeignet, den Dichter oder den Helden zu formen – den, der von der Ritterlichkeit der Vergangenheit singen sollte, oder den, der der Ritterlichkeit der Gegenwart angehören sollte, auf welchem Gebiet auch immer Raum für lobenswerten Ehrgeiz und höchste Bestrebungen ist – klare Vision und unerschrockenen Mut, verbissene Beharrlichkeit und unermüdliche Ausdauer, Standhaftigkeit bei Rückschlägen und körperliche Kraft, um Entbehrungen zu ertragen.

Dies also war das Erbe, das Ettrickdale ihren Söhnen zu bieten hatte, und dies war, als eines davon, das Erbe von Mungo Park, dem ersten der fahrenden Ritter Afrikas.

GEBURTSORT VON MUNGO PARK.

Über das frühe Leben dessen, der dazu bestimmt war, das Gesicht Afrikas teilweise zu enthüllen, wissen wir nur wenig, obwohl dieses Wenige bedeutsam und zufriedenstellend genug ist.

Mungo Park wurde am 10. September 1771 in der Hütte von Foulshiels, etwa viereinhalb Meilen von Selkirk entfernt, geboren. Foulshiels liegt mitten in der lieblichsten Landschaft des Yarrow-Tals, gegenüber dem stattlichen Turm von Newark auf der gegenüberliegenden Seite des Tals. Nach Osten hin bietet es einen Blick über die Wälder und Haine und „Birkenlauben" des breiter werdenden Tals bis zu seiner Mündung in das Ettrick-Tal bei Selkirk. Nach Westen hin bietet es ein herrliches Panorama aus Hügeln und Tälern, durch das sich der Yarrow in unterbrochenen, glänzenden Abschnitten windet, von der wildromantischen Landschaft seiner See- und Gebirgsquellen aus. Vorne und hinten erheben sich stattliche Hügel, deren Basen von den rauschenden Strömen getrennt und umspült werden, deren untere Hänge mit Eichen und Tannen bewachsen sind, die oberen mit Gras und Heide, über die die Winde ungehindert hinwegfegen.

Aber wenn die Umgebung von Parks Geburtshaus großartig war, so war das Cottage, von dem die Ruinen noch existieren, äußerst bescheiden. Es war weder besser noch schlechter, als es von heutigen Hirten an abgelegenen Orten gemietet werden könnte, da es im Wesentlichen aus Kalkstein und Kalk gebaut war und höchstens drei Wohnungen umfasste. Das Gebäude weist keine Spur von Verzierungen, kein Reliefgesims auf und bringt so den

Charakter seiner Bewohner, ihre äußerste Zweckmäßigkeit, ihre schlichte, ehrliche Solidität und Gleichgültigkeit gegenüber allen äußeren Anmuten angemessen zum Ausdruck. Aus einem solchen Häuschen gingen ein Burns und später ein Carlyle hervor.

Mungo war das siebte Kind einer dreizehnköpfigen Familie, von denen jedoch nur acht das Erwachsenenalter erreichten. Durch unermüdliche Sorgfalt und harte Arbeit hatte es sein Vater zu einem Kleinbauern gebracht – wie klein seine Hütte war, zeigt hinreichend. In ihm jedoch haben wir zweifelsohne einen von jenem Typ schottischer Väter, die bereit sind, ihren eigenen Körper zu zwängen und ihr Leben als Sklavin zu verdoppeln, damit ihre Kinder eine bessere Erziehung erhalten als er selbst und damit wenigstens ihr Geist nicht verhungert und verkümmert. Parks erster Biograph drückt es 1816 so aus: „Die Aufmerksamkeit, die die schottischen Bauern und Landleute der frühen Erziehung ihrer Kinder schenkten, wird in der Geschichte von Parks Familie deutlich. Die Verbreitung des Wissens unter den Einheimischen dieses Teils des Königreichs und ihre allgemeine Intelligenz muss von jedem unvoreingenommenen Beobachter zugeben werden; auch gibt es kein Land, in dem die Auswirkungen der Bildung so deutlich zutage treten: Sie fördern Fleiß und gutes Benehmen und bringen so nützliche und ehrenwerte Männer der unteren und mittleren Klassen hervor, die für alle wichtigen Aufgaben des einfachen Lebens hervorragend geeignet sind.“

Offenbar gab es in der Nähe von Foulshiels keine Schule, die die Kinder des Parks in ihren ersten Lebensjahren hätten besuchen können, denn wir finden dort einen ansässigen Lehrer, der die notwendigen Grundlagen der Bildung vermittelte.

Als er älter wurde, wurde Mungo auf die Selkirk Grammar School versetzt, zu der er wahrscheinlich jeden Morgen zu Fuß ging.

Von diesem Zeitpunkt an bekommen wir erste Einblicke in seine besondere Persönlichkeit und seinen Charakter. Es scheint nicht, dass er in der Schule besondere Begabung gezeigt hätte, obwohl er regelmäßig zur Schule ging und fleißig war. Wir nehmen an, dass er verträumt und zurückhaltend war, ein großer Leser, ein Liebhaber der Poesie und eine leidenschaftliche Vorliebe für die kuriosen Überlieferungen und die einfache Minnesängerkunst, die so stark mit den schottischen Grenzgrafschaften verbunden sind.

Sein Temperament war offensichtlich nicht so beschaffen, dass es seine richtungsweisenden Impulse aus der Schulroutine oder den Lehren und Anweisungen der Schulmeister beziehen würde. Solche konventionellen Einflüsse hätten ihn nie nach Afrika geführt. Seine Inspirationen kamen von den Balladen, die dort gesungen und den Geschichten, die an jedem ländlichen Herdfeuer erzählt wurden. Für ihn waren das rauschende Yarrow, die zerstörten Türme von Newark, die sich ausbreitenden Felder, die anschwellenden Hügel und der Berggipfel Lehrmeister, die alle eine Geschichte von kühnen Abenteuern oder tödlichen Kämpfen zu erzählen hatten.

Das ganze Land war erfüllt von der Romantik der halb vergessenen Vergangenheit, mit hundert Erinnerungen, die einem patriotischen Herzen am Herzen lagen. Überall um ihn herum gab es etwas, das seinen jungen, eifrigen Geist verzauberte, etwas, das seine Fantasie anregte und die eifrige Sehnsucht weckte, aufzustehen und unbestimmte, aber dennoch stets große und edle Taten zu vollbringen. Von der stattlichen Burg, die nun in melancholischer, zerstörter Majestät auf ihn herabblickte, waren tapfere Ritter vergangener Tage ausgezogen, um für König und Land oder für die Liebe zu kämpfen. Ihre Zeit war vorbei, aber könnte er nicht in anderer Gestalt aus seiner bescheidenen Hütte hervortreten und mit anderen Waffen seine goldenen Sporen gewinnen?

Auf welche Weise all diese vagen Ambitionen und diese spirituelle Gärung enden würden, gab es nur wenige Hinweise. Es ist nur wenigen vorbehalten, im späteren Leben die romantischen Träume ihrer Jugend zu verwirklichen.

Zunächst sieht es so aus, als sei Mungo von seinem Vater für das Amt bestimmt worden, doch er selbst bevorzugte die Medizin, gegen die offenbar keine Einwände erhoben wurden.

Um sich die Grundlagen seiner medizinischen Ausbildung anzueignen, wurde er im Alter von fünfzehn Jahren, wie es damals üblich war, als Lehrling bei Dr. Thomas Anderson, einem Chirurgen in Selkirk, untergebracht, einem Herrn, dessen Nachkommen noch immer die Heilkunst in Selkirk praktizieren gleiche Stadt. Drei Jahre lang blieb er beim Doktor und erwarb nicht nur medizinische Kenntnisse, sondern vertiefte sich auch noch weiter in den Klassikern und anderen Bildungszweigen des Gymnasiums.

Darüber hinaus wissen wir nichts über sein Leben in der Familie Anderson, obwohl wir aus der Tatsache schließen können, dass er seine Zeit angenehm verbrachte, wie wir später sehen werden, einige Jahre später Dr. Andersons älteste Tochter heiratete.

Im Jahr 1789 verließ Park Selkirk und ging an die Universität von Edinburgh, um sein Medizinstudium abzuschließen. Drei aufeinanderfolgende Sitzungen scheinen in diesen Tagen alles gewesen zu sein, was nötig war, um sich zu qualifizieren.

Uns wird gesagt, dass er ein eifriger Schüler war und sich unter seinen Mitschülern hervorgetan hatte. Botanik war sein Lieblingsfach, was zweifellos größtenteils dem inspirierenden Einfluss seines Schwagers, Herrn James Dickson, zu verdanken war, der sich vom Gärtner durch eigene

Anstrengungen zu einem nicht gewöhnlichen Botaniker und Autor von entwickelt hatte einige wertvolle und wichtige Werke.

Noch während seines Medizinstudiums kam Park direkter mit Dickson in Kontakt und mit ihm unternahm er eine botanische Tour in den Highlands.

Dickson tat mehr für seinen jungen Schwager, als ihm die Liebe zur Botanik zu vermitteln. Er pflegte ein enges Verhältnis zu Sir Joseph Banks, einem der Hauptmanager der African Association, und als Park die Universität verließ, stellte er ihn seinem einflussreichen Freund vor und brachte ihn so mit den Einflüssen in Kontakt, die Mungo Park zum ersten berühmten Afrikareisenden machten.

Aber die Zeit war noch nicht gekommen. Park musste sich noch praktisch auf seine große Mission vorbereiten, indem er seine Lebens- und Reiseerfahrung erweiterte – er musste sich noch mehr von der fieberhaften Unruhe anstecken lassen. Daher segelte er 1792 nicht nach Afrika, sondern in den Osten, als Chirurg im Dienste der East India Company.

An dieser Stelle gewährt er uns einen bewundernswerten und charakteristischen Einblick in seine Person in einem Brief an seinen Chirurgielehrer und zukünftigen Schwiegervater, Dr. Anderson aus Selkirk. Der Brief ist datiert auf London, 23. Januar 1793, und der folgende Abschnitt ist interessant:

> „Ich habe jetzt die erste Stufe der Treppe des Ehrgeizes erreicht. Hier ist eine Abbildung davon. (Hier ist eine Federzeichnung einer Treppe mit einem Mann auf der untersten Stufe.) Sie ähnelt sehr einer von Gordons Fallen, die er in der Bibliothek verwendet. Wenn ich jetzt die Treppe hinauflaufen sollte, sehen Sie die Folgen. Ich muss entweder beschämt sein, weil ich sehe, dass ich nicht weiterkomme, oder mir bei einem leichten Schritt den Schädel an dem großen Folianten eines späteren Autors einschlagen. Darf ich meinen kleinen Höhenvorteil nutzen, um den Dienst eines Wächters für den Rest der Menschheit zu übernehmen und ihnen zuzurufen: ‚Passen Sie auf, meine Herren! Schauen Sie nicht zu hoch, sonst brechen Sie sich die Beine auf diesem Schemel. Öffnen Sie die Augen, Sie laufen geradewegs ins Feuer.‘

> „Vorbei an der Surgeons' Hall! Mitglied der Linnean Society! Ich ging drei oder viermal vor und zurück durch die Halle und hatte gerade angefangen, die Glasscheiben im großen Fenster zu zählen, als die Glocke läutete und der Kirchendiener brüllte: ‚Mr. Park!‘ Macbeths Erschrecken,

als er den Dolch erblickte, war im Vergleich zu meinem
bloß ein Scherz …

„Ich habe Stewarts Philosophie gekauft, um mich auf See
zu amüsieren. Da Sie in Edinburgh sind, werden Sie mir
schreiben, was die Leute über ihren religiösen Charakter
sagen. Sie haben mir in Sandys (vermutlich seinem Bruder
Alexander, der zu der Zeit gerade das Medizinstudium
absolvierte, das er selbst gerade abgeschlossen hatte) Brief
geschrieben, dass Sie mir nächste Woche schreiben würden.
Ich habe zu viel zu sagen und muss deshalb nur halbe
Sachen sagen.

„Die Melancholiker, die sich über die Kürze des
menschlichen Lebens beklagen, und die Wollustigen, die
glauben, die Gegenwart gehöre ihnen allein, streben
danach, jeden Augenblick mit sinnlichem Genuss
auszufüllen; der Mensch jedoch, dessen Seele von seinem
Schöpfer erleuchtet wurde und der, wenn auch nur vage,
die Wunder der Erlösung erkennen konnte, wird die
Freuden und Leiden dieses Lebens gleichermaßen als
Zeichen göttlicher Liebe betrachten. Er wird durch die Welt
gehen, als ob er in ein besseres Land reisen würde, und
voller Staunen auf den Urheber und Vollender seines
Glaubens blicken …

„ *P.S* .: Ich segle in etwa einem Monat.“

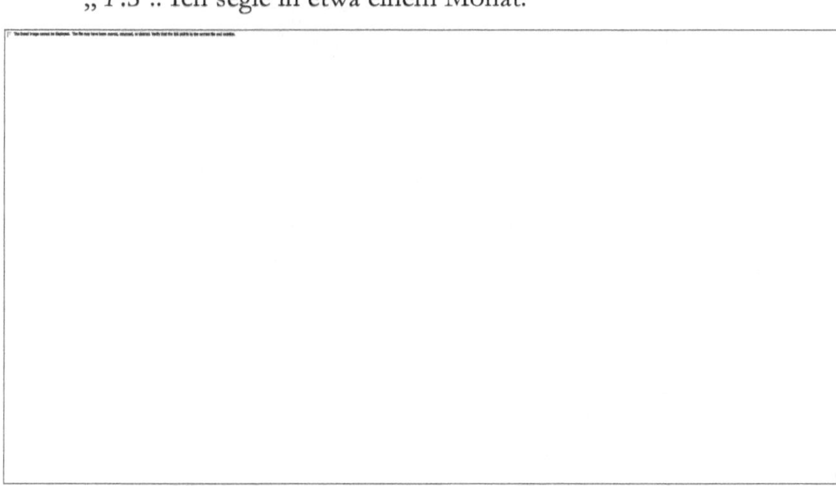

AUSZUG AUS EINEM BRIEF VON MUNGO PARK AN DR. ANDERSON.

In dieser heiteren Stimmung des jungen zukünftigen Eroberers blickte Park auf das Feld der Unternehmungen, das sich ihm eröffnete, und verließ England, um sich von Stewarts Philosophie zu amüsieren und sich von seinen tief verwurzelten religiösen Überzeugungen leiten zu lassen, und machte sich auf den Weg nach Indien.

Um die Kraft dieser Überzeugungen zu verdeutlichen, können wir einen weiteren Brief zitieren, der an Dr. Anderson geschrieben wurde, als er gerade auf der Abreise war:

> „Ich habe jetzt jene Höhe erreicht, auf der ich den Tumulten der Nationen gleichgültig gegenüberstehen kann, im Vertrauen darauf, dass die Zügel der Ereignisse in den Händen unseres Vaters liegen. Mögen Sie und ich (nicht wie das störrische Maultier, sondern wie das entwöhnte Kind) Seiner Hand gehorchen, damit wir nach all den Problemen dieser dunklen Welt, in der wir wirklich Fremde sind, durch die Wunder der Sühne ein weitaus größeres und überragendes Gewicht an Ruhm erreichen können. Ich wünsche mir, dass Sie dem Tag Ihrer Abreise mit der gleichen Ergebenheit entgegensehen können wie ich meinem. Meine Hoffnung nähert sich nun der Gewissheit. Wenn ich getäuscht werde, möge Gott allein mich auf den richtigen Weg bringen, denn ich würde lieber in der Täuschung sterben, als zu all den Freuden der Erde aufzuwachen. Möge der Heilige Geist für immer in Ihrem Herzen wohnen, mein lieber Freund, und wenn ich mein Heimatland nie wiedersehe, möge ich lieber den grünen Rasen auf Ihrem Grab sehen, als Sie als etwas anderes als einen Christen zu sehen."

Diese Reise nach Sumatra zeichnete sich durch nichts Bemerkenswertes aus, aber sein Aufenthalt dort war keineswegs verlorene Zeit, denn er bot ihm eine hervorragende Gelegenheit, seinen wissenschaftlichen Vorlieben nachzugehen, nicht nur als Sammler, sondern vor allem auch als genauer Beobachter.

Ein Artikel in den Linnean Transactions über acht neue Fische aus Sumatra ist ein ausreichender Beweis sowohl für seinen Fleiß als auch für seine wissenschaftlichen Errungenschaften.

Park kehrte nach einem Jahr Abwesenheit nach England zurück und war nun reif für die Arbeit, die ihm bevorstand. Es scheint nirgends, dass er bisher auch nur ein einziges Mal an Afrika als mögliches Feld für seinen Ehrgeiz und seine Energie gedacht hätte. Sein natürliches Temperament war jedoch ein fruchtbarer Boden für die romantischen Ideen, die seine frühe

Umgebung gesät hatte. Seine medizinische Ausbildung hatte ihn weiter für die Forschungsarbeit gerüstet und ihm außerdem einen verständnisvolleren Kontakt zu seinem botanischen Schwager verschafft, der ihn erneut in den Einflussbereich von Sir Joseph Banks und durch ihn in den Einflussbereich bringen sollte Afrikanische Vereinigung. Diesen verschiedenen bestimmenden Einflüssen folgten der erste Geschmack des Reisens, die umfassendere Erfahrung und das Wissen um das Gute und Böse im Leben des Wanderers. Es fehlte nur noch die einmalige Gelegenheit, seine potenzielle Fähigkeit zu heldenhaften Diensten auf dem Gebiet der geografischen Forschung in Aktion zu beweisen.

Die Rückkehr Parks von seiner ersten Reise war der Wendepunkt seiner Karriere. Zu diesem Zeitpunkt herrschte eine Krise in den Angelegenheiten der Afrikanischen Vereinigung. Alles, was sie versucht hatten, war katastrophal ausgegangen, und gerade hatte sie die Nachricht vom traurigen Tod von Major Houghton erreicht. Sollte die Aufgabe nun aufgegeben oder mit neuem Eifer und neuer Begeisterung wieder aufgenommen werden? Es konnte nur eine Antwort geben. Die begonnene Arbeit musste fortgesetzt werden. Sicherlich musste sie am Ende von Erfolg gekrönt sein. Wer sollte sie in der Zwischenzeit übernehmen?

Während die Vereinigung sich nach dem Mann erkundigte, der geeignet war, ihr gefährliches Unterfangen anzuvertrauen, war Park noch unschlüssig, welchen Lebensweg er einschlagen sollte. Mit Sir Joseph Banks als Bindeglied zwischen beiden war eine schnelle Verständigung und eine gegenseitige Lösung der strittigen Fragen für beide Seiten unumgänglich. Die Projekte des Vereins kamen Park schnell zu Ohren. Hier war genau die Arbeit, die er wollte, und versprach Gelegenheiten, seiner Liebe zum Reisen und zur Naturgeschichte nachzugehen, die weit über seine kühnsten Träume hinausging. Vor ihm eröffnete sich eine herrliche Aussicht auf ein großes Werk, das vollbracht und Ruhm erlangt wurde, auf überwundene Schwierigkeiten und auf erlangten Ruhm. Vor einer solchen Chance konnte es keine Unentschlossenheit, keinen Zweifel, keine Ängste geben. Sein Kurs war klar und er bot sofort freiwillig seine Dienste an, die von Seiten des Unternehmens ebenso schnell und eifrig angenommen wurden, wie sie angeboten worden waren.

Mungo Park war damals vierundzwanzig Jahre alt.

KAPITEL VI.
AN DER SCHWELLE.

Am 22. Mai 1795 verließ Mungo Park England an Bord der *Endeavour*, einem afrikanischen Handelsschiff. Am 21. des darauffolgenden Monats landete er an der Mündung des Flusses Gambia.

Bathurst, der heutige Regierungssitz des Gambia-Beckens, existierte damals noch nicht, mit seiner heutigen geschäftigen europäischen Gemeinde und blühenden einheimischen Bevölkerung, seinen imposanten öffentlichen Gebäuden und gut angelegten Straßen. Die Heimatstadt Jillifri am Nordufer und etwas weiter flussaufwärts war in den frühen Handelstagen der Gambia-Händler der erste Anlaufpunkt.

Von Jillifri aus fuhr die *Endeavour* den Fluss hinauf nach Jonkakonda.

Die Aussicht, die sich Park bot, als er weiterging, war weder attraktiv noch vielversprechend. Der Fluss floss tief und schlammig seewärts, seine Ufer waren mit undurchdringlichen Mangrovenwäldern bedeckt, die bei Ebbe eine schreckliche Sumpffläche bildeten. Die Luft war von einem widerlichen Dunst erfüllt, der von den giftigen Ausdünstungen des stinkenden Schlamms durch Hitze und Feuchtigkeit erfüllt war. Nur hier und da lösten eine Gruppe Kokosnüsse oder ein einzelner Bombyx (Seidenbaumwollbaum) die trostlose Monotonie auf und bereiteten dem Auge für einen Moment ein Vergnügen.

Hinter den Mangrovensümpfen erstreckte sich das Land in einer ebenen Ebene, „im Großen und Ganzen mit Wäldern bedeckt und dem Auge eine ermüdende und düstere Gleichförmigkeit darbietend; Doch obwohl die Natur den Bewohnern die Schönheit romantischer Landschaften vorenthalten hat, hat sie ihnen mit großzügiger Hand die wichtigeren Segnungen der Fruchtbarkeit und des Überflusses geschenkt."

In Jonkakonda, das offenbar einer der wichtigsten Handelsposten am Fluss war, verließ Park die *Endeavour* und fuhr weiter zur Fabrik in Pisania, die einige Meilen weiter lag.

In Dr. Laidley, dem zuständigen Agenten, für den er Briefe überbrachte, fand Park nicht nur einen großzügigen Gastgeber, sondern auch einen überaus kompetenten Berater, und mehrere Monate lang standen ihm das Haus des Kaufmanns und seine umfassende Erfahrung gleichermaßen zur Verfügung.

Die Ziele seiner Expedition waren: Den Fluss Niger auf dem geeignetsten Weg zu erreichen, seine Quelle, seinen Lauf und wenn möglich seine Mündung zu ermitteln und die wichtigsten Städte in der Umgebung zu besuchen, insbesondere aber Timbuktu und die Städte des Haussa-Landes.

Parks glühende Begeisterung wurde stets durch die Vorsicht und den umsichtigen, praktischen Charakter seiner Rasse gemildert. Wie ein alter Kämpfer machte er sich daran, herauszufinden, was vor ihm lag, und sich auch sonst auf seine schwierige und gefährliche Aufgabe vorzubereiten. Er musste die Mandingo-Sprache erlernen, um mit den Eingeborenen besser in Kontakt zu kommen und unabhängiger von Dolmetschern zu sein, die immer eine Quelle großer Gefahr und oft das größte Hindernis für den Entdecker beim Vordringen in unbekannte Länder darstellen. Außerdem musste er sich über Routen, die zu vermeidenden Gefahren und die allgemeinen Reisebedingungen in diesen Gegenden informieren. Ohne diese Informationen war ihm klar, dass er wie ein Blinder in einem Land mit tausenden Fallgruben umherwandern würde.

Aber während er sich so auf seine Aufgabe vorbereitete, war Park sich dessen nicht bewusst, was sich unmittelbar um ihn herum abspielte. Wir bekommen Einblicke in ihn, wie er tagsüber naturkundliche Sammlungen anfertigt und nachts astronomische Beobachtungen macht. Insbesondere beschäftigte er sich mit der Aufklärung der Einzelheiten des Handels mit Gambia. Seit Stibbs in der vergeblichen Hoffnung, den Niger zu erreichen, den Fluss hinaufgestiegen war, hatte sich der Handel in der Region erheblich verändert. Der vermeintliche Reichtum von Timbuktu war nicht ausgeschöpft worden, aber die Waren der Länder in Reichweite des Flusses hatten sich als keine unerhebliche Gewinnquelle erwiesen. Im Jahr 1730 finden wir eine einzige Fabrik, die aus einem Gouverneur, einem stellvertretenden Gouverneur und zwei weiteren Hauptbeamten bestand; acht Faktoren (daher das Wort Fabrik) oder Handelsagenten, dreizehn Schriftsteller, zwanzig minderwertige Diener und Händler, eine Kompanie Soldaten und zweiunddreißig Negerdiener, ganz zu schweigen von den Besatzungen verschiedener Schaluppen, Schaluppen und Boote. Von diesem Zeitpunkt an begann jedoch der Wettbewerb, bis der Bruttowert der britischen Exporte am Ende des Jahrhunderts auf 20.000 Pfund sank.

Es ist bemerkenswert, dass selbst zu Parks Zeiten Sklaven der wichtigste Exportartikel waren. Da wir heutzutage daran gewöhnt sind, diesen abscheulichen Verkehr auf das Schärfste anzuprangern und diejenigen, die sich daran beteiligen, als die Erniedrigendsten und Brutalsten ihrer Rasse zu brandmarken, fällt es uns schwer, uns darüber im Klaren zu sein, dass wir selbst vor weniger als einem Jahrhundert derselbe waren Haupthändler für Menschenfleisch und Blut. Wie wenig dieser schreckliche Handel das Gewissen des Einzelnen oder des Landes insgesamt berührte, zeigt Parks eigene Erzählung hinreichend. Wir suchen dort vergeblich nach einem Wort der Verurteilung oder dem Hinweis auf ein Bewusstsein dafür, dass darin irgendeine Ungerechtigkeit enthalten war. Allerdings nicht aus mangelnder Kenntnis der damit verbundenen Grausamkeiten oder gar aus mangelndem Mitleid mit den Opfern. Im Gegenteil beschreibt er: „Während sie auf die Lieferung warteten, hielten sie die armen Kerle ständig zu zweit aneinander gefesselt und waren mit der Arbeit auf dem Feld beschäftigt; und ich muss leider hinzufügen, dass sie sehr spärlich ernährt und auch hart behandelt wurden.“

Später begleitete er eine Sklavenkarawane auf dem Weg zur Küste. Mit schlichter Natürlichkeit erzählt er die ganze Geschichte der Schrecken des Weges, beschreibt die Fesseln und Ketten, die schrecklichen Märsche, mit schweren Lasten, unter glühender Sonne und mit Hungerrationen; Die Peitsche schlug gnadenlos auf die Müden ein, um sie zu weiteren Anstrengungen anzuspornen, und das Messer wurde an die Kehle der hoffnungslos Erschöpften gelegt, um sie sofort vom Schmerz und ihre Treiber von einer Last zu befreien – „eine Operation, die ich nicht sehen wollte, und marschierten deshalb weiter.“

Er ist sich durchaus darüber im Klaren, dass all diese Gräueltaten begangen werden, um einen europäischen Markt beliefern zu können. Er weiß auch, was dem Sklavenpfad vorausgegangen ist, und doch, so unglaublich es auch scheinen mag, wird von ihm kein einziger empörter Protest, kein einziger Appell an das christliche Europa, nicht einmal ein lobendes Wort für das bereits begonnene Werk zu seiner Unterdrückung entlockt. Ganz im Gegenteil, zu diesem Punkt ließ Park für sich selbst sprechen. „Inwieweit sie (Sklaverei) durch den Sklavenhandel aufrechterhalten und unterstützt wird, den die Nationen Europas seit zweihundert Jahren mit den Eingeborenen der Küste betreiben, liegt weder in meiner Zuständigkeit noch in meiner Macht zu erklären. Wenn meine Ansichten über die Auswirkungen gefragt wären, die eine Einstellung dieses Handels auf die Manieren der Eingeborenen haben würde, würde ich ohne zu zögern feststellen, dass die Auswirkungen angesichts des gegenwärtigen unaufgeklärten Geisteszustands meiner Meinung nach auch nicht so sein würden umfangreich oder nützlich, wie viele weise und würdige Menschen es liebevoll erwarten."

Das Wunderbare an der Sache wird für uns noch intensiver, wenn wir über Parks tiefe Religiosität, seine echte Herzensgüte, seine edlen Ambitionen und seine Wertschätzung für alles Süße der menschlichen Natur nachdenken. Die Geschichte ist voller Bedeutungen hinsichtlich des Einflusses unserer Umgebung darauf, ob wir unsere Augen für das, was um uns herum geschieht, öffnen oder schließen.

Doch während Großbritannien damals seine Schuld erkannte und sich anschickte, sich von dem unheiligen Handel zu befreien, erfahren wir aus Parks Aufzeichnungen, dass ein neuer Handel, der beinahe ebenso schreckliche Folgen haben sollte, bereits etabliert war. Europa, so erzählt er uns, nahm Gambia vor allem Sklaven ab und gab im Gegenzug Spirituosen und Munition. Über zweihundert Jahre lang wurden die unglücklichen Eingeborenen Afrikas wie wilde Tiere behandelt, die rechtmäßige Beute und Beute der höheren Rassen. Die Mutter war versucht, ihr Kind zu verkaufen, und der Häuptling seine Untertanen. Dorf kämpfte gegen Dorf und Stamm gegen Stamm, damit amerikanische Plantagen bestellt werden konnten. Wie wilde Tiere und verfluchte Dinge wurden die Neger zu Myriaden niedergeschossen, zu Myriaden starben sie auf der Straße, zu Myriaden wurden sie in ein Leben voller Schande und Elend gestürzt. Und jetzt, als eine neue Ordnung der Dinge geschaffen werden sollte, begannen weitere hundert Jahre schändlichen Handels, um die Brutalisierung der Westküstenneger zu vollenden, alle erhebenden Impulse zu vernichten, alle fleißigen Gewohnheiten zu unterdrücken und sie in das zu verwandeln, was sie heute sind - das niederträchtigste, verräterischste und bösartigste Wesen, das man in ganz Afrika finden kann.

Dank des Sklavenhandels in vergangenen Jahrhunderten und des Gin-Handels in der Gegenwart sind unsere Siedlungen an der Westküste keine strahlenden Juwelen der britischen imperialen Krone, sondern heute kaum mehr als stehende Denkmäler ihrer Schande. Glücklicherweise zeigen die letzten Jahre dieses Jahrhunderts Anzeichen eines erwachten öffentlichen Gewissens. Regierungen, Unternehmen und private Händler gleichermaßen erkennen ihre Verantwortung gegenüber barbarischen Rassen, und bevor ein weiteres halbes Jahrhundert vergangen ist, können wir hoffen, dass dieses abscheuliche Monster, wenn nicht gar getötet, vernichtet wird.

Aber während wir aus Park entnehmen können, dass zu seiner Zeit der Sklavenhandel von britischen Kaufleuten ohne Gewissensbisse betrieben wurde und dass bereits Schießpulver und Gin die Hauptgegenstände des Tauschhandels gegen menschliches Fleisch und Blut waren, ist der Islam kaum weniger bemerkenswert machte seinen wohltätigen Einfluss im ganzen

Land stetig spürbar. Er erzählt uns, dass die Einwohner in zwei große Klassen eingeteilt wurden – die *Sonakies* oder Spirituosentrinker und die *Bushreens* oder Mohammedaner: Die ersteren waren Heiden, die unter dem erniedrigenden Einfluss des europäischen Verkehrs und Handels immer tiefer in der Menschheit versanken; Letztere stiegen immer weiter auf, legten sich anständige Kleidung und anständiges Benehmen an, bauten Moscheen und gründeten Schulen und versuchten insbesondere, die Flut abscheulicher Geister einzudämmen, die von christlichen Kaufleuten ins Land strömten.

Wir haben in einem früheren Kapitel auf die gewaltige Revolution hingewiesen, die der Islam im Zentralsudan hervorrief. Hier sind wir nur bei den Missionsaußenposten. Weiter im Landesinneren, wenn wir den Spuren von Park folgen, werden wir immer mehr von der guten Arbeit sehen, die der Mohammedanismus in Zentralafrika geleistet hat.

Inzwischen blieb es für den jungen Forscher nicht nur beim Lernen und Beobachten. Er musste einen Reifeprozess unangenehmer Art durchmachen. Als er sich einmal unvorsichtigerweise dem nächtlichen Tau aussetzte, bekam er Fieber und während er sich erholte, erlitt er einen zweiten Anfall, der ihn weitere Wochen gefangen hielt.

Dank der Fürsorge von Dr. Laidley traten keine bösen Folgen ein, während „seine Gesellschaft und Unterhaltung die langweiligen Stunden während dieser düsteren Jahreszeit (der Regenzeit) vertrieb: wenn die erstickende Hitze den Tag bedrückt und wenn der verängstigte Reisende die Nacht damit verbringt, dem Quaken der Frösche zu lauschen, deren Zahl jede Vorstellungskraft übersteigt, dem schrillen Schrei des Schakals und dem tiefen Heulen der Hyäne – ein düsteres Konzert, das nur durch das Brüllen eines so gewaltigen Donners unterbrochen wird, dass sich niemand eine Vorstellung davon machen kann, außer denen, die es gehört haben."

KAPITEL VII.
VON GAMBIA NACH SENEGAL.

Endlich war für Park die Zeit gekommen, sein großes Unterfangen zu beginnen.

Anfang Oktober hatte der Gambia seinen höchsten Stand erreicht, nämlich fünf Meter über der Hochwassermarke, und begann dann rasch abzusinken, so dass der Fluss Anfang November auf seinen Normalpegel gesunken war. Dies war die Zeit zum Reisen. Die Eingeborenen hatten ihre Ernte eingebracht, und Nahrungsmittel waren billig und reichlich vorhanden. Die Regenfälle waren vorbei, das Land gut entwässert und trocken, die Atmosphäre weniger feucht und drückend – all diese Umstände zusammen machten das Reisen angenehmer und wesentlich gesünder.

Park hatte zunächst gehofft, eine Karawane der Eingeborenen ins Landesinnere begleiten zu können, gab diese Idee jedoch auf, als er feststellte, dass er auf eine solche Eskorte eine unbestimmte Zeit warten müsste. Er beschloss daher, lieber auf seine eigenen Mittel zu setzen, als eine weitere gute Reisesaison zu verlieren.

Am 2. Dezember 1795 war er reisefertig. Da wir es gewohnt sind, von den riesigen Karawanen, den Mengen an Gütern, Vorräten, Munition und Instrumenten zu lesen, die in diesen degenerierten Tagen für Erkundungsexpeditionen ins Herz Afrikas erforderlich sind, können wir nicht umhin, über das bescheidene Gefolge und die spärlichen *Hindernisse überrascht zu sein* , die Park mit sich bringt für seine große Aufgabe als notwendig erachtete. Seine einzigen Begleiter waren ein Negerdiener namens Johnson, der als Sklave in Jamaika gewesen war, aber nach seiner Freilassung in sein Heimatland zurückgekehrt war; und Demba, ein Sklavenjunge von Dr. Laidley, der neben Mandingo die Sprache eines der Binnenstämme sprach.

Als Lasttiere hatte Park ein kleines, aber robustes und temperamentvolles Pferd für sich selbst und zwei Esel für seine Diener. Als Gepäck hatte er Proviant für zwei Tage; eine kleine Auswahl an Perlen, Bernstein und Tabak für den Kauf von frischem Proviant, falls nötig; ein paar Wechselwäsche und andere notwendige Kleidungsstücke; einen Regenschirm, einen Taschensextanten, einen Magnetkompass und ein Thermometer. Zur Verteidigung war er mit zwei Jagdflinten, zwei Paar Pistolen und einigen anderen kleinen Waffen ausgestattet. So begleitet, so ausgerüstet und so bewaffnet machte sich Mungo Park auf den Weg ins Herz Afrikas – ein unsicheres Ziel, das nur durch tödliche Gefahren und schreckliches Elend und Entbehrungen zu erreichen war. Wie hervorragend muss er mit den wirklich notwendigen Dingen des Helden ausgerüstet gewesen sein –

unerschütterliche Entschlossenheit, glühende Begeisterung, homerische Entschlossenheit und absolute Selbständigkeit. Mit diesen moralischen Waffen und Anreizen ausgestattet, konnte er sich jeder Schwierigkeit und Gefahr stellen und aus dem ungleichen Kampf unbesiegt und unbesiegt hervorgehen. Er trug zwar nicht die gesamte, aber doch einen großen Teil des Preises mit sich, für den er sein Leben aufs Spiel gesetzt hatte.

Außer Johnson und Demba hatte Park den Vorteil, dass ihm auf dem Weg nach Bambarra ein Mohammedaner, auf dem Weg nach Bondou zwei Sklavenhändler und auf dem Heimweg nach Kasson ein Schmied Gesellschaft leisteten.

Auf den ersten beiden Märschen begleiteten ihn Dr. Laidley und zwei andere Europäer. Dabei kam es ihnen vor, als würden sie einem Toten die letzte Ehre erweisen, denn sie erwarteten nicht, ihn jemals wiederzusehen.

Am 3. Dezember verabschiedete er sich von diesen freundlichen Freunden und wandte sich landeinwärts in Richtung Osten und dem Unbekannten. Als er langsam in die Wälder ritt, nachdem er die letzte Verbindung, die ihn mit Europa und der Zivilisation verband, durchbrochen hatte, und die Straße einschlug, die Major Houghton soeben bereist hatte, musste er sich unweigerlich daran erinnern, dass es für diesen eine Straße in den Tod gewesen war. Vor ihm tauchten Bilder abstoßender, wasserloser Wüsten, wegloser Dschungel, düsterer Urwälder und miasmatischer Sümpfe auf, die er durchqueren musste, bevor sein Blick auf den Fluss Niger fiel. Nur zu deutlich sah er die Gefahren durch Mensch und Tier, denen er sich stellen musste, bevor er jemals wieder mit der europäischen Zivilisation in Berührung kommen konnte. „Gedanken wie diese trübten zwangsläufig den Geist, und ich ritt nachdenklich etwa drei Meilen weiter, als ich aus meinen Träumen von einer Gruppe von Leuten aufgeweckt wurde, die angerannt kamen und meine Esel anhielten." Und da seine Überlegungen durch eine der unzähligen Unannehmlichkeiten einer Afrikareise unterbrochen worden waren, nahm er sie nicht wieder auf.

Auf den ersten paar Märschen gab es wenig Bemerkenswertes, weder was die Reise selbst noch was die Menschen und die Natur anging. Die Landschaft war angenehm, wenn auch ein wenig abwechslungsreich – überall sanfte, bewaldete Hügel, die sich mit kultivierten Zwischenräumen um Städte und Dörfer herum abwechselten. Die Einwohner waren Mandingos, die sich nicht durch die Fesseln der Kleidung störten, größtenteils Heiden und überzeugte Schnapstrinker; der Rest waren Mohammedaner, von respektablem Charakter, anständig in Kleidung und Verhalten, Liebhaber von Bildung und Religion, Hasser von starkem Alkohol.

Von beiden Teilen der Gemeinde wurde Park gastfreundlich aufgenommen und mit der einfachen Kost und Unterkunft verwöhnt, die sie selbst besaßen. Mit der täglichen Übung wurden die Strapazen des Weges weniger beunruhigend, während ein starker Appetit und das Wissen, dass absolut nichts anderes zu haben war, sonst schlichte Kost schmackhaft erscheinen ließen. Allmählich wurde ein neuer Standard des Komforts geschaffen, der den gegenwärtigen Möglichkeiten entsprach, so dass man schließlich sowohl Essen als auch Unterkunft genießen konnte, die man früher als abstoßend und miserabel empfunden hätte.

Aus dem Bezirk Walli Park gelangte man in den Bezirk Wuli. In Medina, der Hauptstadt der letzteren, wurde er vom König freundlich empfangen, der ihm dringend davon abriet, weiter nach Osten in Länder zu ziehen, in denen der weiße Mann unbekannt war und in denen das Schicksal von Houghton sein könnte. Doch Park ließ sich nicht entmutigen, denn der König gab ihm einen Führer, der ihn auf seinem Weg begleitete.

Von Medina aus zweigte die Route von Gambia ab und führte an ENEgal vorbei in Richtung Senegal. An manchen Tagen war der Marsch von nichts Besonderem geprägt. Überall erhält der Entdecker jedoch interessante Einblicke in das Leben und die Lebensweise der Eingeborenen, in ihr Talent zum Geschichtenerzählen und ihre forensischen Fähigkeiten oder in ihre Liebe zum Ringen, einer Kunst, in der sie so versiert sind, dass er „das denkt". Nur wenige Europäer wären mit dem Eroberer fertig geworden."

An einer Stelle stellt er fest, dass die Männer eine merkwürdige Methode haben, problematische Ehefrauen disziplinarisch zu bestrafen.

Offensichtlich ist die normale menschliche Hand in den riesigen Frauenhäusern des Mandingo-Ehemanns nicht in der Lage, die Frauen in der gebotenen Unterwerfung und Ordnung zu halten. Der unglückliche Ehemann, der Ärger im Haus hat und sich nicht traut, den oder die Übeltäter auf die übliche Weise anzugreifen, greift auf hinterhältige Methoden zurück. In jedem Dorf wird ein Maskenkleid für Mumbo Jumbo aufbewahrt, eine geheimnisvolle Person, deren Aufgabe es ist, eigensinnige Ehefrauen aufzuspüren und zu bestrafen. Wenn ein Ehemann merkt, dass ihm die Dinge in seinem Haushalt zu heiß werden, beschafft er sich heimlich dieses Kleid und verschwindet im Wald. Bei Einbruch der Nacht sind in der Nähe der Stadt schreckliche Geräusche zu hören – das Zeichen, dass Mumbo Jumbo unterwegs ist. Terror befällt jedes rebellische und irrende Mitglied des schwachen, aber lästigen Geschlechts, denn niemand weiß, wen die Rute treffen wird. Niemand wagt es jedoch, der Vorladung nicht Folge zu leisten, denn jetzt müssen sie es mit dem Teufel selbst aufnehmen, der von allen männlichen Mächten des Dorfes unterstützt wird. Für die Männer ist der Anlass ein freudiger – für die Frauen jedoch nicht. Alle eilen zum Treffpunkt, um an den Vorgängen teilzunehmen und gemeinsam die eheliche Autorität zu behaupten. Aber das Opfer wird nicht sofort überfallen. Die Ängste und Unsicherheiten bewusster Abtrünniger müssen stundenlang ertragen werden, verhüllt durch eine gut vorgetäuschte Aura der Unschuld und unbekümmerten Fröhlichkeit. Die Zeit wird mit Liedern und Tänzen verbracht, als ob die bevorstehende Entdeckung des Rebellen und der Triumph der Ordnung und des Prinzips der männlichen Herrschaft gefeiert werden sollten. Gegen Mitternacht hört das hexenartige Gelage auf und eine frostige, beunruhigende Stille legt sich über die weibliche Menge. Wer soll das Opfer sein? Im nächsten Moment ist die Frage praktisch beantwortet, denn eine von ihnen wird ergriffen, nackt ausgezogen, an einen Pfahl gebunden und unter dem Beifall der Menge schwer ausgepeitscht. Am lautesten sind darunter die neunundneunzig anderen Frauen, von denen jede noch einen Moment zuvor geglaubt hatte, sie könnten Opfer sein.

Ein ähnlicher Geist ist in unserem eigenen Land und zu unserer Zeit nicht unbekannt.

Am 11. Dezember hatte Mungo Park ohne Zwischenfälle oder Entmutigung Kujar erreicht, die Grenzstadt von Wuli im Osten.

Zwischen Wuli und Bondou, dem Nachbarland, erstreckte sich eine wasserlose Wildnis, die sich über zwei Tagesmärsche erstreckte. Der Führer des Königs von Wuli musste hierher zurückkehren und sein Platz wurde von drei Elefantenjägern eingenommen.

In Kujar wurde Park mit zunehmender Neugier und Ehrfurcht gemustert, was darauf schließen ließ, dass er mit dem weißen Mann viel weniger vertraut war.

Am 12. brach die Gruppe auf, um die Wildnis zu durchqueren, abzüglich eines der Führer, der mit dem Geld, das er im Voraus erhalten hatte, geflohen war. Bevor sie weitergingen, bestanden die beiden verbleibenden Führer darauf, anzuhalten, bis sie eine sichere Reise sichergestellt hatten, indem sie einen Zauber vorbereiteten, der alle Gefahren von ihnen abwenden würde. Der Zauber war recht einfach und bestand darin, ein paar Sätze über einen Stein zu murmeln, der anschließend bespuckt und in die Reiserichtung geworfen wurde – ein Vorgang, der dreimal wiederholt wurde.

Zur Mittagszeit erreichte die kleine Reisegruppe einen Baum, den die Eingeborenen *Neema Faba nannten* und der mit Opfergaben aus Lumpen und Stofffetzen behängt war, um den bösen Geist des Ortes zu besänftigen. Dieser Brauch ist im gesamten wilden Afrika weit verbreitet, obwohl Park seine Bedeutung offenbar falsch verstanden hat. Er glaubte, dies sei auf den Wunsch der Reisenden zurückzuführen, anzuzeigen, dass Wasser in der Nähe sei, und folgte ihrem Beispiel, indem er ein hübsches Stück an einen der Zweige hängte aus Stoff. Am benachbarten Teich, wo sie ihr Lager aufschlagen wollten, machten sie Anzeichen eines kürzlich erloschenen Feuers auf die Nähe von Räubern aufmerksam und so drängten sie weiter zum nächsten Brunnen, den sie erst um acht Uhr abends erreichten.

Zum ersten Mal wurden Park die Gefahren und Schwierigkeiten seiner Reise deutlich vor Augen geführt, als er und seine Gruppe nach einem harten Arbeitstag im Freien, auf dem nackten Boden, umgeben von ihren Tieren, liegen und strenge Regeln einhalten mussten Achten Sie auf einen möglichen Angriff. Bei Tageslicht füllten sie ihre Wasserschläuche und Kalebassen und machten sich auf den Weg nach Falika, der westlichen Grenzstadt von Bondou, die sie noch vor Mittag erreichten.

In Bondou entdeckte Park neue Aspekte der Natur und anderer Menschenrassen.

An Fruchtbarkeit war das Land unübertroffen. Da es auf dem Grat zwischen Gambia und Senegal lag, war es besser entwässert als das zurückgelassene Land, was durch das Auftauchen der Mimosen bewiesen wurde. Nach Osten hin stieg es zu Hügelketten an.

Auch die Einwohner der Fulah waren ganz anders. Eine gelbbraune Hautfarbe, kleine, wohlgeformte Gesichtszüge und weiches, seidiges Haar unterschieden sie auf den ersten Blick von den Negerrassen um sie herum. Unter ihnen war der Mohammedanismus die vorherrschende Religion, obwohl er keineswegs intolerant ausgeübt wurde, „denn das System Mohammeds wird durch weitaus wirksamere Mittel verbreitet. Indem sie in den verschiedenen Städten Schulen gründen, in denen viele heidnische wie auch mohammedanische Kinder den Koran lesen lernen und in den Lehren des Propheten unterrichtet werden, prägen die mohammedanischen Priester den Geist ihrer jungen Schüler und formen ihren Charakter, den keine Zufälle des Lebens jemals wieder beseitigen oder verändern können." Diese letztere Tatsache sollten unsere christlichen Missionare zur Kenntnis nehmen und wenn möglich daraus eine Lehre ziehen.

Diese bemerkenswerte Rasse gehörte ursprünglich nicht zu Bondou. Weiter südlich waren sie sogar noch stärker vertreten, obwohl sie in mehr oder weniger unabhängigen Gemeinschaften vom Tschadsee bis zum Atlantik verstreut lebten, eine Tatsache, die nach Parks Zeit die Geschichte des gesamten West- und Zentralsudan entscheidend beeinflussen sollte.

Überall fand Park die Fulahs bemerkenswert fleißig und nicht weniger erfolgreich in der Landwirtschaft als in der Viehzucht, die ihre ursprüngliche Spezialität gewesen zu sein scheint. Unter ihren Händen entwickelte Bondou einen Reichtum, der in den Nachbarstaaten unbekannt war. Sein Wohlstand war jedoch auch in hohem Maße darauf zurückzuführen, dass es an der

Haupthandelsstraße vom Landesinneren zur Küste lag und auf alle Waren, die es passierten, erhebliche Zölle erhoben wurden.

In Falika sicherte sich Park die Dienste eines Offiziers des Königs von Bondou als Führer bis zur Hauptstadt Fatticonda.

Als sie ihre Reise fortsetzten, kam es zu einem heftigen Streit zwischen zwei von Parks Gefährten, der wahrscheinlich in Blutvergießen geendet hätte, wenn nicht der weiße Mann eingegriffen hätte und er entschlossen gedroht hätte, den ersten zu erschießen, der erneut das Schwert zog – ein Ultimatum was den gewünschten Effekt hatte. Der Rest des Marsches verlief in mürrischem Schweigen, bis ein gutes Abendessen alle Herzschmerzen beendete und alle Feindseligkeiten unter dem Einfluss der unterhaltsamen Geschichten und süßen Harmonien eines umherziehenden Musikers vergessen wurden.

Am 15. überquerte die Gruppe den Nereko, einen bedeutenden Arm Gambias, und übernachtete in Kurkarany, einer ummauerten Stadt mit einer Moschee. Vier Tage später überquerten sie eine trockene, mit Mimosen bedeckte steinige Anhöhe und gelangten in das Becken des Senegal.

Sie befanden sich nun mehr im Einflussbereich französischer Händler, denen es, wie Park bald erkannte, mit ihrem charakteristischen Genie gelungen war, den Geschmack der Damen des Landes zu treffen. Diese waren in dünne französische Gaze gekleidet, die sich hervorragend für das heiße Klima eignete und ihren Trägerinnen durch die Art und Weise, wie sie ihre Reize zur Schau stellte und verstärkte, lieb und teuer wurde. Ihre Manieren erwiesen sich als ebenso unwiderstehlich wie ihre Kleidung, sodass Park ihren Bitten um Bernstein, Perlen und andere prachtvolle Schmuckstücke nicht widerstehen konnte. Nachdem sie ihn all seines Besitzes beraubt hatten, zerrissen diese „kräftigen Bettler" seinen Mantel, schnitten die Knöpfe aus den Kleidern seines Dieners und griffen zu weiteren Verbrechen an. Als er merkte, dass dies mehr war, als seine Tapferkeit ertragen konnte, bestieg er sein Pferd und floh, wobei er sie trostlos, aber mit reichlich Souvenirs zurückließ.

Am nächsten Tag erreichten wir den Falemé, einen reißenden Nebenfluss des Senegal. Die Eingeborenen waren eifrig mit dem Fischfang beschäftigt und das umliegende Land war mit großen und schönen Hirsefeldern bedeckt.

Nicht ohne Befürchtungen betrat Park am 21. Dezember Fatticonda, die Hauptstadt von Bondou. Sein Vorgänger Houghton war hier ausgeplündert und misshandelt worden, und er hatte allen Grund, ein ähnliches Schicksal zu befürchten. Aber die Situation ließ sich nicht vermeiden, und so wappnete er sich so gut er konnte für alles, was ihm bevorstand.

Als er die Stadt betrat, bezogen er und seine Gruppe im Palaver House oder Bentang Station, wie es bei Fremden üblich ist, die so ihre Bedürfnisse kundtun und stumm um eine Übernachtungsmöglichkeit bitten. Sie mussten nicht lange warten, bis ein respektabler Slatee sie zu sich nach Hause einlud.

Eine Stunde später kam ein Bote, um den Reisenden zum König zu führen. Als Park sich aus der Stadt geführt sah, fürchtete er sich vor einer Falle, beruhigte sich aber, als ihm gezeigt wurde, wie der König unter einem Baum saß, und er hörte, dass dies seine Art sei, eine Privataudienz zu geben. Die Aussage des Fremden, dass er kein Händler sei und nur aus Neugier reiste, wurde mit Ungläubigkeit aufgenommen.

Am Abend machte Park einen formelleren Anruf. Zunächst versteckte er jedoch einige seiner Habseligkeiten im Dach der Hütte und zog seinen besten Mantel an, in der Hoffnung, sie so vor der möglichen Plünderung zu bewahren, der er ausgesetzt sein könnte.

Es stellte sich heraus, dass die Gemächer des Königs durch eine hohe Lehmmauer in eine Art Zitadelle verwandelt worden waren und mehrere Innenhöfe hatten, von denen jeder mehrere Hütten enthielt. Nachdem man eine Reihe von verschlungenen, von bewaffneten Wachen bewachten Gängen durchquert hatte, erreichte man schließlich den König Almami. Wieder zeigte er sich nur halb zufrieden mit den Erklärungen des weißen Mannes zum Zweck seines Besuchs. Die Idee, nur aus Neugier zu reisen, war ihm zu neu. Es schien die Einbildung eines Verrückten zu sein. Die angebotenen Geschenke stimmten ihn jedoch gut gelaunt, insbesondere das Geschenk eines großen Regenschirms.

Als Park sich gerade verabschieden wollte, hielt Almami ihn auf und begann eine Lobrede auf die Großzügigkeit und den immensen Reichtum der weißen Männer. Vom General ging er auf das Besondere ein und hatte vorerst viel Schmeichelhaftes über seinen Gast zu sagen – ein Lob, das sich bald gezielt auf den schönen Mantel und die glänzenden Knöpfe des Reisenden richtete, bis es seinem Besitzer schließlich klar wurde es wurde nicht nur bewundert, sondern auch begehrt. Es blieb ihm nichts anderes übrig, als den Mantel auszuziehen und ihn dem listigen Monarchen zu Füßen zu legen, der sein Bestes tat, um den Geber zu trösten, indem er erklärte, dass das Kleidungsstück fortan sein Staatskleid für alle großen Anlässe sein sollte.
Diesmal war Parks Vorsicht über ihr Ziel hinausgegangen.
Am nächsten Morgen besuchte der Reisende auf Wunsch die Frauen von Almami. Er war von einem Dutzend junger und hübscher Frauen umgeben, die mit Gold und Bernstein geschmückt waren und lautstark nach Heilmitteln und Perlen verlangten und darum, ihnen etwas Blut abnehmen zu lassen. Sie versammelten ihn wegen der Weißheit seiner Haut, die ihrer Meinung nach darauf zurückzuführen sei, dass er als Kleinkind in Milch

getaucht worden sei; und an der hervorstehenden Nase, von der sie
behaupteten, sie sei von seiner Mutter in diese Form gequetscht worden.
Park war dem Anlass gewachsen. Er hatte für alle ein Kompliment. Der
glänzende Teint ihrer Haut und die Konturen ihrer *Retro-* Nasen, das helle
Glitzern ihrer Augen und das strahlende Weiß ihrer Zähne wurden
gleichermaßen gelobt. Diese zarte Schmeichelei, gepaart mit etwas
Blutvergießen und einer Menge drastischer Medizin, war unwiderstehlich;
und obwohl Park dies nicht sagt, trug zweifellos der gute Eindruck, den er
bei den Damen hinterließ, wesentlich dazu bei, dass er vom Schicksal seines
Vorgängers verschont blieb. Er wurde nicht nur nicht geplündert, auch sein
Gepäck wurde nicht einmal durchsucht. Noch besser: Almami schenkte ihm
zum Abschied fünf Drachmen Gold.
Am 23. setzte der Reisende nach seinem unerwartet guten Empfang seine
Reise in bester Laune fort. Zur Mittagszeit wurde ein Halt zur Erholung und
Erfrischung eingelegt, um sich auf die Durchquerung des gefährlichen
Gebiets zwischen Bondou und dem nächsten Land, Kajaaga, vorzubereiten,
das im Schutz der Nacht durchquert werden musste.

Sobald die Dorfbewohner schliefen, wurden die Esel wieder beladen, und so
leise wie möglich, um die Dorfbewohner nicht zu stören, brach die Gruppe
in die Wildnis auf. Der Mond schien hell und erhellte ihnen den Weg. Die
Luft war vollkommen still, weder ein Seufzen noch ein Rascheln von Blättern
oder Zweigen war zu hören. Die tiefe Einsamkeit des Waldes wurde nur
durch das feierliche, eindrucksvolle Heulen wilder Tiere und das Kreischen
und Rufen der Nachtvögel gestört, das sich mit dem ohrenbetäubenden
musikalischen Lärm unzähliger Insekten und dem Geschnatter unzähliger
Frösche mischte. Außer Flüstern wurde kein Wort gesprochen. Jeder war auf
der Hut, lenkte die Tiere manchmal, spähte aber häufiger nach vorne oder
nach rechts und links, um nach möglichen Räubern Ausschau zu halten.
Glücklicherweise tauchten keine menschlichen Feinde auf, obwohl es viele
Alarme gab, da von Zeit zu Zeit ein ungewöhnliches Geräusch oder die vage
wahrgenommene Gestalt einer herumstreunenden Hyäne jeden Mann dazu
veranlasste, sein Gewehr fester zu ergreifen. Gegen Morgen wurde ein Dorf
erreicht, wo die kleine Gruppe sich und ihre Tiere ausruhen konnte, bevor
sie am Nachmittag das Land von Kajaaga betraten.

KAPITEL VIII.
ÜBER DAS SENEGAL-BECKEN.

Je weiter der Park nach Osten vordrang, desto trockener und reiner wurde das Klima und desto interessanter die Landschaft. In Kajaaga, zwischen Falemé und Senegal gelegen, fand er ein Land vor, das überall von einer angenehmen Vielfalt von Hügeln und Tälern durchzogen war, dem die Serpentinenwindungen des Senegal, die von den felsigen Höhen herabstiegen, sowohl Malerisches als auch Schönheit verliehen. Im Gegensatz zu den Fulahs hatten die Bewohner eine pechschwarze Haut und ähnelten in dieser Hinsicht den Joloffs näher an der Küste.

Die Menschen in Kajaaga sind als Serawulies bekannt und für ihre ausgeprägte Handelsneigung bekannt, die zu dieser Zeit hauptsächlich auf die Lieferung von Sklaven an die britischen Fabriken in Gambia gerichtet war.

Am 24. Dezember betrat Park Joag, die westliche Grenzstadt, und wurde dort vom Häuptling des Ortes, der offiziell Dooty oder Duté genannt wurde, gastfreundlich empfangen. Die Stadt war von einer hohen Lehmmauer umgeben, ebenso wie jedes einzelne private Gebäude. Obwohl der Häuptling und die wichtigsten Einwohner Mohammedaner waren, schien die große Masse der Bevölkerung immer noch Heiden zu sein, wie die Art ihrer wilden nächtlichen Gelage deutlich zeigte – „die Damen wetteiferten bei ihren Tänzen miteinander, indem sie die wollüstigsten Bewegungen zeigten, die man sich vorstellen kann."

Die Prozesse gegen Park sollten nun beginnen. Während der Nacht trafen mehrere Reiter ein und bezogen nach einem Gespräch mit dem Gastgeber ihr Quartier im Palaver-Haus neben dem Reisenden selbst. Einer von ihnen glaubte, Letzterer schliefe und versuchte, seine Waffe zu stehlen. Als er jedoch feststellte, dass er sein Ziel nicht unentdeckt erreichen konnte, gab er den Versuch auf. Dies war jedoch nur ein Vorgeschmack auf kommende Schwierigkeiten. Es war leicht zu erkennen, dass Johnson angesichts dieser Angelegenheit zunehmend unruhig wurde; Auch nicht ohne Grund, wie sich sehr bald herausstellte. Zwei von Parks Gefährten, die bei einem Tanz in einem Nachbardorf gewesen waren, kamen mit der Nachricht herein, dass eine Gruppe von Reitern des Königs sich erkundigt hatte, ob der weiße Mann vorbeigekommen sei, und als ihnen gesagt wurde, dass er in Joag sei, sei dies geschehen galoppierte sofort in diese Richtung.

Während sie noch sprachen, trafen die Reiter ein, und im nächsten Moment war Park von etwa zwanzig Soldaten umringt, von denen jeder eine Muskete trug. Widerstand war zwecklos; er konnte nur in großer Angst abwarten, um sein Schicksal zu erfahren.

Nach einer kurzen Pause eröffnete schließlich ein Mitglied der Gruppe, das mit einer enormen Anzahl von Zaubersprüchen ausgestattet war, um alle Formen des Bösen abzuwehren, in einer langen Ansprache ihr Geschäft. Der weiße Mann, so sagten sie, habe die Gesetze des Landes verletzt, indem er ohne Zahlung der üblichen Zölle eingereist sei, und habe deshalb alles verloren, was er besaß. Die Soldaten hätten den Befehl, ihn notfalls mit Gewalt zum König zu bringen.

Stellen Sie sich die Lage vor, in der sich Park jetzt befand. Der völlige Ruin und der Zusammenbruch all seiner Pläne standen ihm bevor. Kämpfen kam nicht in Frage. Er konnte nur versuchen, ein wenig Zeit zu gewinnen, um über die Dinge nachzudenken und den Rat seiner Gefährten und seines Gastgebers einzuholen. Sie erklärten einstimmig, dass es für ihn verheerend wäre, die Reiter zu begleiten. Es folgte ein langer Streit mit dem Sprecher, durch den der Bote und das Geschenk von Almamis fünf Drachmen Gold etwas besänftigt wurden.

Sie verlangten jedoch, dass man ihnen das Gepäck zeigte, aus dem sie sich nahmen, was ihnen gerade einfiel, und nachdem sie so ihr Opfer der Hälfte seiner Habe beraubt hatten, überließen sie es seinen düsteren Gedanken und einem gleichgültigen Abendessen nach einem Fastentag.

Dadurch, dass seine ohnehin schon spärlichen Mittel geschwächt waren und seine Fähigkeit, zu reisen, entsprechend eingeschränkt war, fand Park in seinen Gefährten nur noch Hiobs Tröster. Alles in allem drängten sie ihn, von seiner hoffnungslosen Aufgabe umzukehren. Vor allem Johnson lachte über die bloße Idee, weiterzumachen, so miserabel sie auch waren. Doch der Geist des Anführers überwand sein Unglück, und er ließ keinen Augenblick den Gedanken an einen Rückzug zu. Solange die Kraft noch vorhanden war, konnte er vor seiner Aufgabe nicht zurückschrecken. Dennoch waren seine Gedanken in dieser Nacht ziemlich düster, als er stundenlang am schwelenden Feuer in der Dunkelheit saß und seine Situation noch einmal Revue passieren ließ. Der Morgen brachte keine Verbesserung seiner Lage. Auf das spärliche Abendessen folgte kein Frühstück.

Die wenigen Artikel, die noch übrig waren, durften nicht hergestellt werden, damit sie nicht ebenfalls geplündert würden. Daher wurde beschlossen, den Tag ohne Nahrung zu verbringen und sich darauf zu verlassen, dass die Vorsehung früher oder später eine verirrte Mahlzeit bereitstellte.

Im Laufe des Tages machten sich die Hungerattacken bemerkbar. Um dies einigermaßen zu lindern, kauten die unglücklichen Reisenden Strohhalme, eine Illusion, die ebenso wenig Trost wie Nahrung brachte. Aber Parks

Glaube an Gott wurde nicht geleugnet. Gegen Abend kam eine alte Sklavin mit einem Korb auf dem Kopf vorbei, und als sie von seinem traurigen, ausgehungerten Blick beeindruckt war, fragte sie ihn, ob er zu Abend gegessen habe. Da er glaubte, dass es sich um einen Scherz handelte, antwortete er nicht. Nicht so sein Junge Demba, der redselig und mit der Eloquenz des Leidens die Geschichte ihres Unglücks und ihrer Nöte erzählte. Einen Augenblick später stellte die alte Frau ihren Korb auf den Boden, und ein reichlicher Vorrat an Erdnüssen wurde ihnen in die Hände gelegt, und der Spender marschierte daraufhin davon, ohne auf ein Wort des Dankes zu warten.

Nun stand ihnen weiteres Glück bevor. Es geschah, dass Demba Sego Jalla, der Mandingo-König von Kasson weiter östlich, seinen Neffen zum König von Kajaaga geschickt hatte, um zu versuchen, einige Streitigkeiten beizulegen, die zu einem Krieg zu führen drohten. Die Botschaft hatte jedoch keinen Erfolg gehabt. Als er nach Hause zurückkehrte, hatte der Neffe des Königs gehört, dass es in Joag einen weißen Mann gab, der Kasson besuchen wollte, und die Neugier brachte ihn dazu, den Fremden zu sehen. Als er Parks Geschichte hörte, bot ihm der junge Adlige seinen gesamten Schutz an – ein Angebot, das eifrig und dankbar angenommen wurde.

So geführt und geschützt machte sich Park am 27. auf den Weg nach Kasson. Etwas weiter entfernt zeigte Johnson, trotz seines Lebens in Jamaika und seines siebenjährigen Aufenthaltes in England, dass er immer noch von den abergläubischen Ideen seiner Jugend durchdrungen war, indem er ein weißes Huhn herstellte und es am Bein an ein bestimmtes Huhn band Baum als Opfergabe für die Geister des Waldes. Auf den gleichen Glauben an Naturgeister wurde bereits in einem früheren Kapitel hingewiesen. Anthropologen sagen uns, dass es einst universell gewesen sein muss, und Beweise dafür finden sich nicht nur in den bezaubernden Legenden der Griechen mit ihren Nymphen aus Wiesen, Hainen und Quellen und den Dryaden, die neben den Eichen und Kiefern wachsen, sondern auch auch in unseren eigenen angelsächsischen Worten.

Am Abend erreichte die Gruppe sicher Sami am Ufer des Senegal. Park beschreibt den Schwesterfluss von Gambia als einen an dieser Stelle schönen, aber flachen Bach, der langsam über ein Bett aus Sand und Kies fließt. Die Ufer sind hoch und mit Grün bedeckt und werden von einem offenen, kultivierten Land gesäumt. Die fernen Hügel von Felow und Bambuk verleihen der Landschaft eine zusätzliche Schönheit. Ein paar Meilen unterhalb von Sami befand sich die ehemalige französische Handelsstation St. Joseph, die von Sieur Brue gegründet, aber zur Zeit von Park aufgegeben wurde. Am nächsten Morgen ging die Gruppe ein wenig weiter flussaufwärts nach Kayi, wo sie ohne geringe Schwierigkeiten und

Gefahren überquerten, die Tiere überschwemmt und das Gepäck in einem elenden Kanu befördert wurden.

Während Park auf dem gleichen Weg überquerte, kenterte das Kanu durch eine unüberlegte Bewegung seines Beschützers, aber da es sich in der Nähe des Ufers befand, entstand kein Schaden, und ein zweiter Versuch brachte ihn sicher im Land von Kasson an Land.

Der junge Adlige, der den weißen Reisenden einst in sein eigenes Land gebracht hatte, zeigte bald, dass keine großzügigen Motive seine Hilfe veranlasst hatten. Ohne zu zögern verlangte er ein schönes Geschenk. Park, der sah, dass es weder zwecklos war, Vorwürfe zu machen noch sich zu beschweren, traf schweren Herzens die nötige Auswahl aus seinem dürftigen Warenvorrat und überreichte das Angebot sogleich.

Am Abend des 29. erreichte die Gruppe Tisi, wo Park beim Vater seines Beschützers, Tiggity Sego, dem Oberhaupt des Ortes, untergebracht war. Als am nächsten Morgen ein Sklave weggelaufen war, wurde Parks Pferd für die Jagd gebeten, dem er „willig zustimmte, und nach etwa einer Stunde kehrten sie alle mit dem Sklaven zurück, der heftig ausgepeitscht und anschließend in Fesseln gelegt wurde".

Park wurde mehrere Tage in Tisi festgehalten, während sein Pferd von seinem Gastgeber für eine längere Mission weiterverwendet wurde. Während seiner erzwungenen Gefangenschaft hatte unser Reisender Gelegenheit, eine etwas drastischere Methode der Verbreitung des Islam zu sehen, als er sie bisher erlebt hatte. Eine Gesandtschaft von zehn Personen traf vom König von Futa Larra, einem Land westlich von Bondou, ein und verkündete den versammelten Einwohnern, dass er, der König von Futa Larra, seine Waffen sicherlich denen von Kajaaga anschließen würde, wenn nicht alle Menschen von Kasson den mohammedanischen Glauben annähmen und ihre Bekehrung durch feierliche öffentliche Gebete bekundeten.

Eine solche Koalition wäre für Kasson verheerend gewesen, und ohne einen Moment zu zögern wurde der Konvertierung zugestimmt. Dementsprechend taten alle, was gewünscht wurde, und sprachen feierliche Gebete als Zeichen dafür, dass sie keine Heiden mehr, sondern Anhänger Mohammeds waren.

Erst am 8. Januar 1796 kehrte Demba Sego, der junge Adlige, mit dem Pferd des Reisenden zurück, woraufhin Park, ungeduldig über die Verzögerung, erklärte, er könne keine Zeit mehr in Tisi verbringen und müsse in die Hauptstadt aufbrechen. Ihm wurde mitgeteilt, dass er dies erst tun könne, wenn er die üblichen Handelszölle entrichtet habe. Etwas Bernstein und Tabak wurden angeboten, aber sie wurden beiseite gelegt, da sie für ein Geschenk an einen Mann von Tiggity Segos Bedeutung völlig unzureichend waren. Erneut musste sich Park damit abfinden, dass sein Gepäck durchsucht wurde. Die eine Hälfte hatte er bereits bei Joag verloren, und nun musste die Hälfte dessen, was noch übrig war, ebenfalls geopfert werden, um die Raubgier seiner Peiniger zu befriedigen.

So beraubt durfte Park am nächsten Morgen abreisen. Sein Kurs, der bisher ONO gewesen war, war nun OSO. Am Nachmittag erreichte die Gruppe das Dorf Jumbo, den Geburtsort des Schmieds, der Park von Pisania aus treu begleitet hatte. Die gesamte Bevölkerung war erschienen, um ihren Stadtbewohner mit Tanz und Gesang willkommen zu heißen. Das Treffen des armen Kerls mit seiner blinden Mutter war höchst rührend. Da sie ihn nicht sehen konnte, streckte sie ihre Arme aus, um ihn willkommen zu heißen, und nachdem sie sich durch Berührung von Gesicht und Händen eifrig davon überzeugt hatte, dass es tatsächlich ihr Sohn war, der zurückgekehrt war, brachte sie ihre Freude zum Ausdruck. Daraus schließt Park, „dass es zwischen Negern und Europäern, welche Unterschiede es auch in der Form der Nase und der Farbe der Haut geben mag, keine Unterschiede in der echten Sympathie und den charakteristischen Gefühlen unserer gemeinsamen Natur gibt."

Nach diesem herzlichen Willkommen hatten die Dorfbewohner Zeit, ihre Aufmerksamkeit dem weißen Mann zuzuwenden. Zuerst sahen sie ihn an oder taten so, als wäre er aus den Wolken gefallen, während die Frauen und Kinder halb aus Angst, halb aus Ehrfurcht vor ihm zurückwichen. Als ihr Landsmann ihnen versicherte, dass er ein gutmütiges und harmloses Geschöpf sei, legten sie allmählich ihre Bedenken beiseite und begannen, die Beschaffenheit seiner Kleidung zu betasten und sich zu vergewissern, dass er tatsächlich aus demselben Holz geschnitzt war wie sie selbst. Dennoch genügte seine geringste Bewegung, um sie erzittern zu lassen und sie davonhuschen zu lassen wie eine Herde Schafe, die tapfer herbeimarschiert ist, um einen schlafenden Hund zu sehen.

Am nächsten Tag setzte Park seine Reise zu einem Ort namens Sulu fort, wo er von Dr. Laidley einen Auftrag über eine Schiefertafel im Wert von fünf Sklaven erhielt. Kaum war er von Dr. Laidleys Klienten gastfreundlich empfangen worden, als Boten aus Kuniakary mit dem Befehl eintrafen, er solle sich sofort zum König begeben. Dementsprechend reiste er dorthin und kam spät am Abend an.

Die Regel „Wie der Herr, so der Mensch" galt nicht für den König von Kasson und seine Untergebenen, mit denen Park bisher in Kontakt gekommen war. Sein Empfang durch jemanden, dessen „Erfolge im Krieg und die Milde seines Verhaltens in Friedenszeiten ihn bei seinen Untertanen sehr beliebt gemacht hatten", war eine angenehme Abwechslung zu dem harten Schicksal, das ihn in letzter Zeit verfolgt hatte. Der König war nicht nur mit der Geschichte seines Besuchers und seinem armen Geschenk zufrieden, sondern versprach ihm auch jede Hilfe, die er konnte. Er warnte ihn jedoch, dass die Straße nach Bambarra durch den Ausbruch des Krieges zwischen diesem Staat und dem angrenzenden Staat Kaarta vorerst äußerst gefährlich, wenn nicht sogar unpassierbar werden würde. In der Hoffnung auf die Ankunft beruhigenderer Nachrichten wartete Park vier Tage und blieb währenddessen beim Sulu-Schiefer, von dem er Goldstaub im Wert von drei Sklaven erhielt. Da diese Transaktion dem König zu Ohren kam, war Park gezwungen, den Wert seines früheren Geschenks erheblich zu steigern.

Das Land um Sulu bot eine bezaubernde Aussicht auf einfachen ländlichen Wohlstand, während die Landschaft an Reichtum und Vielfalt jeden Park übertraf, den man je gesehen hatte. Die Bevölkerungsdichte wurde durch die Tatsache veranschaulicht, dass der König von Kasson in Hörweite seiner großen Kriegstrommel eine Armee von viertausend Kämpfern aufstellen konnte. Der einzige Nachteil der Annehmlichkeiten des Ortes waren die zahlreichen Wolfs- und Hyänenherden, die nachts das Vieh angriffen und nur von organisierten Männergruppen mit Feuern und Fackeln vertrieben werden konnten.

Von Sulu aus ging Park weiter nach Südosten das felsige Tal des Kriko hinauf und traf überall auf Scharen von Menschen, die den vermuteten Kriegsschauplatz Kaarta verließen.

Am 8. verließ er das reizende Tal des Kriko und reiste über ein raues, steiniges Land zum Hügelkamm, der die Grenzlinie zwischen Kasson und Kaarta bildet. Von dort führte sein Weg über einen steinigen, steilen Pfad in das ausgetrocknete Bett eines Baches, dessen überragende Bäume dem Wanderer wohltuenden Schatten spendeten. Als die Gruppe aus dieser romantischen Schlucht herauskam, befand sie sich auf den flachen Sandebenen von Kaarta, auf deren Rechten sich die hügeligen Gebirgsketten von Fuludu befanden.

Am dritten Tag von Sulu aus wurde Park Zeuge einer neuen Methode, das Orakel über das Schicksal zu befragen, das ihnen unterwegs bevorstand. Zu seiner großen Bestürzung blieb ihr Führer, der dem Namen nach ein Mohammedaner und im Herzen ein Heide war, in einem dunklen, einsamen Teil eines Waldes abrupt stehen. Er nahm ein hohles Stück Bambus und pfiff dreimal sehr laut. Danach stieg er ab, legte seinen Speer über den Weg und pfiff erneut dreimal. Eine kurze Zeit lang lauschte er, als ob er auf eine Antwort wartete, und als er keine Antwort erhielt, sagte er zu Park, dass sie jetzt weitermachen könnten, denn der Weg sei frei von Gefahren.

Am nächsten Tag wurden die abergläubischen Vorstellungen der Eingeborenen noch deutlicher. Park hatte sich ein Stück von seiner Gruppe entfernt, als gerade, als er die Kuppe einer kleinen Anhöhe erreichte, ein paar berittene Neger aus den Büschen galoppierten. Als Park und die Neger sich sahen, blieben sie abrupt stehen, beide gleichermaßen voller Angst. Der Weiße war der erste, der seine Geistesgegenwart wiedererlangte, und da er zu dem Schluss kam, dass der Weg vorwärts der sicherere war, bewegte er sich auf sie zu. Das war zu viel für die verängstigten Eingeborenen, die glaubten, in der seltsamen Gestalt vor ihnen einen schrecklichen Geist zu sehen. Einer von ihnen drehte sich mit einem wilden Blick des Entsetzens um und floh; der andere, handlungsunfähig gelähmt, konnte nur seine Augen bedecken und seine Gebete murmeln. In dieser Position wäre er stehen geblieben, wenn nicht der Instinkt seines Pferdes ihn dazu gebracht hätte, seinem Gefährten zu folgen.

Am Nachmittag des 12. erreichten Park und seine Gruppe die Hauptstadt Kaarta. Als sie dem König ihre Ankunft ankündigten, wurde ein Bote ausgesandt, der sie zu einer Hütte bringen und sie vor der neugierigen Menge schützen sollte. Der Bote konnte den letzten Teil seines Auftrags nicht ausführen und für den Rest des Nachmittags blieb unser Entdecker ausgestellt, während die Hütte dreizehn Mal von einer bewundernden und neugierigen Menge gefüllt und geleert wurde.

Am Abend gewährte seine Majestät Park eine Audienz. Er saß auf einem Lehmsofa, das ein paar Fuß über dem Boden stand und mit einem Leopardenfell bedeckt war, dem Zeichen der Autorität. Der Weg zum Thron führte durch eine lange Gasse, die auf der einen Seite von einer riesigen Menge kämpfender Männer und auf der anderen von Frauen und Kindern gebildet wurde.

Der Empfang des Fremden war sehr ermutigend. Man sagte ihm jedoch, dass er einen höchst ungünstigen Zeitpunkt gewählt hatte, um zu versuchen, nach Bambarra zu gelangen, und riet ihm, nach Kasson zurückzukehren und dort das Ende des gerade beginnenden Krieges abzuwarten. Das bedeutete jedoch den Verlust der Trockenzeit, und Park fürchtete sich vor dem Gedanken, die Regenzeit im Landesinneren zu verbringen. „Diese Überlegungen und die Abneigung, die ich bei dem Gedanken empfand, zurückzukehren, ohne größere Entdeckungsfortschritte gemacht zu haben, bewogen mich, weiterzugehen."

Als der König von dieser Entscheidung hörte, zeigte er seine freundlichen Absichten, indem er darauf hinwies, dass es einen anderen – wenn auch gefährlicheren und umständlicheren – Weg nach Bambarra gebe, nämlich den über Ludamar, einen arabischen Bezirk nordwestlich von Kaarta. Gleichzeitig versprach er, dem weißen Mann Führer für diesen Weg bis nach

Jarra, seiner Grenzstadt, zu geben. Mit diesem Angebot schloss Park nur zu gern ab.

Bevor die Audienz endete, traf ein Reiter in schäumender Eile ein und verkündete, dass die Bambarra-Armee Fuludu nach Kaarta verlassen hatte.

Am nächsten Morgen, nachdem Park seinem königlichen Gastgeber seine Pferdepistolen und Holster als Geschenk geschickt hatte, wurde eine große Eskorte bereitgestellt, um ihn zu beschützen und auf seinem Weg nach Ludamar zu führen.

KAPITEL IX.
NACH LUDAMAR.

Es muss kein angenehmes Gefühl gewesen sein, dass Park von seinem direkten Weg nach Ostsüdost zum Niger abwich und stattdessen nach Norden nach Ludamar weiterzog. Außer der größeren Entfernung waren auch die hundertfach größeren Gefahren zu bewältigen. Houghton war ihm auf derselben Straße vorausgegangen, und sein Nachfolger wusste nur zu gut, welche Folgen das hatte. Und doch war es vielleicht genauso gut, dass er sich entschied, sein Schicksal auf dem Umweg zu versuchen. Schon nach wenigen Tagen war Kaarta von der Armee der Bambarra verwüstet, die sich erst mit Beute beladen zurückzog, als sie feststellte, dass die letzte Zuflucht des Königs weder gestürmt noch durch Hunger zerstört werden konnte. Die Schwierigkeiten der Kaartaner endeten nicht mit dem Krieg mit Bambarra, denn sie überwarfen sich mit den Leuten von Kasson und mussten sich noch vor Jahresende einer Koalition verschiedener Feinde stellen.

Am 13. Februar startete der Park für Ludamar. Seine Eskorte von über zweihundert Reitern schien von geringem Nutzen gewesen zu sein, denn am Abend wurde die Hütte, in der sein Gepäck deponiert war, betreten und einige seiner schnell zur Neige gehenden Vorräte gestohlen. Am nächsten Tag traf er auf einige Neger, die die Früchte des *Rhamnus lotus sammelten* , der in eine Brotart umgewandelt wurde und eine nicht unerhebliche Ergänzung der Nahrung der Eingeborenen von Kaarta und Ludamar darstellte. Park zweifelt nicht daran, dass es sich bei diesem Strauch um den von Plinius als Nahrung der libyschen Lotophagen erwähnten Lotus handelt.

Die erhöhten Gefahren der neuen Route wurden deutlich, als man sich Ludamar näherte. Banden plündernder Mauren nutzten die unruhige Lage des Landes aus, um ungestraft Vieh zu stehlen. In einem Stadtpark sahen fünf Mauren ruhig sechzehn der besten Ochsen einer Herde auswählen und sie in Gegenwart von fünfhundert Negern vertreiben, ohne auch nur den geringsten Widerstand zu zeigen. Ein junger Mann, der auf dem Feld gewesen war und mehr Mut bewiesen hatte, war erschossen und im Sterben eingeliefert worden. Seine Mutter, außer sich vor Kummer, erfüllte die Luft mit ihren schrillen Schreien und Wehklagen und klatschte dabei in die Hände. „Er hat nie gelogen", war die erstaunliche Lobrede, die ihm zuteil wurde, ein phänomenales Ereignis auf einem Kontinent, auf dem Lügen eine Tugend ist und die Kunst ihre höchste Perfektion erreicht. Als man ihnen versicherte, dass jede Hoffnung, das Leben des Jungen zu retten, verschwunden sei, taten einige gute Mohammedaner ihr Bestes, um ihm – obwohl er bisher ein Heide war – einen Platz im Paradies zu sichern, indem sie ihn dazu brachten, die heilige Formel des Islam zu wiederholen, in der sie sich fromm bemühten waren glücklicherweise erfolgreich.

Am 17. reiste Park in Begleitung zahlreicher Menschen, die vor den Schrecken des Krieges flohen, während der Nacht, um der unmittelbareren Gefahr maurischer Räuber zu entgehen. Nachdem sie sich am frühen Morgen ausgeruht hatten, setzten sie ihre Reise bei Tagesanbruch fort. Zwei Stunden später passierten sie Simbing, von wo aus Houghton den bereits zitierten, anschaulichen Brief abgeschickt hatte, in dem er von seiner Notlage, aber seiner unumstößlichen Absicht, nach Timbuktu weiterzureisen, berichtete. Gegen Mittag erreichten sie Jarra, die südliche Grenzstadt von Ludamar. Von diesem Ort aus wurde Parks Vorgänger von Mauren in die Wüste gelockt und nach seiner Entblößung entweder dem Hungertod oder der Ermordung durch vorbeikommende Raufbolde überlassen, ein Punkt, der nie zufriedenstellend geklärt wurde, obwohl Park die Stelle gezeigt wurde, an der er seinen letzten Atemzug tat.

In Jarra wurde Park von einem Schiefer aus Gambia gastfreundlich empfangen, der von Dr. Laidley Waren im Wert von sechs Sklaven geliehen hatte, für die Park eine Bestellung aufgegeben wurde. Die Schuld wurde anerkannt, aber der Kaufmann machte geltend, dass er nicht in der Lage sei, mehr als zwei Sklaven zu bezahlen.

Unser Reisender hatte nun eine unwirtlichere Gegend betreten. Es wurde festgestellt, dass Ludamar von Negern bewohnt wurde, einer arabischen Rasse, die weitgehend mit Negerblut vermischt war und die Herrscher bildete und die schlimmsten Eigenschaften beider Seiten der Abstammung aufwies.

Park und seine Begleiter brauchten nicht lange, um den brutalen und unwirtlichen Charakter dieses erniedrigten Hybridvolkes zu spüren.

Auf jedem Schritt ihrer Reise waren sie mit Schwierigkeiten konfrontiert worden, und nun drohten ihnen nur neue Schrecken. Diese schienen so groß und die Haltung der Mauren so anmaßend und bedrohlich, dass Parks Diener erklärten, sie würden lieber alles verlieren, was sie besaßen, als weiterzugehen. Sie waren nicht nur Raub und Misshandlung ausgesetzt, sondern auch der Sklaverei nicht unwahrscheinlich. Diese Tatsachen waren so offensichtlich, dass Park, obwohl er in seiner eigenen Entschlossenheit, weiterzugehen, unerschütterlich war, sich nicht dazu durchringen konnte, seine Männer zu zwingen, ihm zu folgen. Daher traf er Vorkehrungen, um sich von ihnen zu trennen. Unter anderem bereitete er Duplikate seiner Papiere vor, die er Johnson überreichen wollte. In der Zwischenzeit war ein Bote zu Ali, dem Häuptling des Landes, geschickt worden, um um Erlaubnis zu bitten, durch sein Land nach Bambarra zu reisen. Der Bitte war ein Geschenk aus feinen Kleidungsstücken aus Baumwollstoff beigefügt, die Park dem Slatee im Tausch gegen seine Jagdflinte abkaufte. Es vergingen vierzehn Tage, bis eine Antwort einging, und dann wurde ihm gesagt, er solle Alis Boten nach Gumba folgen.

Als er sich auf die Abreise vorbereitete, in der Hoffnung wie immer, dass er den Niger noch erleben würde, freute er sich zusätzlich über die Treue seines Jungen Demba, der sich nicht von seinem Entschluss zum Weitergehen abbringen ließ, als er seinen Herrn sah, und beschloss, ihn nicht im Stich zu lassen , was auch immer das Ergebnis sein mag. Dann stellte sich heraus, dass Johnson, dessen Aufenthalt unter Europäern ihn nur korrumpiert hatte, auf verräterische Weise versucht hatte, Demba dazu zu verführen, mit ihm zurückzukehren und den weißen Mann seinem Schicksal zu überlassen.

Um die Plünderungsversuche zu vermindern, ließ Park vor seiner Abreise so viele seiner persönlichen Sachen zurück, wie er entbehren konnte. Zwei Tage lang mühte sich die kleine Gruppe durch ein sandiges Land. Am dritten Tag erreichten sie Dina, eine große Stadt aus Stein und Lehm. Der Empfang, den Park hier von den Eingeborenen erfuhr, war grauenhaft. Jedes Schimpfwort, das ihnen in den Sinn kam, wurde ihm entgegengeschleudert. Sie begnügten sich nicht mit Worten, sondern begannen, den Fremden anzuspucken und auf andere Weise zu schmähen. Schließlich rissen sie seine Bündel auf und nahmen sich, was ihnen in den Sinn kam. Für das Opfer dieser Schandtaten gab es nichts als Geduld und Ergebung, Tugenden, mit denen er in der Tat reichlich ausgestattet zu sein scheint. Er mochte seiner materiellen Ressourcen beraubt werden, aber seine geistigen Vorräte blieben unangetastet. Solange es Leben gab, gab es für ihn Hoffnung.

Nicht so bei seinen Dienern. Sie hatten keine Anziehungskraft, keinen höheren Impuls als eine finanzielle Belohnung. Weiter vorwärts würden sie nicht gehen. So sei es! Ihr Rückzug war entschuldbar, aber *Vorwärts* musste die Losung ihres Meisters sein, solange nur ein Lichtstrahl durch ein Schießloch schimmerte – *Vorwärts*, solange Gliedmaßen, Kraft und Hoffnung durchhielten.

Park wagte es nicht, sich einem weiteren Tag voller Beleidigungen und Plünderungen oder einer Nacht düsterer Besinnung zu stellen. Er sammelte alle Wertsachen zusammen, die er tragen konnte, verließ das Dorf im Schutz der Dunkelheit und machte sich mit großartiger Entschlossenheit allein auf den Weg zu seiner verlorenen Hoffnung, das Dorf zu erreichen Niger.

Als die Hütten hinter ihm verschwanden, schien der Mond hell und klar am Himmel, erfüllte die Nacht mit seiner sanften Schönheit und erleuchtete sowohl im wörtlichen als auch im übertragenen Sinne den dunklen Pfad vor ihm.

Von allen Seiten war das Brüllen wilder Tiere zu hören, was die Lage nur noch schrecklicher machte. Doch unbeirrt und immer noch unerschütterlich trottete er durch die Nacht weiter. Er war noch nicht weit gekommen, als ein deutliches Hallo seine entschlossenen Schritte stoppte. Der Akzent kam ihm bekannt vor, und wenige Augenblicke später gesellte sich sein treuer Diener Demba zu ihm. Park stellte dann fest, dass der Junge beschlossen hatte, ihm beizustehen, obwohl Alis Bote zu seinem Herrn zurückkehrte.

Die kleine Gruppe von zwei Personen setzte nun ihre Reise fort und reiste stetig weiter über ein sandiges, mit Asklepien bedecktes Land. Mittags erreichten sie einige Hütten, wurden aber durch das Erscheinen eines Löwen daran gehindert, Wasser aus dem Dorfbrunnen zu schöpfen. Sie mussten daher den Durst geduldig ertragen, bis sie am Abend eine von Fulahs besetzte Stadt betraten. Park schien nun den Grund seines Unglücks erreicht zu haben. Mehrere Tage lang marschierte er unbehelligt durch Ludamar, jeder neue Tag, jede Meile kam seinem Ziel näher und erfüllte seinen zuversichtlichen Geist mit helleren und frischeren Hoffnungen.

Am 5. März erreichte er Dalli. Als die Dorfbewohner hörten, dass ein weißer Mann angekommen war, ließen sie von den Festlichkeiten ab und eilten herbei, um den phänomenalen Fremden zu sehen. Allerdings nicht Hals über Kopf, wie der rohe Pöbel von Dina, sondern in einer anständigen Prozession und angeführt von Flötenspielern, als fühlten sie sich durch den Besuch geehrt. Rund um Parks Hütte tanzten und sangen sie bis Mitternacht weiter, während dieser Zeit musste er sich ständig zur Schau stellen, um ihre einfache und freundliche, wenn auch etwas überwältigende Neugier zu befriedigen.

Am nächsten Tag zog Park weiter in ein Dorf östlich von Dalli, um der Menschenmenge zu entgehen, die sich dort abends normalerweise versammelte. Auch hier war der Empfang äußerst gastfreundlich. Der Häuptling hielt es für eine große Ehre, einen solchen Gast in seinem Haus zu haben, und bewies dies auch praktisch, indem er zwei schöne Schafe schlachtete, um sich und seine Freunde zu bewirten.

Park war jetzt nur noch zwei Tage von Gumba entfernt, der ersten Stadt Bambarras. Er musste nur diesen Ort erreichen, um vor den diebischen und brutalen Mischlingen der Mauren sicher zu sein, deren Herrschaft über die unglücklichen Neger nichts anderes als Raub und Plünderung war. Er hoffte sehr, dass der Erfolg seiner Mission nun fast sicher war. In seiner Phantasie sah er sich bereits am Ufer des Niger, den er so weit gereist war und für den er so viel gelitten hatte. Seine Fantasie schwelgte in tausend entzückenden Szenen seiner zukünftigen Reise.

Derart von glühenden Gedanken getragen, gab er sich mit ungezügelter Fröhlichkeit den harmlosen Festlichkeiten hin, die sein schwarzer Gastgeber veranstaltete, dessen Manieren in krassem Gegensatz zu seinen Erfahrungen mit denen der Ludamar-Mauren standen.

Doch gerade als sein goldener Traum am hellsten war, wurde er durch ein böses Erwachen zerstört. Boten von Ali trafen ein mit dem Befehl, den weißen Mann entweder friedlich oder mit Gewalt in sein Lager in Benaun zu bringen. Park war sprachlos vor schmerzlichen Gefühlen, aber etwas erleichtert, als er hörte, dass der einzige Grund für seine Rückkehr die Neugier von Fatima, Alis Lieblingsfrau, war. Da der Wunsch dieser Dame, einen weißen Mann zu sehen, befriedigt war, versprach der Häuptling, dass er sicher nach Bambarra gebracht werden würde.

Alis Befehlen konnte man nicht widersprechen, und Argumente halfen nichts. Wieder einmal musste Park auf seine Geduld und seine Hoffnung zurückgreifen. Nun, praktisch Gefangene, wurden er und sein treuer Junge Demba nach Dina zurückgebracht, wo er bereits so brutal empfangen worden war. Hier wurde er vor einen von Alis Söhnen gebracht, der ihm bald eine Kostprobe der Gefahren und Demütigungen gab, die ihn erwarteten. Kaum hatte er Platz genommen, als ihm ein Gewehr gereicht wurde, und man befahl ihm, das Schloss zu reparieren und den Schaft blau zu färben. Da Park von solchen Dingen nichts wusste, konnte er nur seine Unwissenheit erklären. Dann wurde ihm befohlen, seine Messer und Scheren hervorzuholen und sie dem jungen Tyrannen zu übergeben. Als Demba zu erklären versuchte, dass sie keine derartigen Gegenstände hätten, sprang ihr Peiniger wütend auf, ergriff eine Muskete und wollte dem armen Jungen gerade das Gehirn wegblasen, als die Umstehenden eingriffen und ihm das Leben retteten.

Nach diesem unangenehmen Vorfall zogen sich Herr und Mann hastig aus der Hütte zurück, und es ist kein Wunder, dass Letzterer versuchte, ganz zu fliehen.

Am nächsten Tag wurden die Gefangenen unter schrecklicher Sonne und über brennendem Sand nach Benaun gebracht, dem Hauptquartier des obersten Häuptlings von Ludamar. Sie reisten den ganzen Tag fast ohne Wasser, der Durst wurde durch die Verwendung von Kaugummi leicht gelindert, der den Mund feucht hielt und die Schmerzen im Hals linderte. Am Abend erreichten sie ihr Ziel, ein provisorisches Lager, das aus einer großen Anzahl schmutzig aussehender Zelte bestand, die ohne Ordnung verstreut waren, darunter große Herden von Kamelen, Rindern und Ziegen. Am Rande des Lagers besorgte sich Park auf vielfache Bitte hin etwas Wasser.

Die Ankunft des weißen Reisenden war das Signal für große Aufregung. Frauen verließen eilig ihre häuslichen Beschäftigungen und gaben ihre Wasserkrüge am Brunnen auf. Die Männer bestiegen ihre Pferde – jeder rannte oder galoppierte wild, unter wildem Geschrei und Geschrei. In einer wilden Menge umzingelten sie den unglücklichen Grund ihrer Aufregung, stürzten sich auf ihn wie ein Rudel Hyänen, zerrten und zerrten an seinen Kleidern und drohten ihm mit allen möglichen Strafen, wenn er den Einen Gott und Seinen Propheten nicht anerkennen würde. In dieser traurigen Lage, halb tot von den Schmerzen des Durstes und den Strapazen eines Wüstenmarsches, wurde er zum Zelt des Häuptlings gezerrt. Als er sich schließlich in der Gegenwart des großen Mannes befand, genügte ein einziger Blick in sein Gesicht, um die letzte Hoffnung auf eine bessere Behandlung zu zerstreuen. Ali war ein alter Mann mit einem arabischen Gesichtsausdruck, in dessen Zügen Mürrischkeit und Grausamkeit deutlich zu erkennen waren. Während er den unglücklichen Mann vor ihm passiv untersuchte, waren die Frauen seines Haushalts aktiver damit beschäftigt, die Kleidung des Opfers zu inspizieren und seine Taschen zu durchsuchen. Sie taten so, als zweifelten sie daran, dass er überhaupt ein Mann war, und zählten seine Finger und Zehen, um sich zu vergewissern, dass er tatsächlich wie sie selbst war. Nicht einmal damit zufrieden, mussten sie unbedingt einen Blick auf seine weiße Haut werfen und seine Gewänder beiseite schieben, um ihr Ziel zu erreichen.

Als die Aufregung ihren Höhepunkt erreichte, schallte der heilige Ruf zum Gebet durch das Lager, doch bevor die Menschen vor dem einen, allbarmherzigen und barmherzigen Gott auf die Knie fielen und mit gebeugtem Körper und in den Staub gedrücktem Gesicht seine Allmacht anerkennen wollten, mussten sie dem hilflosen Fremden eine neue Demütigung zufügen. Sie zeigten ihm ein Wildschwein und forderten ihn auf, es zu töten und zu essen. Dies lehnte er klugerweise ab. Dann ließen sie das Schwein los, in der Annahme, dass es den weißen Mann sofort angreifen würde, doch stattdessen stürzte es sich auf seine Peiniger. Da der Sport also sein Ziel verfehlte, gingen die Mauren zu ihrer Andacht über und Park wurde zur Tür des Zeltes von Alis oberstem Sklaven gebracht, wo man ihm nach langem Bitten ein wenig gekochten Mais mit Salz und Wasser gab und ihn dann die Nacht auf einer Matte verbringen ließ, der Kälte und dem Tau ausgesetzt und, was noch schlimmer war, den Beleidigungen und der obszönen Heiterkeit des Pöbels, der ihn umschwärmte.

KAPITEL X.
GEFANGENSCHAFT IN LUDAMAR.

Die Behandlung, die Park nun im Lager von Ali erfuhr, war unbeschreiblich brutal und barbarisch.

In den Augen der degenerierten Araber von Ludamar war er ein sowohl für Gott als auch für die Menschen verabscheuungswürdiges Objekt – ein Christ und ein Spion. Alles, was der wilde Einfallsreichtum ersinnen konnte, um ihn zu beleidigen und zu foltern, wurde daher mit teuflischem Vergnügen und Eifer auf ihn gehäuft.

Am Morgen nach seiner Ankunft wurde er in eine kleine, quadratische Hütte mit Flachdach aus Maisstängeln gesperrt, die glücklicherweise die Brise durchließ und die Sonne ausschloss. Das Schwein wurde als passender Begleiter des verhassten Christen an die Hütte gebunden.

Von morgens bis abends musste sich der unglückliche Gefangene zur Schau stellen und unaufhörlich die Weiße seiner Haut, die Anzahl seiner Zehen und die Art und Weise, wie er seine Kleidung zurechtrückte, demonstrieren – für all diese Qualen wurde er mit Flüchen belohnt. Gemeinsam mit dem Schwein wurde er zum Sport von Männern, Frauen und Kindern gleichermaßen. Nicht einmal nachts wurde er sich selbst überlassen, da er ständig von seinen Wachen gestört wurde, die sich vergewissern wollten, dass er in der Hütte sicher war, oder von Dieben, die auf der Suche nach etwas waren, das sie mitnehmen konnten. Zu diesen seelischen und körperlichen Folterungen kam die Ungewissheit darüber hinzu, was vor ihm liegen könnte. Ein Ältestenrat hatte seinen Fall geprüft, und ihm wurde mehrfach mitgeteilt, dass der Tod, der Verlust der rechten Hand oder das Aussterben seiner Augen das Schicksal sei, das ihm vorbehalten sei.

Zu seiner elenden Lage kam noch hinzu, dass er die Härten erdulden musste, die mit der Einhaltung des Fastenmonats Rhamadan verbunden waren, in dem die Gläubigen zwischen Sonnenaufgang und Sonnenuntergang weder essen noch trinken dürfen. Dieser Verzicht auf Fleisch und Getränke, der in einem glühend heißen Klima zu jeder Zeit schlimm genug ist, wurde für den unglücklichen Reisenden noch schmerzhafter, da ihm einmal in den 24 Stunden um Mitternacht nur äußerst spärlich versorgt wurde. Außerdem war es die heißeste Zeit des Jahres, und die Winde aus der Wüste waren zeitweise so sengend, dass es unmöglich war, die Hand ohne Schmerzen in den Luftzug zu halten. Auch Sandstürme erfüllten die Luft hin und wieder bis zum Erstickungstod, während der Himmel über ihm wie Messing und der Sand unter den Füßen wie der Boden eines Ofens war.

Unter diesen belastenden Bedingungen bestand Parks einzige *Rolle* darin, jedem Befehl Folge zu leisten und jede Beleidigung geduldig zu ertragen, wobei er den Tyrannen so nutzlos wie möglich erscheinen musste, damit sie nicht in Versuchung gerieten, ihn wegen seiner wertvollen Dienste festzuhalten.

So verging ein Tag nach dem anderen, jeder Tag schlimmer als der vorherige, aber Parks eiserner Körper und sein unbezwingbarer Geist hielten allem stand. Wo seine wilden Gefängniswärter versagten, drohten die Ängste und Zweifel um seine zukünftigen Fortschritte und den endgültigen Erfolg seiner Mission zu siegen. Die extreme Hitze und der Wassermangel in der Wildnis machten eine Flucht in der heißen Jahreszeit unmöglich, während die Strapazen und Gefahren der Reise in der Regenzeit kaum weniger entsetzlich erschienen.

Die Dunkelheit seiner Aussichten begann sogar sein zuversichtliches Temperament zu trüben, und die Herzkrankheit der aufgeschobenen Hoffnung äußerte sich häufig in Anfällen von Melancholie und Verzweiflung. Mit dem Absinken seiner geistigen Verfassung ging auch eine körperliche Reaktion einher, und ein heftiges Fieber war die Folge.

Selbst dann erlangte er keine Linderung seiner Leiden. Sein Leid war für die Araber ein Vergnügen, bis ihm das Leben zur Last wurde. Er fürchtete zuweilen, dass die mit der Krankheit einhergehende Verdrießlichkeit, Gereiztheit und die geschwächte Selbstbeherrschung ihn dazu verleiten könnten, die Grenzen der Klugheit zu überschreiten und auf dem Höhepunkt eines Leidenschaftsausbruchs eine Tat des Grolls zu begehen, die zu seinem Tod führen würde – Tod, und sein Werk ist unvollendet.

Bei einer dieser Gelegenheiten verließ er seine Hütte und ging zu einigen schattigen Bäumen in der Nähe des Lagers, wo er sich in der Hoffnung, ein wenig Einsamkeit zu finden, niederlegte. Er wurde von Alis Sohn und einer Reiterbande entdeckt, die ihm befahlen, aufzustehen und ihnen zurück ins Lager zu folgen. Park bettelte darum, ein paar Stunden bleiben zu dürfen. Als Antwort zog einer der Reiter seine Pistole, richtete sie auf Parks Kopf und drückte den Abzug. Zum Glück ging es nicht los. Noch einmal probierte der Rohling seine Waffe mit dem gleichen Ergebnis. Keiner seiner Gefährten machte den geringsten Versuch, ihn aufzuhalten. Hilflos konnte Park nur dasitzen und auf sein Schicksal warten, was in der Tat eine glückliche Befreiung von seinem Elend gewesen wäre, nur dass die Aufgabe, die er sich gestellt hatte, noch nicht erfüllt war. Mit erneuten Vorsichtsmaßnahmen wurde die Pistole ein drittes Mal präsentiert, als das unglückliche Opfer, das bisher kein Wort gesagt hatte, seinen Möchtegern-Mörder anflehte, damit aufzuhören, und gleichzeitig versprach, mit ihm ins Lager zurückzukehren.

Vor Ali war seine Lage nicht besser. Mit teuflischer Bösartigkeit spielte dieser mit seinem Gefangenen wie eine Katze mit einer Maus, öffnete und schloss den Lauf seiner Pistole und beobachtete dabei die Wirkung auf das Verhalten des weißen Mannes vor ihm. Seine entschlossene und gleichgültige Miene machte ihm nur wenig Spaß, und er schickte ihn schließlich mit der Drohung weg, dass man ihn sofort erschießen würde, wenn man ihn das nächste Mal außerhalb des Lagers herumirren sehen würde.

„Ein ganzer Monat war nun vergangen, seit ich in die Gefangenschaft geführt wurde, und in dieser Zeit brachte mir jeder wiederkehrende Tag neue Sorgen. Besorgt beobachtete ich den anhaltenden Lauf der Sonne und segnete seine schwindenden Strahlen, die einen gelben Glanz auf den sandigen Boden meiner Hütte warfen, denn zu diesem Zeitpunkt verließen mich meine Unterdrücker und erlaubten mir, die schwüle Nacht in Einsamkeit zu verbringen und Reflexion.“

Mit der Zeit gewöhnte sich Park an seine Situation. Hunger und Durst waren leichter zu ertragen als am Anfang, und die Leute, die sich an seine Anwesenheit gewöhnt hatten, waren nicht mehr ganz so lästig. Um sich die Zeit zu vertreiben, erkundigte er sich nach der Route nach Timbuktu und in die Haussa-Länder und brachte sogar einige seiner Peiniger dazu, ihm die Buchstaben des arabischen Alphabets beizubringen.

Etwa Mitte April reiste Ali nach Norden, um seine Häuptlingsfrau Fatima zurückzuholen. Während der Abwesenheit des Häuptlings wurde Park zwar weniger belästigt als sonst, aber er erhielt auch weniger regelmäßig seine spärlichen Rationen. Zwei Tage hintereinander erhielt er überhaupt nichts und musste den Hunger so gut er konnte ertragen. Anfangs empfand er dies als ziemlich schmerzhaft, entdeckte aber bald, dass er vorübergehende Erleichterung finden konnte, indem er reichlich und wiederholt Wasser trank.

Johnson – der inzwischen aus Dina geholt worden war, bevor er zur Küste aufbrechen konnte – und Demba besaßen nicht den Mut ihres Herrn, sie mitten in diesem Unglück aufrecht zu erhalten, und verfielen in tiefste Niedergeschlagenheit. Die meiste Zeit lagen sie ausgestreckt auf dem Sand, in einer Art trägem Schlaf, aus dem sie selbst durch das Eintreffen von Essen kaum geweckt werden konnten.

Zu der Mattigkeit und Schwäche, die der Halbverhunger mit sich brachte, kam bei Park noch die Plage der Schlaflosigkeit hinzu; tiefe, krampfhafte Atemzüge schüttelten ihn von Kopf bis Fuß, er wurde halbblind und musste mit Mühe gegen die häufige Neigung zur Ohnmacht ankämpfen.

Aber der Kelch seines Elends war noch nicht voll. Der König von Bambarra war erzürnt über Alis Weigerung, sich ihm gegen Daisy, den König von Kaarta, anzuschließen, und erklärte ihm den Krieg. Dies brachte das Land in Verwirrung. Das Lager in Benaun wurde sofort aufgelöst und der Rückzug weiter nach Norden begann. Am ersten Tag wurde in einer Negerstadt namens Farreni Halt gemacht.

Wieder wurden Parks Rationen vergessen. Da er am nächsten Tag eine ähnliche Behandlung erwartete, begab er sich selbst zum Oberhaupt der Stadt und erbettelte ihn um etwas zu essen. Dies wurde nicht nur gewährt, sondern es wurde auch versprochen, dass es so lange fortbestehen würde, wie er in der Nachbarschaft blieb.

Am 3. Mai wurde Alis Lager erreicht und es stellte sich heraus, dass es mitten in einem dichten Wald aufgeschlagen war. Hier wurde Park Fatima vorgestellt. Diese Dame war nach der Vorstellung der Ludamar-Araber außergewöhnlich schön – das heißt, sie war bemerkenswert korpulent. „Eine Frau mit auch nur mäßigen Ansprüchen an das Aussehen darf nicht ohne einen Sklaven unter jedem Arm gehen können, der sie stützt, und eine vollkommene Schönheit ist eine Last für ein Kamel." Um diesen Gipfel der Vollkommenheit zu erreichen, werden die Mädchen von ihren Müttern mit großen Mengen Kuskus und Kamelmilch vollgestopft, die sie unabhängig vom Appetit zu sich nehmen müssen. „Ich habe ein armes Mädchen gesehen, das mehr als eine Stunde lang weinend mit der Schüssel an den Lippen da saß, und ihre Mutter beobachtete sie die ganze Zeit mit einem Stock in der Hand und benutzte ihn gnadenlos, wenn sie bemerkte, dass ihre Tochter nicht schluckte."

Zuerst tat Fatima so, als wäre sie über Parks Aussehen schockiert, zeigte aber, dass sie ein Frauenherz hatte, indem sie ihm eine Schüssel Milch überreichte. Später erwies sie sich als seine beste Freundin.

Die Hitze war mittlerweile unerträglich geworden. Alles Gemüse war verbrannt, und das ganze Land bot eine trostlose Sandfläche, übersät mit ein paar verkrüppelten Bäumen und dornigen Akazienbüschen. Wasser war fast unerreichbar, und Tag und Nacht waren die Brunnen überfüllt mit Vieh, das brüllte und miteinander kämpfte, um an die Tröge zu gelangen. Der Durst machte viele von ihnen wütend und unkontrollierbar, während die Schwachen, die nicht um einen Platz kämpfen konnten, versuchten, ihren Durst zu stillen, indem sie den flüssigen Schlamm aus den Dachrinnen aufleckten – oft mit tödlichen Folgen.

Das Leid aufgrund des Wassermangels traf auch die Menschen, und niemanden mehr als den weißen Gefangenen unter ihnen. Wenn sein Sohn Demba versuchte, Wasser zu besorgen, wurde er für seine Anmaßung gewöhnlich gründlich verprügelt. Diese Behandlung wurde schließlich so unerträglich, dass Demba lieber gestorben wäre, als sich den Brunnen zu nähern. Park und seine Begleiter waren auf diese Weise gezwungen, bei den Negersklaven zu betteln, aber mit mäßigem Erfolg. Fatima jedoch linderte ihre Notdurft mehr als einmal. Dennoch verbrachte Park immer wieder „die Nacht in der Situation des Tantalus. Kaum hatte ich die Augen geschlossen, versetzte mich meine Fantasie in die Ströme und Flüsse meines Heimatlandes; dann, als ich am grünen Ufer entlangwanderte, betrachtete ich den klaren Bach voller Entzücken und beeilte mich, den köstlichen Trank zu trinken; aber ach! Enttäuschung weckte mich und ich fand mich als einsamer Gefangener wieder, der inmitten der Wildnis Afrikas vor Durst starb!“

Eines Nachts, halb wahnsinnig von seinen Folterungen, machte er sich auf die Suche nach Erleichterung. An jedem Brunnen traf er auf kämpfende Hirten, und von allen wurde er mit unerhörten Beschimpfungen vertrieben. Endlich um eins fand er nur noch einen alten Mann und zwei Jungen, von denen er gerade das bekommen wollte, was er wollte, als sie erfuhren, wen sie beliefern wollten, schütteten sie das Wasser in den Trog und sagten ihm, er solle trinken mit dem Vieh. Zu froh, überhaupt Wasser zu bekommen, „schob ich meinen Kopf zwischen zwei der Kühe und trank mit großer Freude, bis das Wasser fast aufgebraucht war und die Kühe anfingen, miteinander um den letzten Bissen zu kämpfen.“

Anzeichen dafür, dass die Regenzeit nahte, zeigten sich gegen Ende Mai in häufigen Windwechseln, aufziehenden Wolken und entfernten Blitzen. Zur gleichen Zeit näherte sich Parks Schicksal einer Krise und er begann, Fluchtpläne zu schmieden. Seine Hoffnungen wuchsen, als er erfuhr, dass Ali im Begriff war, sich einigen rebellischen Kaartanern beim Angriff auf Daisy anzuschließen. Durch die Intervention von Fatima wurde ihm gestattet, die Expedition bis nach Jarra zu begleiten. Sobald er in Kaarta angekommen war, hoffte er, dass man einen Weg finden würde, seinen barbarischen Häschern zu entkommen.

Als nächstes erwies Fatima ihm einen weiteren Gefallen, indem sie ihm einen Teil seiner Kleidung zurückgab, derer er beraubt worden war, seit er in Alis Hände gefallen war. Darauf folgte sein Pferd, das durch harte Arbeit und Hungerfütterung inzwischen bis auf Haut und Knochen abgemagert, aber immer noch arbeitsfähig war.

Am 26. Mai brach Park mit den Mauren in Begleitung von Johnson und Demba in Richtung Jarra auf. Nachts lagerten sie an einer Wasserstelle im Wald, aber da die Unterbringungsmöglichkeiten begrenzt waren, war Park gezwungen, im Freien in der Mitte der Hütten zu schlafen, wo er leichter beobachtet werden konnte.

Am Morgen mussten sie ungeschützt der Gewalt eines Sandsturms ausgesetzt sein, der den ganzen Tag mit großer Heftigkeit tobte. Manchmal war es unmöglich, nach oben zu schauen. Das vom Treibsand aufgewühlte Vieh rannte rücksichtslos hin und her und drohte, die Gefangenen zu Tode zu treten.

Am nächsten Tag erhielten die wachsenden Hoffnungen unseres Reisenden einen ernsthaften Scheck. Während er sich auf die Abreise vorbereitete, traf ein Bote ein, der Demba ergriff und ihm sagte, dass Ali von nun an sein Herr sein sollte und dass er sofort in das Lager zurückkehren müsse, das sie verlassen hatten. Mit ihm sollten alle Habseligkeiten seines jetzigen Herrn mitgehen, obwohl „der alte Narr" Johnson vielleicht nach Jarra weiterziehen würde.

Park war völlig überwältigt von der Vorstellung, dass sein treuer Junge in ein Leben voller Elend zurückgeschickt werden sollte, wie es ihm im Haushalt von Ali bevorstand. Da er dem Boten kein Wort sagen konnte, lief er direkt zum Häuptling selbst und schalt ihn in seiner Empörung, dass er einmal die Oberhand gewonnen hatte, in leidenschaftlichen Worten für die neue Ungerechtigkeit, die er begehen wollte, im Vergleich zu der alles andere in seinen Augen nichts war.

Auf diesen großzügigen, aber unklugen Ausbruch antwortete Ali nicht, sondern befahl ihm mit hochmütiger Miene und bösartigem Lächeln, sofort auf sein Pferd zu steigen, sonst würde er ebenfalls zurückgeschickt. Schrecklich war der Kampf in Parks innerster Seele, die Welt nicht von einem solchen Monster zu befreien und in einem einzigen leidenschaftlichen Ausbruch all den unterdrückten Gefühlen der letzten zwei Monate freien Lauf zu lassen.

Glücklicherweise hatte er weder die Kontrolle über sich selbst noch die Fähigkeit, seine Situation zu verstehen, verloren, und als er sich aus dem Zelt zurückzog, war er von hunderten quälenden Emotionen überwältigt.

„Der arme Demba war nicht weniger betroffen als ich. Er hatte eine starke Zuneigung zu mir entwickelt und war von einem heiteren Gemüt, das die langweiligen Stunden der Gefangenschaft oft vertrieb." Aber sie mussten sich trennen. „Nachdem ich dem unglücklichen Jungen die Hand geschüttelt und meine Tränen mit seinen vermischt hatte, sah ich, wie er von drei von Alis Sklaven zum Lager in Bubaker geführt wurde."

Am 1. Juni wurde Jarra wieder eingereist und Park wurde wieder Gast des Slatee. Alles andere wurde nun vorläufig dem einzigen Ziel untergeordnet, Dembas Freiheit zu erlangen. Vor dieser Pflicht wurde sogar seine eigene Flucht zweitrangig. Alle seine Versuche waren jedoch erfolglos. Ali konnte nicht dazu bewegt werden, seinen neuen Sklaven zu verkaufen oder zurückzugeben, obwohl er nie aufhörte, zu hoffen, dass Demba gegen eine Bezahlung doch noch freigelassen werden könnte.

Am 8. kehrte Ali mit seinen Reitern ins Lager zurück, um ein Fest zu feiern. Zu seiner großen Freude wurde Park im Haus des Slatee zurückgelassen. Er begann erneut an seine eigene Sicherheit zu denken, da nun zweifelsfrei bewiesen war, dass er Demba nichts nützen konnte.

Inzwischen begannen sich in Jarra rasch Unruhen zu entwickeln. Nachdem Ali den Preis für seine Kooperation gesichert hatte, überließ er seine Verbündeten verräterisch ihrem Schicksal. Daisy näherte sich mit seiner Armee rasch der Stadt, deren Einwohner keine Gnade von ihrem wütenden König erwarten konnten. Da sie sich auf sich allein gestellt sahen, trafen diese alle in ihrer Macht stehenden Vorbereitungen zur Verteidigung und schickten gleichzeitig ihre Frauen und Kinder mit so viel Getreide und Vieh fort, wie sie mitnehmen konnten. Park bereitete sich darauf vor, mit ihnen abzureisen. Er sah klar, dass er, wenn er dort bliebe, wo er war, Gefahr lief, in das allgemeine Gemetzel verwickelt zu werden, wenn Daisy Erfolg hatte, oder dass er im Gegenteil früher oder später den Mauren zum Opfer fallen würde. Und doch schien es schrecklich genug, allein weiterzugehen – denn Johnson weigerte sich rundweg, weiterzugehen – ohne Schutz oder Waren, um die Lebensnotwendigkeiten zu kaufen, oder einen Dolmetscher, um sich in der Bambarra-Sprache verständlich zu machen.

Der einzige vergleichsweise einfache Weg führte zur Küste, aber „nach England zurückzukehren, ohne das Ziel meiner Mission erreicht zu haben, war das Schlimmste.“

Der alte Geist, der nie ganz ausgelöscht worden war, begann sich wieder durchzusetzen, indem er ein gewisses Maß an freiem Willen und Freiheit genoss. Was auch immer sein Schicksal sein mochte, er sollte ihm entgegentreten, beschloss er, mit dem Gesicht zum Niger.

In der Nacht des 26. arbeiteten die Frauen unermüdlich, bereiteten Essen zu und packten Dinge ein, die für die Flucht nicht unbedingt nötig waren. Frühmorgens machten sie sich auf den Weg nach Bambarra.

Der Exodus war äußerst ergreifend – die Frauen und Kinder weinten, die Männer waren mürrisch und niedergeschlagen – alle blickten mit Bedauern auf den Ort zurück, an dem sie ihr Leben verbracht hatten, und schauderten vor dem möglichen Schicksal, das ihnen bevorstand. Unter vielen herzzerreißenden Szenen bestieg Park sein Pferd, nahm einen großen Sack Getreide mit und machte sich mit der fliehenden Menge auf den Weg.

Auf diese Weise reiste er zwei Tage lang weiter, bis hierher begleitet von Johnson und dem Slatee. In Koiro musste er zwei Tage Halt machen, um sein halb verhungertes Tier wiederzubeschaffen – eine bedauerliche Verzögerung, da sie Alis Hauptsklaven und vier Mauren Zeit gab, auf der Suche nach ihrem weißen Gefangenen einzutreffen. Diesem neuen Unglück musste sofort begegnet werden, wenn Park nicht auf unbestimmte Zeit in elende Gefangenschaft geraten wollte. Sofort beschloss er, durch Flucht zu entkommen – eine „Maßnahme, die meiner Meinung nach die einzige Chance bot, mein Leben zu retten und das Ziel meiner Mission zu erreichen."

Johnson war bereit, dem Vorsatz seines Herrn zu applaudieren, weigerte sich jedoch rundweg, sich ihm anzuschließen.

Die Mauren, die den Weißen in Sicherheit glaubten, kümmerten sich nicht um ihn, und so konnte er ein paar Artikel vorbereiten, die er mitnehmen konnte. Er besaß lediglich zwei Anzüge und ein Paar Stiefel. Er hatte jetzt keine einzige Perle oder einen anderen Gegenstand von kommerziellem Wert, um sich Lebensmittel zu kaufen.

Gegen Tagesanbruch schliefen alle Mauren. Jetzt war es an der Zeit, seine Chance zu nutzen. Freiheit und möglicher Erfolg standen auf dem Spiel mit erneuter Gefangenschaft und möglichem Tod. Kalter Schweiß lief ihm über die Stirn, als ihm die Bedeutung des Schrittes, den er gerade unternehmen wollte, mit doppelter Kraft bewusst wurde. Aber zu überlegen hieß, die einzige Chance zur Flucht zu verlieren. Er musste einen letzten kühnen Versuch unternehmen, die Freiheit wiederzuerlangen und den Niger zu erreichen. Der Gedanke war eine Eingebung. Er nahm sein Bündel, stieg verstohlen über die schlafenden Neger hinweg und erreichte sein Pferd. Johnson wurde verabschiedet und noch einmal gebeten, besonders auf die ihm anvertrauten Papiere aufzupassen und seinen Freunden in Gambia mitzuteilen, „dass er mich bei guter Gesundheit auf dem Weg nach Bambarra zurückgelassen hatte."

Einige Jahre zuvor hatte Major Houghton denselben gambischen Freunden eine fast identische Nachricht geschickt.

KAPITEL XI.
NACH NIGER.

Sobald Park das Dorf verlassen hatte, musste er wachsam sein und sich so schnell wie möglich aus der Nähe der Mauren entfernen. Da sein Pferd bis auf Haut und Knochen reduziert war, war an Schnelligkeit nicht mehr zu denken, während die Dunkelheit und die Natur des Landes ansonsten nur langsam vorankamen. Und doch, wie viel wurde auf jeder schleppenden Meile aufs Spiel gesetzt – jeder Augenblick konnte für ihn Freiheit oder Knechtschaft, Leben oder Tod bedeuten. Halb verzweifelt bei dem Gedanken an die Rückeroberung, stellte er sich hinter jedem Busch einen Feind vor, in jedem Geräusch war das Trampeln verfolgender Reiter zu hören.

Es schien, als würden seine schlimmsten Befürchtungen bald wahr werden, als er unerwartet auf eine maurische Badestelle stieß. Bevor er sich zurückziehen konnte, wurde er von den Hirten entdeckt. Sofort ertönte ein Verfluchungsgeheul, und er wurde mit Steinen und Flüchen belegt und vertrieben, als wäre er ein umherstreifendes Raubtier.

Park war dankbar, dass er unverletzt davongekommen war, und nachdem er die Fanatiker losgeworden war, wurde er hoffnungsvoller. So leicht sollte er jedoch nicht davonkommen. Plötzlich ertönte ein Ruf hinter ihm, der ihn zum Anhalten aufforderte. Er brauchte kaum hinzuschauen, um die Art der drohenden Gefahr zu erkennen. Drei berittene Mauren waren ihm dicht auf den Fersen, schwangen wild ihre Waffen und schrien Drohungen, während sie auf ihn losgingen. Eine Flucht war unmöglich – sein abgestumpftes Pferd war nicht mehr zu drängen. Mit der verbissenen Gleichgültigkeit der Verzweiflung drehte er sich um und ritt zurück, vorbereitet auf das Schlimmste. Ungerührt blickte er auf die erhobenen Musketen seiner Verfolger – fast unbeachtet, so betäubt waren seine Fähigkeiten, dass er hörte, dass sie geschickt wurden, um ihn zu Ali zurückzubringen. In Wirklichkeit waren die Mauren jedoch Räuber, deren Ziel lediglich die Plünderung war.

Als sie einen Wald erreichten, befahlen die Elenden ihrem Gefangenen, sein Bündel aufzubinden. Ihr Ekel war groß, als sie nichts Wertvolles fanden außer einem Mantel. Aber für Park war sein Mantel der einzige Schutz vor dem Regen am Tag und den Mücken in der Nacht, und vergebens folgte er den Räubern, versuchte ihr Mitleid zu wecken und bat sie inständig, ihm das Kleidungsstück zurückzugeben. Als einzige Antwort richtete einer der Bandenmitglieder, verärgert über seine Hartnäckigkeit, eine Muskete auf ihn, während ein anderer seinem Pferd einen brutalen Schlag über den Kopf versetzte. Diesen Hinweisen konnte Park nicht widerstehen, und wieder einmal von dem brennenden Verlangen nach Leben und Freiheit gepackt, verhandelte er nicht länger, sondern drehte sich um und ritt davon.

Sobald er außer Sicht war, flüchtete er in die Wälder, um ähnlichen Begegnungen aus dem Weg zu gehen. Während er weiterging, wurde das Gefühl der Sicherheit mit der fortschreitenden Nacht immer stärker, und sein sanguinisches Temperament gewann allmählich wieder die Oberhand. Er fühlte sich wie jemand, der sich von einer gefährlichen Krankheit erholte – er atmete freier, seine Glieder waren wie von krampfenden Fesseln befreit, während der Magnet des Niger ihn unwiderstehlich wie immer anzog. Das Leben wurde begehrenswerter, Erde und Himmel schöner, und selbst die Wüste verlor die Hälfte ihrer Schrecken. Bettelei und das Elend der Regenzeit wurden weniger schrecklich, während die Hoffnung wuchs, dass die Belohnung für den Erfolg noch bevorstand.

Aber der Mensch kann nicht allein von der Hoffnung leben. So fair es auch sein mag, die Vision der Zukunft zu zeichnen, es konnte die gegenwärtigen Anforderungen der Natur nicht unterdrücken. Nur zu schmerzhaft erwachte Park und stellte fest, dass ihm der Hunger direkt ins Gesicht starrte. Er war mittellos und konnte nichts kaufen; unbewaffnet und konnte daher nicht mitnehmen; gejagt und wagte deshalb nicht zu betteln. Jeder seiner Schritte war mit unzähligen Gefahren verbunden. Seine einzige Chance bestand darin, ein Bambarra-Dorf zu erreichen, wo er unter den Negern und zumindest vor den Mauren sicher sein würde.

Zu den Hungerattacken gesellte sich schnell die noch schmerzhaftere Qual des Durstes. Die Sonne über ihm brannte von Himmeln grellen Glanzes auf ihn herab. Der glühend weiße Sand war blendend anzusehen und reflektierte die Hitze wie von der Öffnung eines Ofens.

Von den Baumwipfeln aus war keine Spur menschlicher Behausung zu sehen. Nur dichtes Gestrüpp und Hügel aus kargem Sand fielen ins Auge. Weiterzugehen war die einzige Hoffnung, dem Tod zu entgehen. Mit seinem alten, unerschrockenen Geist entschied sich Park, weiterzugehen – zu kämpfen, solange seine Beine ihn trugen.

Gegen vier Uhr nachmittags bot sich ihm plötzlich der gefürchtete, aber dennoch willkommene Anblick einer Herde Ziegen. Sie waren sofort ein Zeichen großer Gefahr und möglicher Nahrung und Wasser. Seine Freude war groß, als er nach einer vorsichtigen Untersuchung entdeckte, dass die Herde nur von zwei Jungen gehütet wurde. Mit Mühe näherte er sich ihnen.

„Wasser! Wasser!“, keuchte er. Als Antwort zeigten ihm die Ziegenhirten ihre leeren Wasserschläuche und sagten ihm gleichzeitig, dass im Wald kein Wasser zu finden sei. Schweren Herzens und beinahe erschöpft wandte sich

Park ab, um seine ermüdende Wanderung und seine fast hoffnungslose Suche fortzusetzen.

Die Nacht nahte und seine Glieder versagten ihm bereits. Sein Durst war unerträglich geworden und sein Mund war ausgetrocknet und entzündet. Plötzlich wurde ihm schwindlig und mehr als einmal fiel er fast in Ohnmacht. Mit jedem Augenblick wurde ihm klarer, dass er unweigerlich sterben musste, wenn er nicht vor Tagesanbruch Wasser erreichte. Um die Schmerzen in Hals und Mund zu lindern, kaute er die Blätter verschiedener Sträucher, was seine Qualen jedoch nur noch verstärkte.

Am Abend erreichte er einen Bergrücken, kletterte auf einen Baum und blickte gespannt über das Land – nur eine öde, von Gott und Mensch verlassene Wildnis breitete sich vor ihm aus. „Überall bot sich dieselbe trostlose Einförmigkeit aus Gebüsch und Sand, und der Horizont war so eben und ununterbrochen wie der des Meeres."

Die Sonne sank und mit ihr ging die letzte Hoffnung des Flüchtlings verloren. Er war zu schwach zum Gehen und sein Pferd, so erschöpft wie er selbst, konnte ihn nicht tragen. Sogar in seiner eigenen Not hatte er noch einen freundlichen Gedanken für seinen treuen, stummen Gefährten, und um ihn zum Besseren zu bewegen, nahm er ihm das Zaumzeug ab. Während er das tat, überkam ihn ein schreckliches Gefühl von Übelkeit und Schwindelgefühlen, und er fiel in den Sand, in dem Glauben, dass seine letzte Stunde gekommen sei.

In einem kurzen Gedankenblitz sah er das Ende seines ermüdenden Kampfes und damit all seiner Hoffnungen, etwas zu tun, das der Erinnerung wert war. Dann sammelte sich der Schatten des Todes über ihm und er sank bewusstlos zurück.

Aber es war noch nicht alles vorbei – denn das Leben im Park hatte noch einiges an Arbeit und Freude bereit. Als die Temperaturen sanken und die kühle Nachtbrise aufkam, erwachte er aus seiner todesähnlichen Ohnmacht, und er riss sich zusammen und beschloss, einen letzten Versuch zu unternehmen, den Tod auf Abstand zu halten. Mit seiner alten Willensstärke, wenn auch schwach in den Gliedern, taumelte er weiter in die Dunkelheit der Nacht, die der Aussicht, die vor ihm lag, nur allzu ähnlich schien. Ein paar Minuten später erhellte ein Blitz die umliegende Landschaft. Für ihn war dieser Blitz ein Versprechen von Regen und gab ihm neue Hoffnung, dass seine Qualen vor Durst bald ein Ende haben würden. Bald folgte Blitz auf Blitz, immer blendender, näher und näher. Mit schmerzhafter Ungeduld beobachtete der erschöpfte Wanderer den kommenden Sturm. Er hatte keinen weiteren Anlass, sich weiter vorwärtszukämpfen. Er musste nur still sitzen und warten. Aber was für Hoffnungen und Ängste gibt es in der Zwischenzeit! Würde es regnen oder nicht? Würde der Sturm über ihm hereinbrechen oder auf beiden Seiten vorbeirauschen? Eine weitere Stunde später kam die Antwort. An sein Ohr drang das willkommene Geräusch von Bäumen, die sich vor dem Sturm bogen. Sein fiebriges Gesicht spürte die ersten kühlen Windstöße. Eine schwarze Säule, die er in der Dunkelheit nur schwach wahrnahm und die, wie er dachte, voller Feuchtigkeit war, erhob sich vor ihm. Sie verdunkelte Erde und Himmel und raste auf den Flügeln des Windes weiter. Er erhob sich, um sie zu empfangen und willkommen zu heißen. Sein ausgetrockneter Mund öffnete sich, um den vom Himmel gesandten Regen zu kosten. Als er, oh Elend!, feststellte, dass er von einem erstickenden Sandsturm umhüllt wurde. Von unsagbarer Enttäuschung geplagt, sank er hinter einem schützenden Busch zu Boden.

Über eine Stunde lang fegte der Sturm in erstickenden Wirbelwinden über ihn hinweg. Als er aufhörte, setzte Park unerschrocken seinen Weg durch die Dunkelheit fort, wenn auch mit immer stärker werdendem Durst und immer schwächer werdenden Kräften – gefährlich nahe seinem letzten Kampf.

Wieder zuckte der Blitz über den Himmel. Er wagte kaum zu hoffen, doch dennoch wandte er sein brennendes Gesicht und streckte seine zitternden Hände den herannahenden Sturmwolken entgegen, um die ersten erfrischenden Tropfen zu spüren. Diesmal war es kein Fehler, und er riss sich die Kleider vom Leib und breitete sie aus, um den vom Himmel gesandten Regen aufzufangen, während er, ganz nackt dem Sturm ausgesetzt, inmitten des blendenden Glanzes der tropischen Blitze und des furchtbaren Krachens des Donners die Feuchtigkeit mit jeder Pore seines Körpers einsaugte.

Aber er wurde nur von einer Reihe von Wehen befreit, als er daran erinnert wurde, dass noch andere hinter ihm lagen – das Elend des Hungers musste noch bewältigt werden. Es konnte für ihn keine Ruhe und keinen Schlaf geben, bis er Nahrung und Wasser bekam. Dementsprechend setzte er seinen Weg fort und lenkte seine Schritte nach dem Kompass, den ihm die häufigen Blitze ermöglichten, zu konsultieren. Bald verstummten diese willkommenen Strahlen, und dann musste er weiterstolpern, so gut er konnte. Gegen zwei Uhr morgens erschien ein Licht. Da er glaubte, es könnte von einer Negerstadt stammen, tastete er in der Dunkelheit umher und versuchte erfolglos, anhand von Maishaufen oder anderen Anzeichen von Anbau festzustellen, ob es so war oder nicht. Jetzt wurden andere Lichter sichtbar und er begann zu befürchten, er sei auf ein maurisches Lager gestoßen.

Bald wurden seine schlimmsten Zweifel zur Gewissheit, und anstatt in die Hände seiner verstorbenen Verfolger zu fallen, entschied er sich, dem Tod in der Wildnis ins Auge zu blicken. So heimlich wie möglich versuchte er jedoch, das Wasser zu finden. Dabei erhaschte eine Frau einen Blick auf ihn, und ihr Schrei rief zwei Männer herbei, die ganz in der Nähe der Stelle vorbeikamen, an der er sich versteckt hatte. Offensichtlich war dies kein Ort für ihn, und er stürzte sich erneut in den Schutz des Waldes. Er war noch nicht weit gekommen, als ihm das laute Quaken der Frösche verriet, wo er seinen Durst löschen konnte.

Dieses knappe Entkommen spornte Park zu neuen Anstrengungen an. Bei Tagesanbruch entdeckte er in zwölf Meilen Entfernung eine Rauchsäule und stapfte mühsam darauf zu. Nach fünf Stunden extremer Arbeit erreichte er das Dorf, aus dem der Rauch aufstieg, und von einem Bauern erfuhr er, dass es sich um ein Fulah-Dorf handelte, das Ali gehörte. Das waren unangenehme Neuigkeiten.

Ein Eintritt könnte möglicherweise eine Rückkehr in die Gefangenschaft bedeuten, aber möglicherweise könnte er auch unbehelligt gehen. Mittlerweile herrschte sofort Gewissheit, dass er verhungern würde und dass seine Lage kaum noch schlimmer werden könnte. Er war daher entschlossen, die Chance auf das Ergebnis zu nutzen und ritt ins Dorf. Als er sich im Haus des Schulleiters bewarb, wurde ihm die Tür vor der Nase zugeschlagen und seine Bitten um Essen blieben unbeachtet. Niedergeschlagen drehte er den Kopf seines Pferdes und sah nichts vor sich als den Tod im Wald. Als er das Dorf verließ, bemerkte er einige schäbige Behausungen. Könnte er nicht einen weiteren Prozess machen? Er erinnerte sich, dass die Gastfreundschaft nicht immer die Wohnungen der Reichen bevorzugte.

Von diesem Gedanken getrieben ging er auf eine alte Frau zu, die vor ihrer Hütte Baumwolle spann. Durch Gesten machte er deutlich, dass er etwas zu essen wollte, und sein hageres Gesicht und seine eingefallenen Augen verrieten alles. Und sein Flehen war nicht vergebens. Die Hütte wurde ihm geöffnet und ihm wurde so viel Essen in die Hände gelegt, wie der Besitzer geben konnte. Nachdem der erste Hunger gestillt war, galt Parks nächster Gedanke der vierbeinigen Teilhaberin seiner Mühen und Qualen, und auch für sie wurde bald eine Lieferung von Getreide bereitgestellt.

Inzwischen versammelte sich draußen eine zweifelnde Menge und diskutierte ernsthaft, was sie mit dem Fremden tun sollten, der so unter ihnen aufgetaucht war. Die Meinungen gingen jedoch auseinander; und Park, der die Gefahr seiner Lage erkannte, hielt es für das Beste, zu gehen, egal wie müde und wund seine Füße auch sein mochten. Als die Dorfbewohner sahen, dass sich ihr ungebetener Gast zum Aufbruch bereitmachte, kamen sie zu dem Schluss, dass es das Klügste wäre, nichts zu unternehmen.

Nachdem er die Stadt und die Jungen und Mädchen, die ihm eine Zeit lang gefolgt waren, hinter sich gelassen hatte, suchte Park, der seit mehr als zwei

Tagen und Nächten nicht geschlafen hatte, den Schatten eines schützenden Baumes auf und legte sich zur Ruhe. Am frühen Nachmittag wurde er von zwei Fulahs geweckt, doch ohne ein Gespräch mit ihnen zu beginnen, setzte er seine Reise in Richtung Bambarra und Niger fort. Erst um Mitternacht machte er wieder Halt, als er eine Pfütze mit Regenwasser fand. An Schlaf, den er schrecklich brauchte, war jedoch nicht zu denken. Die Mücken griffen ihn in rasenden Myriaden an, während das Heulen wilder Tiere den Schrecken seiner Umgebung noch verstärkte.

Nach einer elenden Nacht wurde der Tag mit Erleichterung und Freude begrüßt. Gegen Mittag wurde eine weitere Fulah-Wasserstelle erreicht, und hier wurde Park gastfreundlich von einem Hirten empfangen, der ihm gekochten Mais und Datteln für sich selbst und Mais für sein Pferd gab. Der entschlossene Reisende setzte seine Reise mit schnell zurückkehrender Hoffnung und Kraft fort und war entschlossen, die ganze Nacht hindurch zu reisen.

Um acht Uhr abends hörte er, wie sich Wanderer näherten, und musste sich in einem Dickicht verstecken und dort seinem Pferd die Nase zuhalten, um es am Wiehern zu hindern. Um Mitternacht machte ihn das fröhliche Geräusch der Frösche auf die Nähe von Wasser aufmerksam. Nachdem er seinen Durst gestillt hatte, suchte er sich eine freie Stelle im Wald und legte sich glücklich und unbehelligt zum Schlafen hin, bis ihn gegen Morgen einige wilde Tiere zwangen, für die Sicherheit von sich und seinem Tier zu sorgen. Park nahm seine Wanderung wieder auf, überquerte die Grenzen von Bambarra und fühlte sich zum ersten Mal seit vielen anstrengenden Wochen verhältnismäßig sicher und frei von dem schrecklichen maurischen Albtraum, der ihn so lange heimgesucht hatte. In Wawra wurde er vom Häuptling des Dorfes gastfreundlich empfangen und war schließlich erschöpft von übermäßiger Müdigkeit und Hunger, doch voller Freude über das süße neue Gefühl der Sicherheit konnte er sich hinlegen und den Luxus eines tiefen, gesunden Schlafes genießen.

Für Park schien jetzt alles hoffnungsvoll und ermutigend. Er war mittellos und allein – ein Bettler im Herzen Afrikas; aber jetzt, da er den Wüsten des Nordens und den Fängen ihrer fanatischen und erniedrigten maurischen Einwohner entkommen war, machte sein heiteres Temperament seine persönlichen Probleme kaum aus. Es genügte, sich in einem Land des Überflusses zu fühlen, mit Dörfern auf Schritt und Tritt und unter einem Volk von freundlichem Wesen.

Seine Hoffnungen wurden nicht enttäuscht. Überall war sein Empfang gastfreundlich. Die Dorfbewohner stellten ihre Nahrung und Unterkunft zur Verfügung; den Wanderern Gesellschaft, Beistand, Führung und Schutz. An den meisten Orten wurde er nicht als weißer Mann erkannt, aber aufgrund seines seltsamen und mittellosen Aussehens wurde angenommen, dass es sich um einen Pilger aus Mekka handelte, und von den Gläubigen wurde er mit der Rücksichtnahme behandelt, die ein solcher Mann verdiente. Und so vergingen die Tage, brachten ihn dem Ziel seiner Hoffnungen immer näher und verstärkten seine Gewissheit, dass der große Preis, um den Menschen und Nationen drei Jahrhunderte lang gekämpft hatten, ihm gehörte.

In der Nacht des 20. Juli bezog Park sein Quartier in einem kleinen Dorf. Hier wurde ihm gesagt, dass er morgen den Niger – oder, wie die Eingeborenen ihn nannten, den Joliba oder die Großen Gewässer – sehen würde.

Der Gedanke war berauschend, und zwischen diesem und den unzähligen Moskitos, die seinen ungeschützten Körper angriffen, war an Schlaf nicht zu denken. Noch vor Tagesanbruch war er aufgestanden und hatte sein Pferd gesattelt, lange bevor die Tore des Dorfes geöffnet wurden.

Endlich konnte er entkommen. Mit gierigen Augen blickte er nach Süden – dorthin, wo seit vielen schrecklichen Monaten seine Kiblah – sein Mekka – war. Endlich sollte er für all die Qualen des Körpers und der Seele belohnt werden, die er so heldenhaft ertragen und so entschlossen überstanden hatte.

Die Straße war voll von Einheimischen, die in Richtung Hauptstadt eilten. Vier große Dörfer wurden passiert, und dann tauchte in der Ferne der Rauch von Sego auf – Sego an den Ufern des Niger! Ein Stückchen weiter verkündete der freudige Ruf „Seht das Wasser!“ Park, dass der Niger in Sicht war. Ja, tatsächlich, da war er, strömte in einem majestätischen Strom nach Osten und glitzerte in den hellen Strahlen der Morgensonne.

Ein langer und leidenschaftlicher Blick, ein Seufzer höchster Erleichterung, und der Pilger der Geographie eilte zum Rand, und nachdem er das Wasser getrunken hatte, erhob er ein inbrünstiges Gebet zum Großen Herrscher aller Dinge dafür, dass er seine Bemühungen auf diese Weise mit Erfolg gekrönt hatte.

KAPITEL XII.
DEN NIGER HINUNTER NACH SILLA.

Damit wurde der Fluss Niger zum ersten Mal von einem Europäer erreicht und sein Lauf nach Osten bestimmt. Park hatte England eher geneigt verlassen, zu glauben, dass es nach Westen floss; Aber während seiner Reise war diese Meinung nach und nach untergraben worden, und nun sah er mit eigenen Augen, dass sie tatsächlich der aufgehenden Sonne entgegenging. Es gab keine Frage mehr darüber, wo es seinen Ursprung hatte: Sein Ende war nun das große Geheimnis, das noch geklärt werden musste.

Sego, die Hauptstadt von Bambarra, in der der weiße Reisende angekommen war, bestand aus vier verschiedenen Städten, zwei am Nordufer des Niger und zwei im Süden. Jeder war unabhängig von hohen Lehmmauern umgeben. Im Gegensatz zum gewöhnlichen Negerdorf waren die Häuser quadratisch, hatten flache Dächer und waren aus Lehm gebaut. Einige von ihnen waren zwei Stockwerke hoch und einige waren weiß getüncht.

Neben diesen Zeugnissen arabischen Einflusses gab es in jedem Viertel Moscheen; und die ganze Stadt mit ihren dreißig- oder vierzigtausend Einwohnern strahlte einen Hauch von Zivilisation und Pracht aus, den Park bei weitem nicht erwartet hatte. Der Fluss wimmelte von großen Kanus, die ihn ständig kreuzten und wieder kreuzten; die Straßen waren voller geschäftiger Menschen; und das ganze umliegende Land befand sich in höchstem Kultivierungszustand.

Park entdeckte schnell, dass Mansong, der König von Bambarra, auf der Südseite des Flusses lebte, und bereitete sich sofort darauf vor, den Fluss zu überqueren und vor Gericht zu erscheinen. Der überfüllte Zustand der Fähre hinderte ihn daran, sein Vorhaben sofort auszuführen, da er warten musste, bis er an der Reihe war. In der Zwischenzeit versammelten sich die Menschen in stillem Staunen um ihn und waren voller Spekulationen darüber, was den weißen Mann so weit vom Meer entfernt haben könnte. Mit großer Besorgnis bemerkte der müde Reisende, dass sich in der Menge zahlreiche Mauren befanden. In jedem Rennen sah er einen bösartigen Feind, der vor nichts zurückschreckte, um ihm Schaden zuzufügen, so unauslöschlich war der Eindruck, den er während seines Aufenthalts bei Ali in Benaun hinterlassen hatte.

Endlich bot sich eine Gelegenheit zum Überqueren. Gerade als er die Gelegenheit nutzen wollte, traf ein Bote des Königs ein und teilte ihm mit, dass er seinen beabsichtigten Besucher unmöglich sehen könne, bis er wisse, was ihn ins Land geführt habe. In der Zwischenzeit durfte er auf keinen Fall ohne Mansongs Erlaubnis den Fluss überqueren und musste in einem entfernten Dorf übernachten, das ihm der Bote zeigte.

Dieser Empfang war äußerst entmutigend. Aber Park war an Enttäuschungen gewöhnt und insofern glücklich, als er zumindest das Wasser des Niger gesehen und davon getrunken hatte, konnte er weitere Schicksalsschläge, die ihm bevorstanden, mit mehr Gelassenheit ertragen. Es erforderte jedoch all seine Philosophie, ihn aufrechtzuerhalten, als ihm bei seiner Ankunft im Dorf an jeder Tür der Zutritt verweigert wurde. Jeder betrachtete ihn mit Erstaunen und Angst als ein Wesen einer unbekannten Spezies, dessen Macht, körperlichen oder geistigen Schaden anzurichten, unkalkulierbar war und dem man besser nicht durch engeren Kontakt auf die Probe stellen sollte, als geholfen werden konnte.

Da er als menschlicher Paria gemieden und boykottiert wurde und nicht wusste, wo er Schutz suchen sollte, setzte sich Park unter einen Baum, der ihn zumindest vor der übermächtigen Sonneneinstrahlung schützte. Stunde um Stunde verging, und noch immer bot ihm niemand Essen oder Unterkunft an. Der Tag neigte sich dem Ende zu. Der Wind kam auf, und bedrohlich zogen sich Wolken am Himmel zusammen. Alles deutete auf eine stürmische Nacht hin.

Die Sonne ging unter und er saß immer noch unbeachtet da. Die Dunkelheit begann sich mit tropischer Schnelligkeit um ihn herum zu sammeln, und er verlor jede Hoffnung, durch seinen verlassenen und hilflosen Zustand das Mitgefühl der Eingeborenen zu erregen. Um dem Tod durch Löwen und Hyänen zu entgehen, bereitete er sich darauf vor, sich zwischen den Zweigen des Baumes niederzulassen. Bevor er dies tat, nahm er seinem Pferd das Zaumzeug und den Sattel ab, damit es mehr Freiheit und Leichtigkeit beim Grasen hatte. Während er damit beschäftigt war, kam eine Frau, die von ihrer Arbeit auf dem Feld zurückkam, an ihm vorbei. Es bedurfte keiner Worte, um ihr die Notlage des Fremden zu erklären. Seine Kleidung und sein Gesicht zeugten beredt von Müdigkeit, Not, Hunger und Niedergeschlagenheit. Die Negerin blieb stehen, um nach seiner Geschichte zu fragen. Ein paar Worte sagten alles, was nötig war, um das Herz ihrer Frau zu bewegen, und ohne weitere Fragen nahm sie seinen Sattel und sein Zaumzeug und forderte ihn auf, ihr zu ihrer Hütte zu folgen. Dort zündete sie eine Lampe an und breitete eine Matte für ihren Gast aus.

Nach kurzer Zeit briet ein feiner Fisch auf der Glut des Feuers, während die verschiedenen Familienmitglieder dasaßen und den Fremden voller Staunen ansahen. Noch ein paar Minuten, und Park hatte seinen Hunger gestillt und sich zum Schlafen bereit gemacht. Die Frauen nahmen ihre Arbeit des Wollspinnens wieder auf, und während sie arbeiteten, sangen sie. Zu süßen und klagenden Melodien verbanden sie freundlichste Worte, und ihr Gast war die Last ihres Liedes: —

„Die Winde heulten und der Regen fiel,

Der arme weiße Mann saß unter unserem Baum;

Er hat keine Mutter, die ihm Milch bringt,

Keine Frau, die sein Korn mahlt."

Und oft wiederkehrend kam der Refrain:

„Lasst uns Mitleid mit dem weißen Mann haben,

Keine Mutter hat ihn." [5]

Dies waren, wörtlich übersetzt, die Worte des improvisierten Liedes, und als er ihnen lauschte, wurde der Schlaf aus Parks Augen vertrieben, als er sich umdrehte und den lebhaftesten Gefühlen der Dankbarkeit nachgab. Bis tief in die Nacht arbeiteten die Frauen, und die Spinner sangen immer:

„Lasst uns den weißen Mann bemitleiden;

Er hat keine Mutter."

während draußen der Tornado seine Gewalt in blendenden Blitzen und ohrenbetäubenden Donnerschlägen, in wütenden Windstößen und sintflutartigen Regenschauern entfaltete.

Am Morgen überreichte Park seiner freundlichen Gastgeberin als Zeichen seiner Dankbarkeit zwei der vier Messingknöpfe, die noch an seiner Weste waren. Dies waren die einzigen Gegenstände, die er besaß und die in den Augen der Eingeborenen irgendeinen Wert hatten.

Im Laufe des Tages drangen zahlreiche Gerüchte über die feindseligen Machenschaften der Mauren an Parks Ohren, doch über Mansongs Entscheidung bezüglich seines Schicksals gab es nichts Konkretes.

Am nächsten Morgen, dem 22., kam ein Bote und fragte, welches Geschenk der weiße Mann dem König mitgebracht hatte.

Am 23. traf ein weiterer Bote ein, der die Weigerung des Königs überbrachte, Park eine Audienz zu gewähren. Er hatte ein Geschenk von fünftausend Kauris dabei – die Währung des Sudanbeckens –, damit er Lebensmittel kaufen konnte. Gleichzeitig wurde darauf hingewiesen, dass seine Anwesenheit in Sego unerwünscht sei, es ihm jedoch freistünde, weiter den Niger hinunterzufahren oder nach Gambia zurückzukehren, je nachdem, was ihm beliebt.

In Mansongs Weigerung, ihn zu sehen, konnte Park nur die „blinde und eingefleischte Bosheit der maurischen Einwohner" erkennen, obwohl er nicht anders konnte, als zuzugeben, dass die Art und Weise, wie er unter den

Menschen von Sego auftrat, und die für sie unglaubliche Erklärung des Motivs seiner Reise, berechtigter Verdacht. Um die Joliba zu sehen! Absurd! Gab es denn im eigenen Land des weißen Mannes keine Flüsse, die er solchen Strapazen und Gefahren ausgesetzt hätte, um unsere zu sehen? Es muss noch etwas anderes dahinterstecken. Schick ihn weg, aber da wir mittellos sind, lasst uns für seine Bedürfnisse sorgen, damit das Stigma seines Todes nicht vor unserer Tür liegt. Man kann davon ausgehen, dass dies Mansongs Denkweise und natürlich auch die Schlussfolgerung war, zu der er gelangte.

Park war nun aufgefordert, sich über seinen weiteren Kurs zu entscheiden. Würde er weitermachen oder umkehren? Sicherlich würde er jetzt, da er den Niger selbst erreicht hatte, in aller Ehre zurückkehren . Was konnte er tun, so mittellos er auch war? Und dennoch fiel es ihm schwer, angesichts eines so glorreichen Werks vor ihm in seine Fußstapfen zurückkehren zu müssen. Nein, er muss zumindest ein Stück weitergehen, um mehr über den Verlauf und das Ende des Flusses zu sehen und zu erfahren, vielleicht sogar, um Timbuktu zu erreichen.

Park kam nicht ohne einige Bedenken zu dieser Schlussfolgerung, denn er hörte vage Berichte, dass die arabischen Stämme umso zahlreicher wurden, je weiter er nach Osten vordrang, und dass Timbuktu selbst in den Händen „dieses wilden und gnadenlosen Volkes" war. Wie groß sein Abscheu vor den Mauren auch sein mochte, er konnte seine Pläne nicht durch „so vage und unsichere Informationen aufhalten und war entschlossen, weiterzumachen".

BAMBARRA-FRAUEN, DIE MAIS stampfen.

So sammelte unser Held unerschrocken seine Lumpen um sich und machte sich am 24. mit seiner Tüte Kauris auf die Erkundung des Niger-Flusses. Am ersten Tag durchquerte er ein hochkultiviertes Land, das der Parklandschaft Englands ähnelte. Überall sammelten die Menschen die Früchte des Shea-Baums, aus dem die sogenannte Pflanzenbutter hergestellt wird. Park fand die Sheabutter weißer und fester und für seinen Gaumen von einem reicheren Geschmack als die beste Butter, die er je aus Kuhmilch probiert hatte – sicherlich eine seltsame Aussage, denn für den Gaumen degenerierter Reisender und Händler der heutigen Zeit ist ihr Geschmack so ist abscheulich. Selbst bei den Einheimischen wird es nur von den Ärmsten zum Kochen verwendet und gilt als dem Palmöl weit unterlegen.

Am Abend erreichte Park Sansanding, eine Stadt mit etwa zweitausend Einwohnern, die größtenteils von Mauren aus Biru aufgesucht wurde, die Salz und die Waren des Nordens gegen Baumwollstoffe und Goldstaub eintauschten. Um so leise wie möglich in die Stadt zu schlüpfen, ging Park am Flussufer entlang und wurde von den Eingeborenen überall für einen Mauren gehalten. Endlich entdeckte ein echter Maure den Fehler und lockte durch seine Ausrufe eine Schar seiner Landsleute um den Fremden.

Inmitten der schreienden und gestikulierenden Menge gelang es Park, das Haus des Counti Mamadi, des Duté des Ortes, zu erreichen. Die Mauren drängten die Neger mit ihrer gewohnten Arroganz und Überlegenheitsvorstellung beiseite und begannen, Fragen über Parks Religion zu stellen. Als sie feststellten, dass er Arabisch verstand, brachten sie zwei Männer mit, die sie Juden nannten und die in Kleidung und Aussehen den Arabern ähnelten und sich angeblich so weit dem Islam angeschlossen hatten, dass sie in öffentlichen Gebeten den Koran rezitierten. Die Mauren bestanden darauf, dass der Fremde dasselbe tun sollte wie die Juden. Er versuchte, das Thema hinauszuzögern, indem er erklärte, er könne kein Arabisch, als ein Scherif aus Tawat aufsprang und beim Propheten schwor, dass er, wenn der Christ sich weigere, in die Moschee zu gehen und dort den Einen Gott und Seinen Propheten anzuerkennen, er wollte ihn dorthin tragen lassen.

Willige Hände waren bereit, diesen Entschluss in die Tat umzusetzen, aber glücklicherweise mischte sich der Duté ein und erklärte, der weiße Fremde dürfe nicht misshandelt werden, solange er unter seinem Schutz stehe. Dadurch wurde die sofortige Gewalt gestoppt, die Verfolgung jedoch nicht beendet. Die Menge wuchs immer weiter und wurde immer unkontrollierbarer. Der Lärm und die Aufregung wurden von Minute zu Minute größer. Jeder Aussichtspunkt war mit Scharen bedeckt, die den Neuankömmling unbedingt sehen wollten. Um alle zufrieden zu stellen, war er gezwungen, einen hohen Sitz in der Nähe der Tür der Moschee zu besteigen, wo er bis zum Sonnenuntergang bleiben musste, dann durfte er hinabsteigen und in einer hübschen kleinen Hütte Zuflucht suchen, vor der sich ein Hof befand. Aber auch hier fand er weder Ruhe noch Ruhe. Obwohl die Mauren nur als Händler im Land waren, schien es ihnen erlaubt zu sein, alles zu tun, was sie wollten. Sie kletterten über die Gerichtsmauern und drangen in Parks Privatsphäre ein, weil sie, wie sie sagten, ihn bei seinen Abendandachten sehen und auch Eier essen wollten. Die letzte Operation war für Park keineswegs schwierig, obwohl die Eindringlinge enttäuscht waren, als sie feststellten, dass er sie nur gekocht aß.

Erst nach Mitternacht ließen die Araber den Reisenden in Ruhe. Sein Gastgeber bat ihn dann um ein schriftliches Amulett, das ihm sofort in Form eines Vaterunsers übermittelt wurde.

Von Sansanding aus reiste Park nach Sibila und von dort nach Nyara, wo er am 27. blieb, um seine Kleidung zu waschen und sein Pferd auszuruhen.

In Nyami, einer Stadt, in der hauptsächlich Fulahs lebten, weigerte sich der Anführer, Park zu sehen, und schickte seinen Sohn, um ihn nach Madibu zu führen.

Zwischen den beiden Dörfern mussten die Reisenden mit größter Vorsicht vorgehen, da die Gegend für ihre Gefahren durch wilde Tiere berüchtigt war. Eine Giraffe wurde gesichtet, und kurz darauf, als der Führer vor ihm eine weite, offene Ebene mit verstreuten Büschen überquerte, entdeckte er plötzlich die Spuren eines Löwen auf dem Weg und rief laut Park zu, er solle losreiten. Sein Pferd war jedoch zu erschöpft zum Fliegen und er ritt langsam weiter. Er fing gerade an zu glauben, dass es sich um einen Fehlalarm handelte, als ein Schrei des Führers ihn erneut voller Angst aufblicken ließ. Da lag der Löwe in der Nähe eines Busches, den Kopf zwischen den Vorderpfoten. Fliegen war unmöglich. Instinktiv zog Park seine Füße von seinen Steigbügeln, um bereit zu sein, abzurutschen und das Pferd dem ersten Angriff zu überlassen, falls der Löwe springen sollte. Mit auf den Feind gerichteten Augen rückte er langsam vor und erwartete jeden Augenblick, dass der Löwe auf ihn zukommen würde. Das Tier rührte sich jedoch nicht, da es wahrscheinlich gerade erst gegessen hatte und daher in einer friedlichen Stimmung war. Trotzdem war Park von einer Art wilder Faszination so fasziniert, dass er es unmöglich fand, seinen Blick abzuwenden, bis er sich weit außerhalb der Gefahrenzone befand.

Um weitere derartige Gefahren zu vermeiden, nahm Park einen Umweg durch sumpfiges Gelände und erreichte bei Sonnenuntergang sicher Madibu. Dieses Dorf lag am Ufer des Niger, auf dessen majestätischen Strom es meilenweit eine herrliche Aussicht bot – eine Aussicht, die noch durch mehrere kleine grüne Inseln, die von Fulah-Herden bewohnt wurden, abwechslungsreicher wurde.

Das Leben hier wurde durch die Moskitos, die in solchen Scharen aus den Sümpfen und Bächen aufstiegen, dass sie selbst die dickhäutigsten und trägesten Eingeborenen belästigten, fast unerträglich gemacht. Die Nächte waren eine einzige unaufhörliche, wahnsinnige Folter, und Parks Lumpen boten ihm keinen Schutz vor ihren Angriffen. Da er nicht schlafen konnte, musste er unaufhörlich hin und her gehen und sich mit seinem Hut Luft zufächeln, um seine hartnäckigen Peiniger zu vertreiben. Trotzdem waren seine Beine, Arme, sein Hals und sein Gesicht am Morgen mit Blasen bedeckt. Kein Wunder, dass er unter solchen Umständen Fieber bekam und unruhig wurde und ernsthaft krank zu werden drohte. Als der Duté von Madibu dies bemerkte, brachte er ihn schnell fort, damit er nicht an seinen Händen starb.

Parks Pferd konnte ihn ebensowenig tragen wie er laufen. Sie hatten noch nicht viele Meilen zurückgelegt, als das arme Tier ausrutschte und hinfiel, und was Park auch tat, er konnte nicht wieder aufstehen. Vergeblich wartete er in der Hoffnung, dass das Pferd nach einer Pause wieder zu sich kommen würde. Schließlich blieb ihm nichts anderes übrig, als Sattel und Zügel abzunehmen, eine Menge Gras vor ihn zu legen und ihn dann seinem Schicksal zu überlassen. Beim Anblick des armen Tieres, das keuchend auf dem Boden lag, konnte sein Besitzer die Vorahnung nicht unterdrücken, dass auch er sich bald hinlegen und vor Hunger und Erschöpfung sterben würde. Von Melancholie, vielen Ängsten und nur zu vielen körperlichen Leiden geplagt, stolperte er weiter, bis er mittags das kleine Fischerdorf Kea erreichte.

Als er eintrat, saß der Häuptling am Tor und erzählte ihm seine Geschichte von Armut und Krankheit. Aber er sprach zu jemandem mit mürrischem Gesicht und mürrischem Herzen, und seine einzige Antwort an den halbtoten Fremden bestand darin, ihn aufzufordern, die Tür zu verlassen.

Der Führer machte Vorwürfe und Park flehte, aber alles vergeblich. Der Duté war unflexibel.

Zu diesem Zeitpunkt traf ein Fischerkanu auf dem Weg nach Silla ein, woraufhin der Duté, um weiteren Verhandlungen ein Ende zu bereiten, den Besitzer aufforderte, den Fremden an diesen Ort zu bringen. Nach einigem Zögern stimmte der Fischer zu. Bevor Park sich auf den Weg machte, bat er seinen Führer, sich auf dem Rückweg um sein Pferd zu kümmern und sich um es zu kümmern, falls es noch am Leben sei.

Am Abend erreichte er Silla. In der Hoffnung, dass jemand Mitleid mit ihm haben würde, setzte er sich unter einen Baum, doch obwohl er von Hunderten von neugierigen Menschen umgeben war, bot ihm niemand Gastfreundschaft an. Als es zu regnen begann, konnte der Duté schließlich durch Parks Bitten dazu überredet werden, ihn in einer seiner Hütten schlafen zu lassen. Die Hütte war feucht, und ein schwerer Fieberanfall war die Folge. Der Reisende soll seine Situation zu diesem Zeitpunkt in seinen eigenen Worten beschreiben.

„Von der Krankheit gezeichnet, von Hunger und Müdigkeit erschöpft, halbnackt und ohne Wertgegenstände, mit denen ich mir Verpflegung, Kleidung oder eine Unterkunft hätte besorgen können, begann ich ernsthaft über meine Lage nachzudenken.

„Ich war nun durch schmerzliche Erfahrung davon überzeugt, dass die Hindernisse für meinen weiteren Fortschritt unüberwindbar waren. Die tropischen Regenfälle hatten bereits mit all ihrer Heftigkeit eingesetzt, die Reisfelder und Sümpfe waren überall überflutet, und in wenigen Tagen würden weitere Reisen aller Art, sofern nicht auf dem Wasserweg, völlig behindert sein. Die Kaurischnecken, die von dem Geschenk des Königs von

Bambarra übrig geblieben waren, reichten nicht aus, um mir zu ermöglichen, ein Kanu für größere Entfernungen zu mieten, und ich hatte kaum Hoffnung, in einem Land, in dem die Mauren einen solchen Einfluss haben, von Almosen zu leben.

„Aber vor allem merkte ich, dass ich immer mehr in die Macht dieser gnadenlosen Fanatiker geriet, und aufgrund meines Empfangs sowohl in Sego als auch in Sansanding befürchtete ich, dass ich bei dem Versuch, sogar Jenné zu erreichen (es sei denn unter dem Schutz eines Mannes von …) Ich würde mein Leben nutzlos opfern, denn meine Entdeckungen würden mit mir zugrunde gehen.

„Mit dieser Überzeugung im Kopf hoffe ich, dass meine Leser anerkennen werden, dass ich richtig gehandelt habe, als ich nicht weiterging. Ich hatte jede Anstrengung unternommen, meine Mission in dem größtmöglichen Umfang auszuführen, den die Vernunft rechtfertigen konnte. Selbst wenn die Aussicht auf einen erfolgreichen Abschluss auch nur entfernt bestanden hätte, hätten mich weder die unvermeidlichen Strapazen der Reise noch die Gefahr einer zweiten Gefangenschaft zum Aufgeben gezwungen. Die Notwendigkeit zwang mich jedoch dazu; und was auch immer die Meinung meiner Leser zu diesem Punkt sein mag, es verschafft mir unbeschreibliche Genugtuung, dass meine ehrenwerten Arbeitgeber seit meiner Rückkehr erfreut waren, ihre volle Billigung meines Verhaltens zum Ausdruck zu bringen.“

Und wer wird in seinem Urteil nicht herzlich übereinstimmen? Noch nie war eine Mission entschlossener ausgeführt worden, und noch nie war eine solche unerschöpfliche Geduld und Ausdauer angesichts aller nur erdenklichen Härten, Demütigungen und Gefahren an den Tag gelegt worden – all dies galt für den Leidenden als nichts im Vergleich zu der unaussprechlichen Freude, etwas davon zu erreichen Aufgabe, zu deren Erfüllung er ausgesandt worden war.

Als er sich so entschloss, an die Küste zurückzukehren, war Park dem Niger über eine Entfernung von über achtzig Meilen von Sego aus gefolgt und hatte festgestellt, dass dieser immer noch seinen östlichen Kurs beibehielt. Darüber hinaus erfuhr er von verschiedenen Händlern, dass der See noch vier Tage lang in derselben Richtung weiterfuhr, bis er sich zu einem See von beträchtlicher Größe mit dem Namen Dibbie oder „Der dunkle See“ ausdehnte.

Von Dibbie (Debo) aus teilte sich der Niger angeblich in zwei Arme, die einen großen Landstrich namens Jinbala umschlossen und sich nach einem nordöstlichen Kurs in der Nähe von Kabra, dem „Hafen“ von Timbuktu, wieder vereinigten. Von Jenné bis zum letztgenannten Ort betrug die Entfernung auf dem Landweg zwölf Tage.

Von Kabra aus scheint Park nicht sicher zu sein – zumindest macht er es nicht klar –, welchen Kurs der Niger eingeschlagen hat, obwohl er richtigerweise angibt, dass er in einer Entfernung von elf Tagesreisen südlich von Haussa verläuft (wahrscheinlich das, was heute ist). bekannt als Birni-n-Kebbi, eine große Stadt in Gandu, einem der Haussa-Staaten). Darüber hinaus wurde nichts Näheres bekannt. Es scheint jedoch offensichtlich, dass Park den Lauf des Niger mit dem seines großen östlichen Nebenflusses Benué verwechselte, wie es die meisten Geographen vor ihm getan hatten; und wurde so davon abgehalten, nach seinem natürlichen Ende im Atlantik zu suchen.

KAPITEL XIII.
DIE RÜCKKEHR DURCH BAMBARRA.

Park fasste am 29. Juli 1796 den Entschluss, an die Küste zurückzukehren. Seine Hoffnung, dieses Ziel sicher zu erreichen, schien fast ebenso verzweifelt wie die Aufgabe, weiterzugehen. Vor ihm lag eine Fußreise von 1.100 Meilen in gerader Linie, zu der noch 500 Meilen für Umwege und Windungen der Straße hinzukommen mussten. Er hatte also 1.900 Meilen zu Fuß durch ein barbarisches Land vor sich, wo der Fremde als freie Beute galt und die Gesetze ihm keinen Schutz vor Gewalt boten. Er hatte nicht das nötige Kleingeld, um Nahrung zu kaufen, und hatte nur Lumpen, um sich vor der Gewalt des Wetters und den wahnsinnigen Moskitoangriffen zu schützen. Außerdem musste er sich allen Schrecken des tropischen Winters stellen, Tornados aus Wind, Regen und Donner über ihm, Sümpfe und Schlamm unter seinen Füßen und überflutete Flüsse, die ihm an jeder Ecke den Weg versperrten. Die Strapazen waren so groß, dass sie jeden Mann mit weniger unbezwingbarem Geist und schwächerer Gestalt getötet hätten. Sogar Park wäre wahrscheinlich gestorben, aber er konnte nicht sterben, ohne dass seine Entdeckungen seinen Arbeitgebern und der Öffentlichkeit mitgeteilt wurden. Bis dahin war seine Arbeit nur zur Hälfte erledigt. Mit seinem Tod wäre sie völlig zunichte gemacht – all seine Mühe und sein Leiden umsonst gewesen. Die Küste zu erreichen war daher jetzt genauso wichtig wie früher, den Niger zu sehen.

Nachdem Park seine Entscheidung getroffen hatte, handelte er schnell und entschlossen.

Er kam am 29. Juli in Silla an. Die Nacht genügte, um seinen Kurs zu bestimmen, und am Morgen begann seine Rückreise. Es war tatsächlich seine Aufgabe, keine Zeit zu verschwenden. Noch ein paar Tage und das Land wäre wegen der überschwemmten Flüsse auf dem Landweg unpassierbar. Dies war bereits auf der Südseite des Niger der Fall – eine Tatsache, die Park sehr bedauerte, da er gehofft hatte, auf diesem Weg zurückzukehren.

Als er mit einem Kanu nach Murzan fuhr, konnte er dort ein weiteres für Kea mieten. Hier durfte er in der Hütte eines Sklaven des Häuptlings schlafen, der ihn aus Mitleid mit einem großen Tuch zudeckte, als er sah, dass er krank und ohne Kleidung war.

Als er am nächsten Tag mit dem Bruder des Häuptlings nach Madibu reiste, hatte er Gelegenheit, ein besonderes Beispiel für den Respekt der Einheimischen vor Privateigentum unter bestimmten Umständen zu sehen. Am Ufer des Flusses lag ein großer Stapel Tonkrüge. Sie waren dort vor zwei Jahren gefunden worden, und da niemand jemals Anspruch auf sie erhoben hatte, glaubte man, dass sie zu einer übernatürlichen Macht gehörten.

Vorbeikommende Menschen warfen ausnahmslos eine Handvoll Gras auf sie, was Park zufolge dazu dienen sollte, sie vor dem Regen zu schützen, wahrscheinlicher war es jedoch als versöhnendes Geschenk an den Geist gedacht – eine Praxis, die in ganz Zentralafrika üblich ist.

Einige Zeit nachdem sie die Krüge passiert hatten, entdeckten sie die frischen Fußspuren eines Löwen. Die Reisenden mussten daher mit äußerster Vorsicht vorgehen. Als sie sich einem dichten Wald näherten, in dem das gefährliche Tier vermutlich sein Versteck hatte, bestand der Führer darauf, dass Park den Weg weisen sollte. Da er unbewaffnet war, hatte dieser natürlich Einwände und bestand weiter darauf, dass er den Weg nicht kenne. Es folgten heftige Worte, die mit der Desertion des Negers endeten.

Jetzt blieb ihm nichts anderes übrig, als allein weiterzugehen, ob Löwe oder nicht. Mit nicht geringer Beklommenheit lief Park zwischen Wald und Fluss hin und her und erwartete jeden Moment einen Angriff. Glücklicherweise konnte er seinen Weg unbehelligt fortsetzen und erreichte Madibu am späten Nachmittag. Hier gesellte sich der Deserteur zu ihm. Während er ihm sein jüngstes Verhalten vorwarf, begann ein Pferd in einer benachbarten Hütte zu wiehern. Lächelnd fragte der Häuptling Park, ob er wisse, wer mit ihm spreche, und zeigte ihm das Pferd, das sich als das des Reisenden herausstellte und dem es durch die Ruhe sehr gut ging.

Am nächsten Tag kehrte Park nach Nyami zurück und wurde dort von drei Tagen ununterbrochenem Regen praktisch gefangen gehalten, dessen Nachwirkungen er am meisten zu fürchten hatte. Auch seine Befürchtungen wurden nicht widerlegt. Als er Nyami verließ, war das Land überschwemmt, die Felder standen kilometerweit knietief im Wasser und die Wege waren unentdeckbar. Wo das Land nicht wirklich überschwemmt war, war es ein einziger großer Sumpf, in dem Parks Pferd mehr als einmal feststeckte und fast aufgegeben werden musste.

Am nächsten Tag regnete es in Strömen, hielt ihn erneut fest und machte das Reisen fast unmöglich. Mit Mühe stürzte und zappelte er ein paar Meilen durch einen Sumpf, der tief im Wasser stand, und schaffte es schließlich, ein kleines Fulah-Dorf zu erreichen.

Nachdem die Spuren verwischt und das Land überschwemmt waren, war es nun zwingend erforderlich, dass er nicht alleine reisen sollte. Es ließ sich jedoch kein Führer finden, der ihm den Weg zeigte und ihm an schwierigen Stellen behilflich war.

Ein Stück weit begleitete er einen Mauren und seine Frau, die mit Salz nach Sego unterwegs waren. Sie ritten auf Ochsen und erwiesen sich als ebenso hilflos wie er. Einmal fiel einer der Ochsen plötzlich in ein Loch im Morast und riss sowohl Salz als auch Frau ins Wasser.

Bei Sonnenuntergang erreichte er Sibity, wo ihn ein ungastlicher Empfang erwartete. Eine feuchte alte Hütte war alles, was er zum Übernachten finden konnte. Jeden Moment erwartete er, das morsche Lehmdach einstürzen zu sehen – ein häufiges Vorkommnis zu Beginn der Regenzeit. Von allen Seiten hörte er den Lärm ähnlicher Katastrophen und zählte am Morgen die Trümmer von vierzehn Behausungen.

Den ganzen folgenden Tag regnete es weiterhin in Strömen, so dass an Reisen nicht zu denken war.

Am 11. August zwang der Schulleiter Park, weiterzuziehen. Es schien, als sei ihm eine neue Gefahr auf den Weg gekommen. Es hatte sich herausgestellt, dass er ein Spion war und nicht in der Gunst des Königs – ein Bericht, der ausreichte, um jedem Häuptling die Tür vor ihm zu verschließen und jedes gastfreundliche Gefühl im von Natur aus freundlichen Herzen des Negers auszulöschen. Er war nun ein Objekt, das nicht nur mit passiver Gleichgültigkeit behandelt, sondern als mögliche Gefahr für jeden, der mit ihm Geschäfte machen sollte, aktiv gemieden werden musste.

Ohne kleine Vorahnungen betrat er Sansanding erneut. Graf Mamadi, der ihn früher vor den Mauren beschützt hatte, wollte jetzt nichts mehr mit ihm zu tun haben und forderte ihn auf, früh am Morgen abzureisen. Dass der Anführer mit dieser Handlungsweise seine eigene natürliche Freundlichkeit verletzte, zeigte sich hinreichend dadurch, dass er nachts privat nach Park kam und ihn vor der gefährlichen Situation warnte, in der er sich befand. Insbesondere riet er ihm, sich nicht in die Nähe von Sego zu begeben.

Dieser unangenehm veränderte Zustand der Dinge wurde noch deutlicher, als er am nächsten Tag in Kabba ankam. Er wurde außerhalb der Stadt von einer Gruppe Neger getroffen, die das Zaumzeug seines Pferdes packten, ihn trotz seiner Einwände um die Mauern herumführten und ihm Befehle erteilten seinen Weg fortzusetzen, damit ihm nicht noch Schlimmeres widerfahre. Ein paar Meilen weiter erreichte er ein kleines Dorf, fand aber keinen besseren Empfang. Als er versuchte einzutreten, ergriff der Anführer einen Stock und drohte, ihn niederzuschlagen, wenn er noch einen Schritt weiterginge. Es blieb ihm nichts anderes übrig, als in ein anderes Dorf zu gehen, wo glücklicherweise einige Frauen Mitleid mit seinem ärmlichen Aussehen hatten und es schafften, ihm eine Nachtunterkunft zu verschaffen.

Am 13. erreichte er ein kleines Dorf in der Nähe von Sego, wo er vergeblich versuchte, etwas Proviant zu beschaffen. Außerdem hörte er, dass es Befehle gab, ihn festzunehmen, und es war klar, dass es für ihn höchst gefährlich wäre, eine Stunde dort zu bleiben, wo er war. Also marschierte er weiter durch hohes Gras- und Sumpfland bis zum Mittag, als er anhielt, um zu überlegen, welchen Weg er nun einschlagen sollte. Alles schien gleichermaßen schlecht, aber alles in allem beschloss er, westwärts entlang des Niger weiterzufahren und, wenn möglich, festzustellen, wie weit er in dieser Richtung schiffbar war.

Die nächsten drei Tage war seine Reise von keiner größeren Strapaze begleitet als von rohem Getreide, da er ohne große Schwierigkeiten eine Unterkunft für die Nacht gefunden hatte. Am Abend des 15. war es jedoch anders, als ihm bei seiner Ankunft in dem kleinen Dorf Song der Zutritt durch das Tor verweigert wurde. Die zahlreichen Fußspuren, die er auf dem Marsch gesehen hatte, hatten deutlich gemacht, dass das Land von Löwen verseucht war. Die Aussicht, die Nacht im Freien ohne Verteidigungsmöglichkeiten zu verbringen, war daher alles andere als angenehm; aber sie musste ins Auge gefasst werden. Obwohl er selbst hungrig und müde war, konnte er immer noch an sein Pferd denken und machte sich daran, Gras für es zu sammeln. Bei Einbruch der Dunkelheit, da ihm niemand Nahrung oder Unterschlupf angeboten hatte, legte er sich unter einen Baum in der Nähe des Tores, wagte es aber nicht, zu schlafen. Mit bleiernem Schuhwerk vergingen die Minuten. Jedes Geräusch war ein Hinweis auf Gefahr, und in einem Zustand schmerzhafter Wachsamkeit spähte der verstoßene Wanderer in die Schwärze der Nacht, immer in der Erwartung, eine kriechende Gestalt oder das Glitzern zweier wilder Augen zu sehen.

Endlich, kurz vor Mitternacht, hallte plötzlich ein hohles Brüllen durch den Wald, das offenbar aus nicht großer Entfernung kam. In der Dunkelheit konnte er nichts sehen, so sehr er sich auch anstrengte. So wehrlos dazusitzen und auf sein Schicksal zu warten, ohne zu wissen, wann oder woher es kommen würde, war unerträglich, und schließlich wurde er durch den Schrecken seiner Lage in Panik getrieben, stürmte zum Tor und zerrte wie wild daran mit der ganzen Energie eines Menschen der um sein liebes Leben kämpft. Seine größten Anstrengungen konnten es vergeblich ebenso wenig bewegen wie seine dringenden Appelle, die Herzen der Eingeborenen zu berühren.

Inzwischen schlich der Löwe ungesehen um das Dorf herum, verkleinerte seinen Kreis immer mehr und näherte sich seiner Beute. Schließlich warnte ein Rascheln im Gras Park vor seinem Aufenthaltsort und seiner gefährlichen Nähe. Noch einen Augenblick und er würde in seinen tödlichen Klauen sein. Seine einzige Chance bestand jetzt darin, einen benachbarten Baum zu erreichen. Mit einem Ruck erreichte er ihn und kletterte hinauf. Dann fühlte er sich zwischen den schützenden Zweigen relativ sicher und bereitete sich darauf vor, die Nacht dort zu verbringen. Wenig später jedoch öffnete der Häuptling das Tor und lud den Fremden ein, innerhalb der Mauern zu kommen, da er nun davon überzeugt war, dass er kein Mohr war, von denen keiner jemals Zeit außerhalb eines Dorfes verbrachte, ohne es und alles, was darin war, zu verfluchen.

Von Song aus begann das Land zu Hügeln anzusteigen, und vor uns waren die Gipfel hoher Berge zu sehen. Aber auch hier blieb das Reisen eine Angelegenheit von Mühe und Gefahr, denn alle Senken, durch die die Straße verlief, verwandelten sich in hässliche Sümpfe. Irgendwann stürzten Park und sein Pferd kopfüber in eine unsichtbare Grube und wären fast ertrunken, bevor sie, mit Schlamm bedeckt, wieder herauskamen. Einer der schlimmsten Aspekte solcher Vorfälle war die Gefahr, dass er seine Notizen verlor oder sie unbrauchbar machte – ein Unglück, das die Ergebnisse seiner Arbeit bei weitem zunichte gemacht hätte.

Nach dem oben genannten Missgeschick fuhr Park durch Yamina, eine halb zerstörte Stadt, die so groß ist wie Sansanding. Viele Mauren saßen herum, und alle sahen erstaunt zu, wie er vorbeiging.

Am nächsten Tag verließ die Straße die Nigerebene und führte an einem Hügel entlang. Von dieser höheren Erhebung aus hatte das ganze Land den Anblick eines ausgedehnten Sees.

Seine nächste Reise führte ihn zum Frina, einem tiefen und reißenden Nebenfluss des Niger. Er wollte gerade hinüberschwimmen, als ihn ein Eingeborener aufhielt, der ihn warnte, dass sowohl er als auch sein Pferd von Krokodilen gefressen würden. Als er hastig aus dem Wasser stieg, legte der Mann, der noch nie zuvor einen Europäer gesehen hatte und nun einen ohne Kleidung sah, seine Hand vor den Mund, wie es bei den meisten Negern üblich ist, um Erstaunen auszudrücken, und stieß einen unterdrückten, ehrfurchtsvollen Ausruf aus. Er rannte jedoch nicht weg, und mit seiner Hilfe wurde die richtige Fähre gefunden, und Park landete sicher am gegenüberliegenden Ufer.

Am Abend kam der Reisende in Taffara an, wo er einen höchst unwirtlichen Empfang empfing. Dies war zum Teil darauf zurückzuführen, dass ein neuer Oberhaupt gewählt wurde. Niemand wollte ihn aufnehmen, und er war gezwungen, ohne Abendessen unter dem Palaverbaum zu sitzen und der ganzen rohen Gewalt eines Tornados ausgesetzt zu sein. Um Mitternacht teilte der Neger, der Park den Weg gezeigt hatte – er war selbst ein Fremder im Dorf – sein Abendessen mit ihm.

Auf dem folgenden Marsch war Park froh, seinen Hunger mit Maisschalen zu stillen. In einem weiter entfernten Dorf fand er den Oberhaupt des Ortes in schlechter Laune wegen des Todes eines Sklavenjungen, dessen Beerdigung er überwachte. Der Prozess war ausreichend summarisch. Nachdem man ein Loch in das Feld gegraben hatte, wurde der Leichnam des Jungen an einem Bein und einem Arm herausgezogen und voller Gleichgültigkeit ins Grab geworfen. Da es keine Möglichkeit zu geben schien, Essen zu beschaffen, ritt Park weiter zu einem Ort namens Kulikorro, wo er freundlicher empfangen wurde. Hier fand er heraus, dass er seine Bedürfnisse befriedigen konnte, indem er Saphias oder Zaubersprüche für die einfachen Eingeborenen schrieb. Der Zauber wurde auf eine Tafel geschrieben, die Tinte wurde dann abgewaschen und geschluckt, um die volle Wirksamkeit der Schrift zu gewährleisten. Die Praxis stammt von den unwissenderen Arabern, die glauben, dass sie durch das Trinken der Tinte, die zum Schreiben des Namens Allahs oder der Gebete aus dem Koran verwendet wird, einen spirituellen oder materiellen Nutzen erlangen.

Dank der Nachfrage nach Reizen dieser Art konnte Park zum ersten Mal seit vielen Tagen eine gute Mahlzeit und Nachtruhe genießen.

Am zweiten Tag von Kulikorro aus wurde er auf die falsche Straße geführt, wodurch er am späten Nachmittag zu einem tiefen Bach gebracht wurde, in dem er trotz der Gefahr, von Krokodilen gefangen zu werden, nur schwimmen konnte. Dies tat er, während er das Zaumzeug seines Pferdes zwischen den Zähnen hielt und seine kostbaren Notizen in der Krone seines Hutes trug. Ein Hindernis dieser Art war für Park jedoch nur eine Nebensache, da er zwischen Regen und Tau nur noch selten trocken blieb und der Schlamm, mit dem er nur allzu oft bespritzt wurde, ein Schwimmen sowohl angenehm als auch notwendig machte.

Auf dem Marsch dieses Tages wurde beobachtet, dass der Niger mit großer Geschwindigkeit und Lärm zwischen felsigen Ufern hindurchfloss, so dass ein europäisches Boot einige Schwierigkeiten gehabt hätte, den Strom zu überqueren.

Bammaku wurde am Abend des 23. August erreicht und erwies sich hinsichtlich der Größe als eine Enttäuschung, obwohl es seinen Bewohnern bemerkenswert gut ging, da es sich um einen Rastplatz für die arabischen Salzhändler handelte. Die Mauren waren hier ungewöhnlich höflich gegenüber dem Reisenden und schickten ihm etwas Reis und Milch.

Die Informationen, die Park in Bammaku über seine weitere Route erhielt, waren alles andere als ermutigend. Die Straße wurde für unpassierbar erklärt. Darüber hinaus kreuzte der Weg den Joliba an einem Punkt, der eine halbe Tagesreise westlich von Bammaku lag, wo es keine Kanus gab, die groß genug waren, um sein Pferd zu tragen. Da er kein Geld hatte, um ihn zu unterstützen, war es sinnlos, daran zu denken, einige Monate in Bammaku zu bleiben. Deshalb entschloss er sich, weiterzugehen und, wenn sein Pferd nicht über den Fluss gebracht werden konnte, es zurückzulassen und allein hinüberzuschwimmen.

BAMMAKU.

Am Morgen jedoch erfuhr er von seinem Vermieter von einer anderen, nördlicheren Straße über einen Ort namens Sibidulu, auf der er seine Reise durch Manding fortsetzen konnte. Ein Wandermusiker, der in dieselbe Richtung unterwegs war, erklärte sich bereit, als Führer zu fungieren.

Zuerst wurde Park durch eine felsige Schlucht geführt, aber er hatte noch nicht viele Meilen zurückgelegt, als sein Begleiter feststellte, dass er den falschen Weg eingeschlagen hatte, denn der richtige war auf der anderen Seite des Hügels. Da er es nicht für seine Pflicht hielt, seinen Fehler so weit wie möglich wiedergutzumachen, warf der Führer seine Trommel über die Schulter und setzte seinen Weg über die Felsen fort, wohin Park ihm nicht zu Pferd folgen konnte, sondern in die Ebene zurückkehren und seinen Weg selbst finden musste.

Glücklicherweise gelang es ihm, eine Pferderennbahn zu erreichen, die sich als die richtige Straße erwies; und bald hatte er den Gipfel des Hügels erreicht, wo sich vor ihm eine weite Landschaft ausbreitete. Die Ebene zu seinen Füßen war zur Hälfte vom Wasser des Niger überflutet, das sich an einer Stelle wie ein See ausbreitete, an einer anderen zu einem geschwungenen Fluss zusammenlief, während weit im Südosten, im dunstigen Glanz der Ferne, die Gipfel von ... zu sehen waren die Kong-Berge waren undeutlich zu erkennen.

Gegen Sonnenuntergang führte die Straße in ein reizvolles Tal hinab zu einem romantisch gelegenen Dorf namens Kuma. Hier wurde Park ausnahmsweise einmal freundlich empfangen. Für ihn selbst standen reichlich Mais und Milch und für sein Pferd reichlich Gras bereit. Sogar in der für ihn reservierten Hütte wurde ein Feuer angezündet, während sich draußen die Eingeborenen in naiver Verwunderung um ihn drängten und ihm tausend Fragen stellten.

Gerne wäre Park in diesem Dorf geblieben, um sich auszuruhen und zu rekrutieren, doch ein sehnsüchtiger Wunsch erfüllte ihn, weiterzumachen, damit sich der Verlust eines Tages nicht als fatal für sein weiteres Vorankommen erweisen würde. Zwei Hirten, die in die gleiche Richtung wie er gingen, erklärten sich bereit, ihn zu begleiten. In mancher Hinsicht erwies sich die Straße als schwieriger und gefährlicher als alles, was er zuvor passiert hatte. An manchen Stellen war der Anstieg so steil und die Gefälle so groß, dass ein einziger falscher Schritt dazu geführt hätte, dass sein Pferd am Fuße der Abgründe zerschmettert worden wäre.

Als die Hirten feststellten, dass sie schneller reisen konnten als ihr weißer Begleiter, zogen sie nach einiger Zeit alleine weiter. Kurz darauf teilten Park verzweifelte Rufe und Schreie mit, dass vor ihm etwas schief gelaufen war. Er ritt langsam auf die Stelle zu, von der der Alarm ausgegangen zu sein schien, und als er niemanden sah, begann er laut zu rufen, erhielt aber keine Antwort. Nach und nach entdeckte er jedoch einen der Hirten, der im hohen Gras an der Straße lag. Zunächst kam er zu dem Schluss, dass der Mann tot sei, aber als er näher kam, stellte er fest, dass er noch am Leben war, und ihm wurde flüsternd mitgeteilt, dass der andere von einer Gruppe bewaffneter Männer ergriffen worden sei.

Als Park sich umsah, stellte er beunruhigt fest, dass er selbst in unmittelbarer Gefahr schwebte. Eine Gruppe von sechs oder sieben mit Musketen bewaffneten Männern beobachtete ihn. Da es unmöglich war, ihnen zu entkommen, hielt er es für den besten Weg, auf sie zuzureiten. Als er näher kam, wirkte er unbekümmert, tat so, als würde er sie für Elefantenjäger halten, und fragte, ob sie etwas geschossen hätten. Als Antwort befahl ihm einer aus der Gruppe abzusteigen; dann, als hätte er es sich anders überlegt, bedeutete er ihm, weiterzumachen. Nichtsdestotrotz ritt Park vorwärts, froh, von der Angst vor weiterer Misshandlung befreit zu sein.

Seine Erleichterung war jedoch nur von kurzer Dauer. Ein lautes Hallo brachte ihn plötzlich zum Stehen. Als er sich umsah, sah er die Räuber – denn solche waren sie – auf ihn zurennen. Park blieb stehen und wartete auf ihr Kommen. Dann wurde ihm gesagt, dass sie vom König von Fulahdu geschickt worden seien, um ihn und alles, was ihm gehörte, in seine Hauptstadt zu bringen. Um Misshandlungen zu vermeiden, stimmte Park ohne zu zögern zu, ihnen zu folgen, und schweigend reiste die Gruppe eine Zeit lang quer durch das Land. Endlich war ein dunkler Wald erreicht. „Dieser Ort reicht aus", sagte einer aus der Gruppe, und fast gleichzeitig wurde der unglückliche Reisende angegriffen und ihm der Hut vom Kopf gerissen. Seinen Hut zu verlieren war wie sein Leben zu verlieren, denn er enthielt alles, was ihm das Leben vorerst lieb und teuer machte. Er ließ jedoch keine Anzeichen von Ärger erkennen, sondern erklärte lediglich, dass er nicht weitergehen würde, solange sein Hut nicht zurückgegeben würde.

Als Antwort zog einer der Bandenmitglieder ein Messer und schnitt den letzten Metallknopf aus Parks Weste. Die anderen begannen dann, seine Taschen zu durchsuchen, was er ihnen ohne Widerstand gestattete. Da sie wenig fanden, um ihre Gier zu befriedigen, zogen sie ihn nackt aus. Sogar seine Stiefel, obwohl so heruntergekommen, dass sie einen Teil seines Zügels brauchten, um die Sohlen festzuhalten, wurden genauestens untersucht. Doch selbst in diesem tiefsten Abgrund der Schande galt sein Hauptgedanke seiner Arbeit. Den Verlust des letzten Fetzens Kleidung konnte er verkraften, aber seiner Notizen und seines Kompasses beraubt zu sein, war unerträglich. Als er letzteren auf dem Boden liegen sah, flehte er darum, sie ihm zurückzugeben. In seiner Wut nahm einer der Räuber seine Muskete und spannte sie, wobei er erklärte, er würde ihn auf der Stelle erschießen.

Die Menschlichkeit war jedoch in den Herzen dieser Schurken nicht ganz unterdrückt, denn nach kurzem Überlegen gaben sie ihm ein Hemd und eine Hose zurück. Als sie gerade gehen wollten, warf derjenige, der seinen Hut genommen hatte, ihn ihm spöttisch zurück. Niemals mit mehr Eifer und Freude nahm eine verzweifelte Mutter ein lange verlorenes Kind an ihre Brust, als Park den zerschlissenen Rest eines Hutes an sich nahm, der seinen kostbaren Schatz an Notizen enthielt. Bei ihnen gab es immer noch etwas, wofür es sich zu kämpfen lohnte, so hoffnungslos sein Fall auch erscheinen mochte.

Niemals wurde der Mensch stärker auf die Probe gestellt. Bei jedem Schritt war er auf neue Katastrophen, neue Hindernisse, Nöte und Gefahren gestoßen. Mensch und Natur verschworen sich gleichermaßen gegen ihn. Und nun musste er zu seiner früheren Not noch Halbnacktheit und den Verlust seines Pferdes hinzufügen. Wie konnte er angesichts der Hunderte von Kilometern, die noch vor ihm lagen, hoffen, den Spießrutenlauf der neuen Schwierigkeiten und Gefahren zu meistern, denen er sich zweifellos stellen musste? Doch noch während er sich die Gefahren vor Augen führte, die von wilden Tieren und böswilligen Menschen, von Sumpf und Überschwemmung, von Wind und Regen ausgingen, begann er sich zu trösten, als er sich an seine zahlreichen Fluchtversuche in der Vergangenheit erinnerte, die für ihn wie eine Bedrohung waren ein eindeutiger Beweis für die schützende Vorsehung, die ihn in seiner Stunde der Not noch nie im Stich gelassen hatte.

Als seine Gedanken eine hoffnungsvollere Wendung nahmen und sein zuversichtliches Temperament und sein tief verwurzelter Glaube an einen Gott, der alle Dinge außer Kraft setzte, ihren Einfluss wieder geltend machten, fiel Parks Blick auf ein Moosbüschel. Unwiderstehlich wurde sein Geist von den Schrecken seiner Position abgelenkt und hin zur Schönheit der bescheidenen Pflanze vor ihm. Als er mit Bewunderung seine zarte Gestalt betrachtete, kam ihm der Gedanke: „Kann das Wesen, das in diesem dunklen Teil der Welt etwas gepflanzt, bewässert und zur Vollendung gebracht hat, was von so unbedeutender Bedeutung zu sein scheint, die Situation unbekümmert betrachten? und Leiden von Geschöpfen, die nach Seinem eigenen Bild geschaffen wurden? Sicher nicht!"

Im nächsten Moment kam der alte Geist wieder zu ihm zurück. Er wollte noch nicht nachgeben. Solange noch Leben in ihm war, wollte er kämpfen, und solange er kämpfen konnte, gab es Hoffnung. Er sprang auf und kämpfte sich weiter vor, in der Gewissheit, dass Rettung in Sicht war. Und er wurde nicht enttäuscht. In der Nähe eines kleinen Dorfes fand er die beiden Hirten, in deren Gesellschaft er wieder weiterging, bis sie bei Sonnenuntergang Sibidulu erreichten, sein vorläufiges Ziel.

KAPITEL XIV.
RUHE IN KAMALIA.

Park hatte nun das Land Manding betreten. Sibidulu hatte aufgrund seiner Lage in einem kleinen Tal, umgeben von hohen, felsigen Hügeln, die für Reiter unpassierbar waren, das einzigartige Glück gehabt, während der zahlreichen Kriege, die von Zeit zu Zeit um die Stadt tobten, nicht geplündert zu werden. Dieser glücklichen Immunität kann man möglicherweise den Empfang zuschreiben, der Park in seiner Stunde der Not zuteil wurde. Als er die Stadt betrat, versammelten sich die Leute um ihn und begleiteten ihn in einer mitleidigen Menge zum Dorfvorsteher, um seine Geschichte zu hören.

Während er die Umstände seiner Misshandlung schilderte, hörte der einheimische Beamte mit gebührender Würde zu und rauchte dabei seine Pfeife. Als er die Erzählung beendet hatte, zog dieser mit empörter Miene den Ärmel seines Mantels hoch, legte seine Pfeife beiseite und forderte den weißen Mann auf, sich zu setzen. „Sie bekommen alles zurück. Das habe ich geschworen!"

Er wandte sich an einen Diener und befahl ihm, dem Fremden einen Schluck Wasser zu bringen und dann im Morgengrauen über die Hügel zu gehen, um dem Häuptling von Bammaku mitzuteilen, dass der Fremde des Königs von Bambarra vom Volk des Königs von Fulahdu ausgeraubt worden war .

Der Oberhaupt beschränkte sich nicht auf Worte oder Wasser. Park wurde eine Hütte und Essen zum Essen gegeben, obwohl auf die Menschenmenge, die sich versammelte, um das Unglück des weißen Mannes zu bedauern, getrost hätte verzichten können.

Die Großzügigkeit seines Empfangs war umso bewundernswerter, da die Menschen zu dieser Zeit unter einer Hungersnot litten. Unter diesen Umständen bat Park, nachdem er zwei Tage vergeblich auf die Rückgabe seines Pferdes und seiner Kleidung gewartet hatte, aus Angst, seinem freundlichen Gastgeber zur Last zu fallen, um Erlaubnis, ins nächste Dorf weiterreisen zu dürfen. Der Dorfälteste zeigte keine Besorgnis, die Abreise seines Gastes zu beschleunigen, sagte ihm jedoch schließlich, er solle nach Wonda gehen und dort bleiben, bis er Neuigkeiten über seine verschwundenen Besitztümer erhielte.

Dementsprechend begab er sich am 30. zum angegebenen Ort, einer kleinen Stadt mit einer Moschee, wo er vom Mansa oder Häuptling ebenso gastfreundlich empfangen wurde wie in Sibidulu.

Die Fieberanfälle, die Park schließlich gezwungen hatten, in Silla umzukehren, kamen nun mit größerer Heftigkeit und Häufigkeit zurück, und es war auch nicht verwunderlich, dass das so war. Sein einsames Hemd, das bis auf die Dünnheit eines Musselins abgenutzt war, bot ihm weder tagsüber Schutz vor der Sonne noch nachts vor Tau und Mücken. Da es zudem unangenehm schmutzig geworden war, machte er sich in Wonda daran, es zu waschen, und musste nackt im Schatten sitzen, bis es getrocknet war. Das Ergebnis war ein heftiger Fieberanfall, der ihn neun Tage lang schwächte.

Die ganze Zeit über musste er sein Bestes tun, um seine Krankheit zu verbergen, damit sein Gastgeber ihn nicht als zu lästig empfinden und ihm befehlen könnte, weiterzugehen. Zu diesem Zweck versuchte er, sich wie kranke oder verletzte Tiere zu verstecken und sich außer Sichtweite zu verstecken. Normalerweise verbrachte er den ganzen Tag im Kornfeld und verschlimmerte so zweifellos seine Krankheit.

Zu dieser Zeit war die Nahrungsmittelknappheit so groß, dass Frauen ihre Kinder zum Häuptling brachten, um sie für vierzig Tage Proviant für sich und den Rest ihrer Familien zu verkaufen.

Endlich trafen Boten aus Sibidulu ein und brachten Parks Pferd und Kleidung. Zu seiner großen Bestürzung und Enttäuschung war der Kompass – neben seinen Notizen sein wertvollster Besitz – kaputt und nutzlos. Der Verlust war irreparabel.

Das Pferd erwies sich als bloßes Skelett und wurde seinem freundlichen Vermieter als Geschenk übergeben.

Obwohl der Reisende immer noch unter Fieber litt und kaum in der Lage war, weiterzuwanken, setzte er nun seinen müden Weg fort.

An den beiden folgenden Tagen verstärkte der Hunger seine Schwäche. Am dritten Tag gab ihm ein Negerhändler etwas zu essen und führte ihn anschließend zu seinem Haus in Kinyeto. Hier musste er, als hätte er die Bandbreite menschlichen Leidens noch nicht ausreichend durchgespielt, unbedingt die Qualen eines verstauchten Knöchels ertragen, der anschwoll und sich entzündete, so dass er seinen Fuß nicht mehr auf den Boden setzen konnte. Der freundliche Händler hieß ihn jedoch willkommen, bis zur völligen Genesung zu bleiben, doch Park ließ seine Gastfreundschaft nicht länger als unbedingt nötig auf sich warten.

Nach drei Tagen war er so gesund, dass er mit Hilfe eines Stabes hinken konnte, und auf diese Weise gelang es ihm, nach Jerijang zu humpeln, dessen Anführer – da es in Manding keinen König gab – als der mächtigste im Land galt.

Dosita war das nächste Dorf, das er erreichte, und hier zwangen ihn Regen draußen und Delirium drinnen, einen Tag zu bleiben. Nachdem er sich etwas erholt hatte, machte er sich auf den Weg nach Mansia. Die Straße führte über einen hohen felsigen Hügel und war beinahe zu viel für den erschöpften Wanderer, der sich hin und wieder hinlegen musste, um sich zu erholen. Obwohl es nur wenige Meilen entfernt war, erreichte er erst am späten Nachmittag die Stadt. Hier bekam er ein wenig Mais zu essen und eine Hütte zum Schlafen. Offenbar hielt der Häuptling Park jedoch für reicher, als er aussah, und unternahm während der Nacht zwei Versuche, die Hütte zu betreten, die ihm jedes Mal durch die Wachsamkeit des Reisenden misslangen. Am Morgen hielt dieser es für besser, sich von einem solchen Gastgeber auf französische Weise zu verabschieden, und machte sich daher bei Tagesanbruch auf den Weg nach Kamalia, einer kleinen Stadt am Fuße einiger felsiger Hügel. Diesen Ort erreichte er im Laufe des Nachmittags.

In Kamalia begrüßte ein gewisser Karfa Taura, der Bruder des gastfreundlichen Negerhändlers von Kinyeto, den abgedroschenen weißen Mann gleichermaßen. Zu diesem Zeitpunkt war die Haut des Letzteren aufgrund seiner wiederholten Fiebererkrankungen so gelb und sein Aussehen so arm, dass der Händler erst von seiner Nationalität überzeugt war, als er ihm ein Buch eines weißen Mannes zeigte, das er besaß, und feststellte, dass der Reisende lesen konnte Es. Es handelte sich um ein Buch des gemeinsamen Gebets, das Park mit nicht geringer Überraschung und Freude in Besitz nahm.

Nicht allzu bald fand er einen Weg des seelischen Trostes, denn hier erfuhr er, dass das Land vor ihm – die Jallonka-Wildnis mit ihren acht reißenden Flüssen – für viele Monate absolut unpassierbar war. Selbst wenn Karawanen es schwierig und gefährlich fanden, was würde es dann für einen wehrlosen und mittellosen Einzelgänger bedeuten? Mit dem Wissen, dass ein weiteres Vordringen im Augenblick hoffnungslos war, kam die Erkenntnis, dass zur völligen Erschöpfung der äußeren Ressourcen nun der völlige Verlust aller inneren Kraft und Stärke hinzukam. Ausgesetztheit, Hunger, Mühsal und Fieber hatten schließlich über Parks eiserne Konstitution gesiegt und ihn niedergestreckt. Er mochte noch immer den Willen haben, nicht zu sterben, noch immer hoffen, dass er die Küste noch erreichen würde, noch immer seinen entschlossenen und optimistischen Geist bewahren; aber was konnte er in der Zwischenzeit tun, wenn seine körperlichen Kräfte ihn so im Stich gelassen hatten?

Aber selbst in diesem Moment, als er von Verzweiflung und Tod überschattet wurde und sich am äußersten Limit aller seiner irdischen Ressourcen befand, sollte er erneut beweisen, dass eine „schützende Vorsehung" über ihn wachte. In seiner größten Not war ihm in der Person von Karfa Taura ein freundlicher Gastgeber zur Verfügung gestellt worden, der ihn vor dem Tod durch Fieber und Hunger bewahren und ihn nicht nur beherbergen und ernähren konnte, sondern ihn auch zu gegebener Zeit nach

Gambia bringen konnte, wo er sich befand mit einer Sklavenkarawane unterwegs.

„So wurde ich durch die freundliche Fürsorge dieses gütigen Negers aus einer wirklich beklagenswerten Situation befreit. Not und Hungersnot lasteten schwer auf mir. Vor mir lag die düstere Wildnis von Jallonkadu, wo der Reisende fünf aufeinanderfolgende Tage lang keine Behausung sieht. Ich hatte fast den Ort markiert, an dem ich, wie ich dachte, zum Untergang verurteilt war, als dieser freundliche Neger zu meiner Erleichterung seine gastfreundliche Hand ausstreckte.“

Doch weder Nahrung noch eine angemessene Unterkunft konnten das Fieber aufhalten. Mit jedem Tag wurde Park schwächer, jede Nacht wahnsinniger, bis er schließlich nicht einmal mehr aus der Hütte kriechen konnte. Sechs ermüdende Wochen verbrachte er zwischen Leben und Tod – nur gestärkt durch seinen starken Glauben und seine große Hoffnung, die Küste zu erreichen, bevor er starb. Kein Wunder, dass er die letzten Stunden manchmal „sehr düster und einsam“ verbrachte, während der Regen unerbittlich auf die Hütte niederprasselte, in der er in der feuchten, stickigen Atmosphäre und im Halbdunkel lag.

Mit der Zeit wurden die Regenfälle schließlich seltener und der Boden trockener. Mit den besseren Bedingungen verbesserte sich auch die Gesundheit und die Hoffnung auf Leben. Manchmal gelang es dem Genesenden, zu seiner Tür zu kriechen, um die frischere und gesündere Luft zu schnuppern, im hellen Licht zu baden und den blauen Himmel zu betrachten. Es war, als sei er aus einem offenen Grab gestiegen.

Bald konnte er mit seiner Matte von der Tür seiner Hütte in den angenehmen Schatten eines Tamarindenbaums stolpern und dort den erfrischenden Duft des wachsenden Korns und die abwechslungsreiche Aussicht auf Hügel und Tal, Feld und Hain um ihn herum genießen. Zu anderen Zeiten erheiterten ihn naive Gespräche mit den einfachen Eingeborenen und halbe Stunden mit seinem Gebetbuch den vergehenden Tag.

Während all dieser Zeit war Karfa Taura stets der großzügige Gastgeber und treue Freund, obwohl es viele gab, die vergeblich versuchten, ihn gegen seinen unbekannten Gast aufzubringen.

Gelegentlich wurden Sklavengruppen durch Kamalia transportiert. Einmal bat einer der unglücklichen Gefangenen Park um Essen. Dieser stellte sich als Fremder und mittellos dar. „Ich gab dir Essen, als du hungrig warst“, war die Antwort. „Hast du den Mann vergessen, der dir in Karankalla Milch brachte? Aber“, fügte er mit einem Seufzer hinzu, „die Eisen waren damals noch nicht an meinen Beinen.“ Tief berührt erinnerte sich Park an den Vorfall und bat sofort bei Karfa um einige Erdnüsse für ihn.

Nachdem seine körperliche und geistige Gesundheit zurückgekehrt war, beschäftigte sich Park, während er müde auf die Fertigstellung der Sklavenkarawane wartete, mit verschiedenen Nachforschungen zu Handelsartikeln, Handelsrouten usw. Unter anderem interessierte ihn der Sklavenhandel sehr. Er lernte die verschiedenen Wege kennen, auf denen Sklaven beschafft wurden – wie die Eingeborenen sie aus benachbarten Dörfern und Kleinstaaten entführten oder miteinander Krieg führten, um den Handel aufrechtzuerhalten – wie Eltern in Zeiten der Hungersnot durch den Verkauf ihrer Kinder eine Quelle vorübergehender Erleichterung fanden und Könige eine Einnahmequelle, indem sie ihre Untertanen oder verurteilte Personen verkauften, während Menschen, die ihren Verpflichtungen nicht auf normale Weise nachkommen konnten, ihre Schulden bezahlten, indem sie Sklaven der Gläubiger wurden. Von dem Blutvergießen und dem Ruin, die aus dem unheiligen Handel resultierten, hatte er selbst viel gesehen und hörte nun noch mehr, während er blind blieb für den Anteil Europas an der Förderung dieser „großen offenen Wunde" Afrikas, damit seine Kaufleute und Plantagenbesitzer dadurch bereichert würden. Was die unglücklichen Opfer des europäischen Handels anging, so war in ihnen der tief verwurzelte Glaube verwurzelt, dass sie von weißen Kannibalen verschlungen würden und dass das Land jenseits des Meeres ein verzaubertes Land war, das sich von ihrem eigenen unterschied. Ihre übliche Frage an Park war: „Haben Sie wirklich einen solchen Boden, auf den Sie Ihre Füße stellen können?"

Diese Vorstellungen führten natürlich dazu, dass die Sklaven ihrem Schicksal an der Küste mit Schrecken und Entsetzen entgegenblickten und jede Möglichkeit zur Flucht suchten.

Jeden Tag konnte Park zusehen, wie seine zukünftigen Gefährten nach Gambia ausmarschierten. Sie wurden vor der Flucht geschützt, indem das rechte Bein des einen mit Fesseln an das linke Bein des anderen gefesselt wurde. Als zusätzliche Vorsichtsmaßnahme wurde jeweils ein vierköpfiger Mann mit einem starken Seil am Hals zusammengebunden. Einige, die sich dieser Form der Disziplin nicht unterwarfen, bekamen einen an beiden Enden eingekerbten Holzzylinder, der mit Eisenbolzen zwischen den Beinen befestigt wurde. Nachts wurden die Hände zusätzlich gefesselt und gelegentlich wurden die Gefangenen noch zusätzlich gefesselt, indem man ihnen eine leichte Eisenkette um den Hals legte. So mit Eisen an Hals, Händen und Füßen beladen, wurden sie in Gruppen untergebracht und so gut es ging schlafen gelassen, bewacht von Karfa Tauras Haussklaven.

Es gab einen erfreulichen Anblick, dessen Park nie müde wurde – der mohammedanische Schulmeister von Kamalia und seine Schule mit siebzehn Jungen und Mädchen. Für ihn „war es nicht so sehr ein Grund zum Staunen als vielmehr ein Grund zum Bedauern, zu beobachten, dass, während der Aberglaube Mohammeds auf diese Weise ein paar schwache Träume von

Bildung unter diesen armen Leuten zerstreut hat, das kostbare Licht des Christentums ausgeschlossen bleibt. Ich konnte nur bedauern", fährt er fort, „dass, obwohl die Küste Afrikas nun seit mehr als zweihundert Jahren bekannt und besucht ist, den Negern die Lehren unserer heiligen Religion immer noch völlig fremd sind … Vielleicht könnte eine kurze und einfache Einführung in das Christentum, wie sie in einigen der Katechismen für Kinder zu finden ist, die elegant auf Arabisch gedruckt und an verschiedenen Teilen der Küste verteilt sind, eine wunderbare Wirkung haben … Diese Überlegungen zu diesem wichtigen Thema habe ich meinen Lesern daher vorzulegen gewagt, nachdem ich erkannt habe, wie das Lernen (so wie es ist) in vielen Teilen Afrikas gefördert wurde. Ich habe beobachtet, dass die Schüler von Kamalia die meisten von ihnen Kinder von Heiden waren; Ihre Eltern konnten daher keine Vorliebe für die Lehren Mohammeds gehabt haben. Ihr Ziel war die Verbesserung ihrer Kinder." Bildung wurde tatsächlich so hoch geschätzt, dass der übliche Bildungsweg mit dem Preis eines erstklassigen Sklaven bewertet wurde.

Zu Beginn des Jahres 1797 war alles zur Abreise bereit, aber unter verschiedenen trivialen Vorwänden wurde der Abschied von Tag zu Tag bis zum Herannahen von Rhamada verschoben, und man beschloss, mit dem Antritt der Reise zu warten, bis er vorüber war .

Während des gesamten Fastenmonats „verhielten sich die Neger mit größter Sanftmut und Demut und bildeten einen auffälligen Kontrast zu der wilden Intoleranz und brutalen Bigotterie, die zu dieser Zeit die Mauren charakterisieren."

Kapitel XV.
DIE SKLAVEN-ROUTE.

In der zweiten Aprilwoche warteten die Mohammedaner von Kamalia auf den erwarteten Neumond, der ihren Fastenmonat beenden würde. Am Abend dieses freudigen Ereignisses schien es eine Zeit lang, als würden sie enttäuscht werden und als müsse ihr Rhamadan um einen weiteren Tag verlängert werden. Wolken verhüllten den Himmel. Allerdings nur vorübergehend. Der verdunkelnde Nebel brach auf, und die zarte Schönheit des Neumondes schimmerte auf die nach oben gewandten Gesichter und erfüllte jedes muslimische Herz mit Freude. Schrille Schreie der Frauen und Rufe der Männer, Händeklatschen, Trommelschläge und Musketenfeuer gaben der allgemeinen Freude Ausdruck.

Karfa erteilte sofort den Befehl, den Marsch vorzubereiten, und nach Rücksprache wurde der 19. April als Abreisetag ausgewählt. Das war eine gute Nachricht für Park, der, krank vor lange aufgeschobener Hoffnung und „ermüdet von einem ständigen Alarm- und Angstzustand, eine schmerzhafte Sehnsucht nach den vielfältigen Segnungen der Zivilisation entwickelt hatte." Alle Schiefer hatten ihr Bestes getan, um Karfa gegen den weißen Fremden aufzuhetzen, und dieser fürchtete ständig, dass ihre bösen Machenschaften obsiegen könnten und dass er hilflos und mittellos in die gefährliche Wildnis Afrikas hinausgeworfen werden würde.

Endlich kam der ersehnte Abreisetag. Die Schiefer versammelten sich mit ihren Sklaven vor der Tür ihres Anführers Karfa. Schließlich wurden die Bündel gefesselt und die Lasten den Männern und Frauen zugewiesen, die sie tragen sollten. Als die Karawane zusammengestellt wurde, zählte sie fünfunddreißig Sklaven und achtunddreißig freie Menschen und Haussklaven, einen Schulmeister mit acht Schülern und sechs singende Männer, die mit Gesang und Possen die Strapazen des Weges erleichterten und gleichzeitig die Arbeit erledigten Die Anwesenheit der Karawane war für die Eingeborenen willkommener und der Empfang durch sie gastfreundlicher.

Unter viel Händeschütteln und verschiedenen Äußerungen von Angst, Bedauern und Kummer wurde das Signal zum Aufbruch gegeben und die Karawane machte sich auf den Weg. Auf einer Anhöhe etwas außerhalb der Stadt wurde ein Halt angeordnet. Alle wurden aufgefordert, sich zu setzen, die abreisende Reisegruppe mit dem Gesicht nach Westen, die Stadtbewohner, die sie bisher begleitet hatten, mit ihren Gesichtern nach Kamalia und Osten. Der Schulmeister und zwei der Hauptschüler stellten sich dazwischen und sprachen ein langes und feierliches Gebet, dass ihre Reise unter dem Schutz Allahs erfolgreich und sicher sein möge. Danach wurde die Karawane dreimal umkreist, damit ein Zauber um die Gruppe gewoben und ihre Sicherheit so weiter gewährleistet werden konnte. Die Zeremonie war beendet, alle sprangen auf und ohne weitere Verabschiedung machten sie sich auf den Weg zum Ozean.

Die Bewegungen vieler Sklaven verrieten zunächst die Fesseln, die sie jahrelang getragen hatten. Ihre Gehversuche waren durch krampfhafte Kontraktionen der Beine gekennzeichnet, und sehr bald mussten zwei von ihnen vom Seil befreit werden, damit sie langsamer gehen konnten, so schmerzhaft waren ihre Versuche, frei und zügig auszusteigen.

AFFENBROTBAUM.

In zwei Märschen wurde Worumbang, das westliche Grenzdorf Manding, ohne Zwischenfälle erreicht. Die Party befand sich nun am Rande der gefürchteten Jallonka-Wildnis. Für die Durchquerung dieser schwierigen

Region mussten Vorräte gesammelt werden, und jeder ruhte sich aus, um sich auf die bevorstehenden Gewaltmärsche und Strapazen vorzubereiten.

Am Morgen des 21. betraten wir die Randgebiete der Wildnis. Als wir den Wald erreichten, wurde ein Halt eingelegt und ein Gebet gesprochen, dass Allah und sein Prophet sie vor Räubern schützen, sie vor Hunger bewahren und sie bei Erschöpfung stärken mögen. Nach dieser Zeremonie war es die Pflicht eines jeden Mannes, mit aller Kraft und Willenskraft weiterzugehen, wenn Kinytakuro, das geplante Ziel des heutigen Marsches, vor Einbruch der Dunkelheit erreicht werden sollte. Jeder, Gefangener und Freier gleichermaßen, kannte die Gefahren, die vor ihm lagen, und rannte, anstatt zu gehen.

Bald verließen wir das Nigerbecken und erreichten den Kokoro, einen Nebenfluss des Senegal. Zu dieser Zeit war er nur ein Rinnsal, aber es gab zahlreiche Hinweise darauf, dass er während der Regenzeit um sechs Meter angestiegen war.

Den ganzen Tag über gab es keinen Halt, außer dem Befehl, weiterzufahren, war nichts zu hören. Nun, in der Tat war es für diejenigen, die die Kraft dazu hatten. Es gab einige, die es nicht konnten. Eine Frau und ein Mädchen begannen zurückzubleiben. Drohungen und Flüche stachelten sie von Zeit zu Zeit zu krampfhaften Anstrengungen an, doch schon bald versagten diese in ihrer Wirkung und stießen auf unbeachtete Ohren. Als nächstes wurde die Peitsche ins Spiel gebracht und gab eine Zeit lang den nötigen Reiz. Dann scheiterte es auch. Wilde Hände packten die unglücklichen Opfer des europäischen Handels und zerrten sie vorwärts, während andere hinter ihnen mit unverminderter Wildheit die Peitsche bedienten. Endlich waren die Grenzen der Natur erreicht und beide sanken zu Boden, ohne sich von irgendeiner Form teuflischer Grausamkeit rühren zu lassen. Wütend und enttäuscht musste ihr Herr schließlich nachgeben und sich entschließen, vorerst nach Hause zurückzukehren.

Gegen Sonnenuntergang wurde die Stadt Kinytakuro erreicht und die Ängste des ersten Tagesmarsches waren vorbei. Der Einzug in die Stadt erfolgte mit viel Zeremonie und Umstand. Die Musiker gingen voran und lobten die Dorfbewohner, ihre Gastfreundschaft und ihre Freundschaft zu den Mandingos. Ihnen folgten einige der freien Männer; Dann kamen die Sklaven, zu viert mit einem Seil um den Hals gefesselt, mit jeweils einem bewaffneten Mann dazwischen. Hinter den rohen Sklaven kamen die Haussklaven, während die Nachhut von den freien Frauen, den Frauen der Schiefer, den Gelehrten usw. gebildet wurde. Auf diese Weise marschierte die Karawane zum Palaverhaus, wo sich die Leute versammelten, um ihre Geschichte zu hören; Danach wurde für Unterkunft und Verpflegung für die gesamte Gruppe gesorgt.

Bei Tagesanbruch am 23. betraten wir die eigentliche Wildnis. Um zehn Uhr überquerten wir den Fluss Wonda, der in den Senegal fließt, und dann wurden strenge Befehle gegeben, dass strenge Ordnung gewahrt werden sollte und jeder Mann an seinem richtigen Platz reisen sollte.

Die Führer und die jungen Männer führten den Weg an, die Frauen und Sklaven bildeten die Mitte, während die freien Männer die Nachhut bildeten. Das Land, durch das sie unbehelligt, wenn auch mit eiligen Schritten, zogen, war äußerst reizvoll, mit seiner Vielfalt an Hügeln und Tälern, Lichtungen und Wäldern und mäandernden Bächen, denen Rebhühner, Perlhühner und Hirsche ein lebendiges Aussehen verliehen . An diesem Tag bekam Park schmerzhafte Brandblasen an Armen und Hals von der brennenden Sonne, vor der ihn seine knappe Kleidung nicht schützte.

Bei Sonnenuntergang erreichten sie einen romantischen Bach namens Comcissang, und hier machte die Gruppe für die Nacht Halt, völlig erschöpft von den Anstrengungen des Tages, obwohl sich niemand beschwerte. Große Feuer wurden zum Kochen angezündet, aber auch, um das Lager zu beleuchten und wilde Tiere zu vertreiben. Nach dem Abendessen wurden die Sklaven in Ketten gelegt, um ihre Flucht zu verhindern, und dann machten sich alle bereit zum Schlafen; aber zwischen Ameisen im Lager und wilden, heulenden Tieren wurde die Nachtruhe leider unterbrochen.

Bei Tagesanbruch wurden Morgengebete gesprochen, danach tranken die freien Männer ein wenig Haferbrei, danach wurden den Sklaven wieder die Eisen abgenommen und der Marsch fortgesetzt.

Die Route führte nun über ein wildes und felsiges Land, wo Park, der nichts Besseres als Sandalen zum Schutz seiner Füße hatte, traurige Prellungen und Schnittwunden davontrug. Es begann ihn zu befürchten, dass er mit der Karawane nicht mithalten könnte und dass er zurückgelassen werden würde, um zu sterben. Der Anblick anderer, die erschöpfter waren als er selbst, war jedoch in gewisser Weise eine Erleichterung von seiner Besorgnis. Besonders Neali, eine von Karfas Sklavinnen, zeigte Anzeichen des Nachgebens. Sie geriet ins Hintertreffen und klagte über Schmerzen in ihren Beinen, und ihre Last musste ihr abgenommen und einer anderen übergeben werden. Gegen Mittag, als wir an einem Bach Halt machten, überfiel ein riesiger Bienenschwarm, der von einem der Männer gestört worden war, die Karawane und schleuderte sie in alle Richtungen. Als die Panik nachgelassen hatte, stellte sich heraus, dass Neali zurückgelassen worden war. Bevor man sich wieder auf die Suche nach ihr machte, musste man das Gras östlich des Bienenstocks anzünden, um die Bienen mit dem Rauch zu vertreiben. Der Plan ging auf, und als Neali zum Bach zurückkehrte, wurde sie halb tot im Wasser gefunden, wohin sie sich in der Hoffnung, dem Ansturm der Bienen zu entgehen, gekrochen hatte. Die List hatte jedoch keinen Erfolg gehabt und das arme Geschöpf wäre fast zu Tode gestochen worden.

Es war der letzte Tropfen in ihrem Elend. Nichts anderes konnte sie berühren. Bitten und Drohungen waren gleichermaßen nutzlos. Sie weigerte sich hartnäckig, weiterzugehen. Noch einmal wurde die Wirksamkeit der Peitsche erprobt. Die brutale Peitsche kam herab. Das Mädchen wand sich in allen Muskeln, aber sie schrie weder, noch versuchte sie aufzustehen. Wieder schwang die Peitsche um ihren schrumpfenden Körper, aber ohne Wirkung. Erst als sie ein drittes und viertes Mal herabgesunken war, gab ihre Entschlossenheit nach. Dann, von der furchtbaren Folter zu übermenschlicher Anstrengung gestochen, sprang sie auf und taumelte einige Stunden vorwärts, bis sie, wild vor Qual, einen wahnsinnigen Versuch unternahm, wegzulaufen, aber ohnmächtig ins Gras fiel. Das einzige Heilmittel ihres Herrn war die Peitsche, und die setzte er mit neuer Wildheit ein. Vergeblich – Neali war ihrem grausamen Zwang entzogen. Als letztes Mittel wurde der Esel gebracht, der die trockenen Vorräte trug, und der halbtote Sklave auf seinen Rücken gelegt. Aber der einzige Wunsch des Mädchens war zu sterben, ja, selbst jetzt schien sie bereits tot zu sein.

Unfähig, selbst wenn sie bereit gewesen wäre, ihren Sitz zu behalten, und der Esel gleichzeitig energisch Einwände gegen seine neue Ladung erhob, musste auf dieses Transportmittel verzichtet werden. Die Tagesreise war jedoch fast zu Ende, und da Neali eine wertvolle Sklavin war, konnten sich die Schiefer nicht dazu durchringen, sie im Stich zu lassen. Deshalb stellten sie eine grobe Trage aus Bambusstöcken her, auf der sie getragen wurde, bis sie den Zeltplatz für die Nacht erreichte.

Nun wurde klar, dass Neali nicht der einzige Sklave war, für den die Reise zu viel war. Der harte Marsch mit schweren Lasten unter sengender Sonne, ohne Essen und ohne besseres Stimulans als Schläge und Flüche – mit nichts, worauf man sich nachts freuen kann außer zusätzlichen Ketten, und in der Zukunft ein schreckliches Schicksal durch die Hände weißer Männer auf der anderen Seite die Meere – all das begann seine natürliche Wirkung zu entfalten. Mürrische Verzweiflung war in jedem Zug, jeder Geste zu erkennen. Tod und Selbstmord schienen einer solchen Kette von Schrecken vorzuziehen.

Die Schieferbewohner zögerten nicht lange, diese unheilvollen Zeichen zu bemerken. Sofort wurden Fesseln angelegt – den verzweifelteren Sklaven wurden sogar die Hände gefesselt; und so gefesselt ließ man sie ruhen, so gut sie konnten.

Die ganze Nacht über lag Neali träge und fast regungslos da, und am Morgen waren ihre Gliedmaßen so steif und geschwollen, dass sie weder stehen noch gehen konnte. Der Esel wurde erneut in Beschlag genommen, und um ihn auf dem Rücken zu halten, wurden dem Mädchen die Hände um den Hals und die Füße unter seinem Bauch gefesselt. Trotz dieser Vorsichtsmaßnahmen warf der Esel sie jedoch schon nach kurzer Zeit weg, und so gefesselt sie auch war, wurde sie fast zu Tode getrampelt, bevor sie freigelassen werden konnte.

In der Zwischenzeit wurde kostbare Zeit in einer Wildnis vergeudet, in der jede Minute von größter Wichtigkeit war. Das Mädchen wie am Vorabend zu tragen, kam nicht in Frage, und die Geduld aller war erschöpft. „Schneidet ihr die Kehle durch! Schneidet ihr die Kehle durch!", schrien die Sklavenhändler. Seltsamerweise schien Park nichts gegen diesen brutalen Vorschlag einzuwenden – für Neali tatsächlich das gnädigste Ende ihrer Probleme –, obwohl er nicht wollte, dass er in Kraft gesetzt wurde, und weiterging. Ein paar Minuten später kam einer von Karfas Männern auf ihn zu und trug Nealis knappes Baumwollgewand, das für Park beredt das Schicksal des armen Mädchens ausdrückte. Er konnte sich damals nicht dazu durchringen, Nachforschungen anzustellen, aber später erfuhr er, dass Neali nicht das Glück gehabt hatte, dass ihre Folterungen sofort durch das Messer beendet wurden. Sie war verlassen und musste sich einen Tag lang der unbarmherzigen Sonne aussetzen, ohne Essen und Trinken. Dann legte die Dunkelheit einen Schleier über die letzte schreckliche Szene, in der sie durch die Fänge der wilden Tiere der Jallonka-Wildnis den Tod fand.

Das Schicksal der Sklavin hatte eine wunderbar anregende Wirkung auf den Rest der Karawane; der Schulmeister jedoch fastete den ganzen Tag, weil er nicht wusste, wie Allah den Vorfall bewerten würde. In tiefem Schweigen zogen die Sklaven in gleichmäßigem Tempo weiter, jeder in der Befürchtung, dass ihm das Schicksal Nealis ebenfalls widerfahren könnte. Niemand war besorgter als Park selbst. Nur durch die entschlossenste Willensanstrengung konnte er verhindern, dass er auf dem Marsch erlag. Alles, was ihn auch nur im Geringsten behindern konnte – sogar seinen Speer – wurde weggeworfen, aber er konnte sich dennoch gerade so durchkämpfen. „Die armen Sklaven bemitleideten mich inmitten ihres eigenen, unendlich größeren Leidens und brachten oft von sich aus Wasser, um meinen Durst zu stillen, und sammelten nachts Zweige und Blätter, um mir in der Wildnis ein Bett zu bereiten."

Am Morgen des 26. klagten zwei Schüler des Schulmeisters über Schmerzen in den Beinen, und einer der Sklaven hinkte, da seine Fußsohlen voller Blasen und entzündet waren. Aber aus so trivialen Gründen konnte man nicht anhalten, und die Karawane marschierte in rasender Eile weiter, um den Strapazen und Gefahren der Wüste so schnell wie möglich zu entgehen. Gegen Mittag erreichten sie einen felsigen Hügel, dessen Überquerung die Wunden an den Füßen der Reisenden noch verschlimmerte. Am Nachmittag wurden Spuren eines Reitertrupps gesichtet, und um ihre Spur zu verwischen, musste sich die Karawane zerstreuen und ein Stück weit in großem Abstand voneinander weiterziehen.

Ein weiterer mühsamer Tag beendete den Wüstenmarsch. Am 27. wurde das Dorf Susita im Distrikt Kullo betreten. Der Rest der Straße war vergleichsweise sicher. Am nächsten Tag wurde der Bafing oder Black River, der Hauptarm des Senegal, auf einer Bambusbrücke von einzigartiger Konstruktion überquert. Aneinandergereihte Bäume dienten dazu, eine Fahrbahn aus Bambus zu stützen – die Mitte der Brücke schwamm auf dem Wasser, die Enden ruhten auf den Ufern. Durch den Anstieg des Wassers während der Regenfälle wird diese primitive Brücke jedes Jahr weggetragen.

Obwohl die Karawane nun in ein dicht besiedeltes Gebiet gelangt war, waren ihre Probleme noch lange nicht vorbei. In einem Dorf nach dem anderen wurde ihnen der Zutritt verweigert, und zu allem Überfluss kam die Nachricht, dass sich zweihundert Jallonkas versammelt hatten, um sie auszuplündern. Dies machte eine Änderung ihrer Route und einen erzwungenen Nachtmarsch erforderlich. Nach Mitternacht erreichten sie eine Stadt, aber da ein freier Mann und drei Sklaven fehlten, wurde ein Halt eingelegt, und während die Karawane in einem Baumwollfeld versteckt blieb, kehrte ein Suchtrupp zurück, um nach den Ausreißern zu suchen. Am Morgen betraten sie die Stadt, und den Tag verbrachten sie damit, sich von ihren Strapazen auszuruhen. Zur Freude aller tauchten die Abwesenden hier unversehrt auf. Einer der Sklaven hatte sich den Fuß verletzt, und so waren sie zurückgeblieben und hatten die Karawane verloren. Der freie Mann, der die Gefahr eines Aufruhrs voraussah, bestand darauf, die Sklaven in Ketten zu legen. Dem wollten sie widerstehen, aber die Drohung, sie alle zu erstechen, hatte ihre gebührende Wirkung.

Am 3. Mai erreichte die Karawane das Heimatdorf des Schulmeisters, Malacotta, wo sie daraufhin ein herzlicher Empfang erwartete. Drei Tage wurden hier damit verbracht, die Partei zu rekrutieren. Während dieser Zeit erfuhr Park die Einzelheiten einer bemerkenswerten Geschichte über muslimischen Eifer und heidnische Ritterlichkeit und Großzügigkeit, die es durchaus wert ist, noch einmal erzählt zu werden.

„Der König von Futa Torra, voller Eifer für die Verbreitung seiner Religion, hatte eine Botschaft an Damel, den König der Jaloffs, geschickt.

„Der Botschafter wurde von zwei der wichtigsten Mohammedaner des Landes begleitet, die jeweils ein Messer trugen, das an der Spitze einer langen Stange befestigt war. „Mit diesem Messer", sagte der Botschafter, „wird sich Abdul Kader herablassen, Damel den Kopf zu rasieren, wenn Damel die mohammedanische Religion annehmen will; und mit diesem anderen Messer wird Abdul Kader Damel die Kehle durchschneiden, wenn Damel sich weigert, es zu umarmen. Treffen Sie Ihre Wahl.'

Damel antwortete, er habe keine Wahl. Er wollte weder seinen Kopf rasieren noch seine Kehle durchschneiden lassen, und mit dieser Antwort wurde der Botschafter höflich entlassen. Der Krieg wurde erklärt und das Land Damels besetzt. Das Kriegsglück wandte sich jedoch gegen das irdische Werkzeug Allahs, und seine Armee wurde nicht nur unter großen Verlusten zerstreut, sondern er selbst wurde gefangen genommen. In dieser demütigenden Lage wurde Abdul Kader in Ketten gebracht und vor Damel auf den Boden geworfen. Anstatt seinen Fuß auf den Hals seines königlichen Gefangenen zu setzen und ihn mit seinem Speer zu erstechen, wie es in solchen Fällen üblich ist, sprach Damel ihn folgendermaßen an: ‚Abdul Kader, beantworte mir diese Frage. Wenn mich der Krieg in deine Lage gebracht hätte und dich in meine, wie hättest du mich behandelt?'

„‚Ich hätte dir meinen Speer ins Herz gestoßen', antwortete der tapfere, wenn auch fanatische Prinz. ‚Und ich weiß, dass mich ein ähnliches Schicksal erwartet.'

„‚Nicht so', sagte Damel. „Mein Speer ist tatsächlich rot vom Blut deiner im Kampf getöteten Untertanen, und ich könnte ihm jetzt einen noch tieferen Fleck verleihen, indem ich ihn in dein eigenes tauche; Aber das würde meine Städte nicht wieder aufbauen und die Tausenden, die im Wald fielen, nicht zum Leben erwecken. Deshalb werde ich dich nicht kaltblütig töten, sondern ich werde dich als meinen Sklaven behalten, bis ich erkenne, dass deine Anwesenheit in deinem eigenen Königreich für deine Nachbarn nicht mehr gefährlich sein wird, und dann werde ich darüber nachdenken, wie ich am besten über dich verfügen kann .' Eine Entscheidung, die Gegenstand der Lieder der Musiker und Anlass für applaudierende Kommentare aller Stämme war.

„Abdul Kader wurde dementsprechend festgehalten und arbeitete drei Monate lang als Sklave; Am Ende dieser Zeit hörte Damel den Bitten der Bewohner von Futa Torra zu und gab ihnen ihren König zurück."

An der Wahrheit dieser Geschichte scheint es keinen Zweifel zu geben.

Kapitel XVI.
ZURÜCK NACH GAMBIA UND NACH HAUSE.

In Malacotta konnte Park mit einem beträchtlichen Maß an Zuversicht auf seine sichere Rückkehr an die Küste blicken. Er befand sich erneut im Einflussbereich des Küstenhandels, wo der Europäer besser bekannt war und die feindliche Macht der Mauren von geringer Bedeutung war. Es gab keine Dschungel mehr, die es zu durchqueren galt, und er war sich nicht bewusst, dass auf der Route Kriege im Weg standen. Trotz guter und schlechter Berichte war Karfa sein treuer Freund geblieben, und es war sicher, dass er nun, da seine versprochene Belohnung immer näher rückte, seine ehrenhafte Treue zu seinen Verpflichtungen nicht ändern würde. Es war jetzt nur noch eine Frage einer noch so langen Reise, bis Gambia erreicht sein würde und alle Sorgen und Nöte Parks ein Ende hätten.

Am 7. Mai verließ die Sklavenkarawane Malacotta und setzte ihre Reise zur Küste fort. Der Bali, ein Seitenarm des Senegal, wurde überquert, und am Abend drang Bintingala ein.

Am Nachmittag des 12. wurde der Falemé-Fluss auf seiner Reise ins Landesinnere etwa 100 Meilen südlich von Parks Furtpunkt durchquert. Zu dieser Jahreszeit war der Fluss nur 60 cm tief und floss über ein Bett aus Sand und Kies.

Am selben Tag hielt die Karawane am Wohnsitz eines Kaufmanns aus Mandingo, dem sein Essen nach europäischer Art in Zinnschalen serviert wurde. Am nächsten Morgen gesellte sich eine Serawuli-Sklavenkarawane zu ihnen. Diese Händler hatten den Ruf, im Umgang mit Sklaven unendlich grausamer zu sein als die Mandingos. Park sollte bald ein Beispiel ihrer Art sehen. Die Karawane reiste mit großer Geschwindigkeit durch die dichten Wälder, als einer der Sklaven Anzeichen von Erschöpfung zeigte und ihm die Last vom Kopf fiel. Eine geschickte Auspeitschung erwies sich für das unglückliche Opfer als vorübergehendes Stimulans, aber kaum eine Meile war vergangen, als sich die Natur erneut durchsetzte und die Last erneut fiel. Eine doppelte Dosis der Peitsche erwies sich ein zweites Mal als wirksam, und erneut kämpfte sich der Sklave unter Schmerzen vorwärts. Endlich waren die Grenzen seiner Macht erreicht, und es wurde klar, dass er, so sehr sie auch auspeitschten, unbeweglich bleiben würde.

Die Karawane konnte nicht warten, bis er sich erholt hatte, und so verpflichtete sich einer der Serawulis, zu warten und ihn in der Kühle des Abends ins Lager zu bringen. Als der Sklavenhändler im Lager ankam, kam er allein. Es wurden keine Fragen gestellt, aber jeder wusste, dass der unglückliche Mann entweder getötet worden war oder von wilden Tieren gefressen wurde.

Andere Beispiele der Methoden der Sklavenhändler wurden Park fast täglich vor Augen geführt. An einem Ort vereinbarte ein Mandingo, der einen Sklaven aus einem benachbarten Bezirk entrissen hatte, mit Karfa, ihn gegen einen anderen aus einem entfernteren Land auszutauschen, in das er nicht fliehen konnte. Der Sklave, den Karfa mitnehmen sollte, wurde unter einem nichtigen Vorwand ins Haus gerufen. In dem Moment, als er eintrat, wurde das Tor geschlossen und ihm wurde gesagt, er solle sich setzen. Sofort erkannte er die Gefahr seiner Lage – nicht nur das noch schrecklichere Schicksal des Transports über das Meer, sondern auch den Verlust jeder Chance auf Flucht in sein Heimatland. Er wollte zumindest einen Versuch unternehmen, freizukommen. Mit dem wilden Sprung eines gehetzten Hirsches übersprang er den Zaun des Hofes und rannte in den Wald. Aber es war nutzlos. Seine Feinde waren zu zahlreich. Ein paar Minuten wilder Flucht, angespornt durch Wolfsschreie, und dann wurde er gejagt und in Ketten zurückgebracht, um Karfa übergeben zu werden.

An einem anderen Ort stellte sich heraus, dass einer der männlichen Sklaven der Karawane trotz der üblichen körperlichen Stimulanzien zu erschöpft war, um weiterzugehen. Ein Stadtbewohner war bereit, ihn gegen ein junges Mädchen einzutauschen. Bis zum letzten Moment erhielt sie keinen Hinweis auf ihr nahendes Schicksal. Zusammen mit ihren Gefährten war sie gekommen, um die Karawane abreisen zu sehen, als ihr Herr sie plötzlich bei der Hand ergriff und sie dem Sklavenhändler übergab. „Noch nie hat sich ein Gesicht der Gelassenheit plötzlicher in tiefste Verzweiflung verwandelt. Der Schrecken, den sie verspürte, als ihr die Last auf den Kopf gelegt und das Seil um ihren Hals gelegt wurde, und die Trauer, mit der sie sich von ihren Gefährten verabschiedete, waren wirklich rührend."

Vorfälle wie diese waren es, die Parks Reise nach Gambia am meisten kennzeichneten. Manchmal tauchten sowohl die merkwürdigen als auch die schrecklichen Seiten des afrikanischen Lebens auf, um ihn zu unterhalten, wie zum Beispiel, als einer der Slatees, als er nach dreijähriger Abwesenheit zum ersten Mal in seine Heimat zurückkehrte, an der Schwelle seiner Tür von seiner Braut empfangen wurde, die ihm eine Kalebasse mit Wasser überreichte, in der er seine Hände waschen konnte. Danach „trank das Mädchen mit einer Träne der Freude im Auge das Wasser" als Zeichen ihrer Treue und Zuneigung.

Es stellte sich heraus, dass es sich bei einem anderen Schiefer um einen afrikanischen Enoch Arden handelte. Acht Jahre lang hatte er sich von seiner Frau ferngehalten, während dieser Zeit hörte sie nichts von ihm. Nach drei Jahren kam sie zu dem Schluss, dass er entweder tot war oder wahrscheinlich nicht zurückkehren würde, und schenkte scheinbar ohne Widerwillen ihr

Herz und ihre Hand einem anderen, mit dem sie zwei Kinder hatte. Der erste Ehemann beanspruchte sie nun für sich. Der andere wandte ein, dass eine dreijährige Abwesenheit eine Ehe annulliert habe. Vier Tage lang wurde ein öffentliches Palaver abgehalten, um diesen heiklen Punkt zu klären, und endete mit der Entscheidung, dass die Ehemänner gleiche Rechte hätten und dass die Frau die Angelegenheit am besten durch ihre eigene Entscheidung regeln sollte. Die Dame bat um Bedenkzeit, aber Park erkannte, dass nicht die Liebe, sondern der Reichtum siegen würde.

Am 20. Mai erreichte die Karawane die Tenda-Wildnis, wo sie zwei Tage lang dichte Wälder durchquerte. Mit welcher Freude muss Park bemerkt haben, dass das Land nach Südwesten abfiel – dass er tatsächlich das Becken von Gambia betreten hatte. Bei Sonnenuntergang des ersten Tages wurde nach einem sehr heißen und anstrengenden Marsch ein Teich erreicht. Um der sengenden Hitze des Tages zu entgehen, wurde ein Nachtmarsch beschlossen. Um elf Uhr wurden die Sklaven von ihren Eisen befreit und in geschlossener Ordnung vorwärtsgetrieben, sowohl um ihre Flucht zu verhindern als auch um sie vor wilden Tieren zu schützen. Auf diese Weise reisten sie bis zum Tagesanbruch und setzten nach einer Rast den Marsch nach Tambakunda fort, dem Ort, den Jobson vor fast 170 Jahren beinahe erreicht hätte und von dem er glaubte, dass es sich um Timbuktu selbst handelte.

Von Tambakunda führte die Straße durch ein wildes und felsiges Land, das überall zu Hügeln anstieg und in dem es von Affen und wilden Tieren wimmelte. Während der nächsten beiden Märsche wurde die Karawane überall nicht gerade freundlich empfangen und sie war sogar in Gefahr, ausgeplündert zu werden.

Am 30. Mai erreichten wir den Nerico, einen Seitenarm des Gambia. Sobald wir ihn überquert hatten, begannen die Männer ein Lied zu singen, in dem sie ihre Freude darüber zum Ausdruck brachten, sicher im „Land der untergehenden Sonne“ angekommen zu sein. Am nächsten Tag befand sich Park zu seiner unendlichen Freude an den Ufern des Gambia, an einer Stelle, wo dieser schiffbar war, obwohl es weiter unten Untiefen gab.

Drei Tage später erreichten sie Medina, die Hauptstadt von Wulli, wo Park siebzehn Monate zuvor so gastfreundlich empfangen worden war. Die Karawane machte hier keinen Halt; aber Park, der an die Gebete des alten Königs für ihn dachte, ließ ihm ausrichten, dass seine Gebete nicht vergeblich gewesen seien.

Am nächsten Tag erreichte er Jindeh, wo die Verabschiedung von Dr. Laidley stattgefunden hatte. Hier ließ Karfa seine Sklaven zurück, bis sich eine bessere Gelegenheit ergab, sie zu verkaufen. Doch entschlossen, seinen weißen Freund nicht bis zuletzt allein zu lassen, begleitete er ihn auf seinem Weg nach Pisania.

Park bemerkt an dieser Stelle: „Obwohl ich mich nun dem Ende meiner langwierigen und mühseligen Reise näherte und erwartete, an einem weiteren Tag Landsleute und Freunde zu treffen, konnte ich mich nicht ohne große Ergriffenheit von meinen unglücklichen Mitreisenden verabschieden, die, wie ich wusste, zu einem Leben in Gefangenschaft und Sklaverei in einem fremden Land verdammt waren... Wir verabschiedeten uns mit gegenseitigen Bedauerns- und Segensbekundungen. Meine guten Wünsche und Gebete waren alles, was ich ihnen schenken konnte, und es tröstete mich ein wenig, zu erfahren, dass sie erkannten, dass ich nichts mehr zu geben hatte."

Am 10. schüttelte Park einem seiner Landsleute erneut die Hand. Er stellte fest, dass allgemein angenommen wurde, dass er das gleiche Schicksal wie Major Houghton in Ludamar erlitten hatte. Mit aufrichtiger Trauer erfuhr er auch, dass weder Johnson, der ihn im Stich gelassen hatte, noch Demba, der von den Mauren versklavt worden war, zurückgekehrt waren.

Am 12. schloss sich Dr. Laidley dem lange verschollenen Reisenden an und begrüßte ihn wie einen Auferstandenen. Park wurde unter seinen gastfreundlichen Händen bald seiner zerlumpten maurischen Kleidung entledigt. Mit ihnen verschwand der üppige Bart, der sowohl den Einheimischen als auch den Mauren Freude und Bewunderung bereitet hatte, unter denen nichts mehr beneidet wird, und er trat erneut als der hübsche junge Schotte hervor, als den sein Porträt ihn zeigt.

Karfa wurde nun ausgezahlt, die vereinbarte Belohnung wurde verdoppelt, und Dr. Laidleys Interesse versprach auch, seine Sklaven vorteilhaft zu entsorgen.

Karfa wurde nie müde, sein Erstaunen über alles auszudrücken, was er sah, obwohl ihn nichts mehr überraschte als der unfassbare Wahnsinn einer Person in Parks Lebensumständen, die alles hinter sich ließ und so viele Härten und Gefahren erduldete, nur um den Fluss Niger zu sehen. „Ich habe", sagt Park, „diese kleinen Charakterzüge dieses ehrenwerten Negers bewahrt, nicht nur aus Rücksicht auf den Mann, sondern auch, weil sie mir zu beweisen scheinen, dass er einen Geist besaß, der über seine Verhältnisse hinausging, und ich hoffe, dass mein Bericht über diesen armen Afrikaner für diejenigen meiner Leser, die die menschliche Natur in all ihren Varianten betrachten und ihre Entwicklung von der Grobheit zur Verfeinerung verfolgen, nicht unannehmbar sein wird."

Wenn Park auf seine lange und schreckliche Reise zurückblickte, konnte er es sich leisten, all jenen Menschen gegenüber nachsichtig zu sein, die ihn ausgeplündert, misshandelt oder ungastlich behandelt hatten, mit Ausnahme der Mauren, vor denen er bis zu seinem Tode einen tief verwurzelten Abscheu und Hass empfand. Für die Mandingos und verwandte Stämme konnte er immer eine Entschuldigung für all das finden, was er unter ihnen erleiden musste, und als Volk empfand er sie als sanftmütig, fröhlich, gutherzig und einfach, mit einem natürlichen Sinn für Gerechtigkeit, den nur sehr große Versuchungen überwinden konnten. Er konnte keine Worte finden, die stark genug waren, um die uneigennützige Nächstenliebe und zärtliche Fürsorge zu beschreiben, die viele von ihnen zeigten, insbesondere die Frauen, die er als durchweg freundlich und mitfühlend empfand, die mit seinen Leiden sympathisierten, seine Sorgen linderten und zu seiner Sicherheit beitrugen.

Als er seine kommerziellen Erfahrungen überprüfte, stellte er fest, dass Sklaven, Gold und Elfenbein, Bienenwachs und Honig, Felle, Gummi und Färbehölzer den gesamten Katalog der exportierbaren Waren ausmachten. Von anderen Produkten wie Tabak, Indigo und Baumwolle wurde nur genug für den einheimischen Verbrauch angebaut. Er kam jedoch zu dem Schluss, dass „es keinen Zweifel daran geben kann, dass alle reichen und wertvollen Erzeugnisse Ost- und Westindiens leicht in die tropischen Teile dieses riesigen Kontinents eingebürgert und zur höchsten Vollkommenheit gebracht werden könnten. Zu diesem Zweck fehlt es nur an Beispielen, um die Eingeborenen zu erleuchten, und an Unterweisung, um sie in die Lage zu versetzen, ihre Industrie auf die richtigen Ziele auszurichten." Es war mir nicht möglich, die wunderbare Fruchtbarkeit des Bodens zu betrachten, die riesigen Viehherden, die sich sowohl als Nahrung als auch als Arbeit eigneten, und eine Reihe anderer Umstände, die Kolonisierung und Landwirtschaft begünstigten, und dabei über die Möglichkeiten nachzudenken, die sich für eine ausgedehnte Binnenschifffahrt boten, ohne zu beklagen, dass ein von der Natur so reichlich beschenktes und begünstigtes Land in seinem gegenwärtigen wilden und vernachlässigten Zustand verharrt. Noch mehr beklagte ich, dass ein Volk mit so sanften und wohlwollenden Sitten und Gesinnungen entweder so belassen wird, wie es jetzt ist, und in der groben und unbequemen Blindheit heidnischen Aberglaubens versunken ist, oder dass man ihm erlaubt, zu einem System von Bigotterie und Fanatismus zu konvertieren, das, ohne den Verstand zu erleuchten, oft das Herz erniedrigt." Und doch, welche Vertreter der beiden Religionen, des Islam und des Christentums, taten laut Parks eigener Darstellung das meiste Gute unter den Heiden – die Mohammedaner, die gegen die anstürmende Flut von Rum und Gin kämpften, die Bildung förderten und das Wissen über Allah, den Einen Gott, verbreiteten; Oder waren es die christlichen Kaufleute, die die Schrecken der einheimischen Barbarei schürten und vertieften, um ihren Sklavenhandel aufrechtzuerhalten, und die durch den Alkohol und die Feuerwaffen, die sie im Tausch gegen die Bevölkerung hergaben, zur Erniedrigung des Landes beitrugen?

Da sich bei Parks Ankunft kein Schiff im Fluss befand, rechnete er damit, einige Monate warten zu müssen. Hierin wurde er jedoch glücklich enttäuscht, denn am 15. traf ein amerikanisches Sklavenschiff, die *Charlestown*, ein. Sklaven gab es in Hülle und Fülle, und innerhalb weniger Tage war die Ladung Menschenfleisch und Blut für die Plantagen von South Carolina im Austausch gegen Rum und Tabak aufgefüllt.

Obwohl die Route über Amerika äußerst umständlich war, konnte Park sich diese Chance nicht entgehen lassen. Deshalb verabschiedete er sich am 17. Juni von allen seinen englischen Freunden und begab sich auf das amerikanische Schiff.

Er hatte nun Grund zu der Annahme, dass alle seine Sorgen, Ängste und Gefahren vorüber waren und nichts als Ruhe und gute Behandlung vor ihm lag. Doch wieder einmal wurde er von seinem üblichen Pech verfolgt. Die Fahrt flussabwärts war mühsam und ermüdend, da das Wetter außerordentlich heiß, feucht und ungesund war. Das Ergebnis war, dass bevor Goree erreicht wurde, vier der Seeleute, der Chirurg und drei der Sklaven an Fieber gestorben waren. In Goree wurde das Schiff wegen der Schwierigkeit, Proviant zu beschaffen, vier ermüdende Monate lang festgehalten, so dass es erst Ende Oktober endlich nach Amerika aufbrechen konnte.

der *Charlestown* bestand aus 130 Sklaven, von denen 25 freie Mohammedaner waren, die ein wenig Arabisch lesen und schreiben konnten. Einige der anderen hatten Park *unterwegs gesehen*, und viele hatten in ihren entfernten Dörfern von ihm gehört. Aber obwohl er kein Wort gegen den Sklavenhandel zu sagen hatte, hatte Park ein empfindsames Herz für das Elend derjenigen, die seiner Meinung nach mit seinen kalvinistischen Ideen zu einem Leben in Schande und Leiden vorherbestimmt waren. Da er in der Lage war, mit ihnen in ihrer Muttersprache zu sprechen, tat er sein Bestes als Mensch und Arzt, um sie zu trösten. Und in der Tat brauchten sie jeden Trost, den er ihnen geben konnte. Die Art und Weise, wie sie im Laderaum des Schiffes zusammengepfercht, eingesperrt und angekettet waren, verursachte schreckliches Leiden, während die schlechte Luft, die elenden sanitären Bedingungen und der Mangel an Bewegung allgemeine Krankheiten verursachten. „Neben den drei, die auf der Gambia starben, und sechs oder acht auf Goree, kamen elf auf See ums Leben, und viele der Überlebenden waren in einen sehr schwachen und ausgezehrten Zustand versetzt."

Um die Sache für alle Beteiligten noch schlimmer zu machen, hatte die *Charlestown* drei Wochen vor Goree ein Leck und drohte mitten auf dem

Ozean zu sinken. Um dies zu vermeiden, wurden die tüchtigsten Neger von ihren Ketten befreit und an den Pumpen festgehalten, bis sie nicht länger verfolgt werden konnten und erschöpft und halb tot zusammensanken. Trotz allem nahm das Leck jedoch immer mehr zu und das Leid aller an Bord war unbeschreiblich. Da dies die einzige Chance auf Sicherheit bot, wurde die *Charlestown* von ihrem Kurs abgelenkt und nach Antigua gesteuert, das 35 Tage vor Goree erreicht wurde. Aber selbst in Sichtweite des Hafens entging das Schiff nur knapp der Zerstörung, indem es gegen einen versunkenen Felsen prallte.

Park blieb zwei Tage in Antigua, bis er am 24. November von einem vorbeifahrenden Postschiff aufgenommen wurde. Nach einer kurzen, aber stürmischen Reise kam er am 22. Dezember in Falmouth an, nachdem er zwei Jahre und neun Monate lang nicht in England gewesen war.

KAPITEL XVII.
MUNGO PARK ZU HAUSE.

Nachdem Park in Falmouth gelandet war, reiste er unverzüglich nach London weiter. Damals gab es noch keinen Telegrafen, der die Welt über seine Ankunft informierte, und auch keine Zeitungsreporter, die ihn interviewten und ihren Lesern eine Beschreibung seines Aussehens und einen Vorgeschmack seiner Abenteuer gaben.

Er erreichte London vor Tagesanbruch am 25. Dezember und steuerte das Haus seines Schwagers, Mr. Dickson, an. Da er seinen Verwandten zu dieser frühen Stunde nicht stören wollte, wanderte er eine Zeit lang durch die Straßen, bis er eines der Tore zu den Gärten des British Museums offen vorfand und hineinging.

Zufällig war Dickson für diese Gärten verantwortlich und hatte an diesem Morgen Geschäfte zu erledigen, die ihn ungewöhnlich früh dorthin führten. Man kann sich sein Erstaunen vorstellen, als er etwas gegenüberstand, das er einen Moment lang fast für eine Vision oder den Geist seines jungen Verwandten hielt, von dem man glaubte, er sei schon lange tot. Es dauerte jedoch nicht lange, bis er davon überzeugt war, dass es sich hier nicht um einen Geist handelte, sondern um den eigentlichen Reisenden selbst, der wohlauf und sicher war und seine große Mission erfolgreich zu Ende geführt hatte.

Das Interesse, die Freude und die Überraschung des Vereins sowie der Öffentlichkeit im Allgemeinen waren nicht minder groß. Eine Zeit lang hatte man es als sicher angesehen, dass er ermordet worden war, und nun überwog die größte Neugier, seine Erlebnisse zu hören und endlich etwas Authentisches über den geheimnisvollen Fluss der Neger zu erfahren.

Es sah in der Tat so aus, als ob sich Parks eigene Vorhersage gegenüber seinem Bruder vor seiner Abreise nach Afrika bestätigen würde, dass er „einen größeren Namen erlangen würde als jeder andere jemals zuvor". In Ermangelung konkreterer Nachrichten neigten die kursierenden Handberichte lediglich dazu, seine Leistungen und Entdeckungen zu übertreiben.

Die Nachfrage nach Informationen wurde so groß, dass beschlossen wurde, einen vorläufigen Bericht über die wichtigsten geographischen Ergebnisse der Expedition herauszugeben. Dies wurde von Bryan Edwards geschrieben, dem Sekretär der Vereinigung, einem Gentleman mit nicht unbeträchtlichen literarischen Fähigkeiten und Autor einer „Geschichte der britischen Kolonien in Westindien".

Zur Mitarbeit von Edwards kam die von Major Rennell hinzu, der mit großer Sorgfalt die Routen des Reisenden und die Geographie der Region im Allgemeinen ausarbeitete. Darüber hinaus fügte Rennell eine Abhandlung über den Oberlauf des Niger jenseits von Parks äußerstem Punkt hinzu und verglich seine Informationen mit denen der arabischen Geographen.

Aber die Öffentlichkeit verlangte mehr als nur die trockenen Knochen der Geographie, um ihren hungrigen Appetit zu stillen. Sie wollten auch das Fleisch und Blut seiner Erzählung erfahren – wie er lebte und sich bewegte, was er fühlte und litt, welchen Gefahren er ausgesetzt war, welche Nöte er erduldete, welche Wunder er sah. Damals hatten Reisebücher den Markt noch nicht überschwemmt und die Gedanken der Menschen nicht mit Einzelheiten über die entlegensten Winkel Innerafrikas gesättigt. Für den Leser war es praktisch Neuland, der keineswegs im Voraus ahnen konnte, welche überraschenden Enthüllungen ihn erwarteten. Verglichen mit dem modernen Verschlinger von Reisebüchern würden seine Empfindungen denen des ersten Entdeckers Gambias und der gedämpften Erwartung unseres jüngsten Reisenden ähneln.

Der Befriedigung dieser sehr natürlichen Kuriosität widmete sich Park nun. Sein Material war, abgesehen von seinem Gedächtnis, nur dürftig. Es handelte sich tatsächlich um kurze Notizen oder Memoranden, die auf Papierresten geschrieben waren und oft kaum lesbar gewesen sein mussten, wenn man bedenkt, dass sie monatelang auf dem Scheitel eines abgenutzten Hutes herumgetragen wurden und Feuchtigkeit und allem Möglichen ausgesetzt waren von Unfällen.

Bei seiner schriftstellerischen Tätigkeit wurde Park zweifellos von Mr. Edwards unterstützt, mit dem er eine enge Freundschaft pflegte. An ein oder zwei Stellen ist Edwards' Feder eindeutig zu finden, aber diese sind rar gesät. Die wertvollste Hilfe leistete er beim Beschneiden, Umordnen und Überarbeiten, was die Arbeit eines schriftstellerischen Neulings fast zwangsläufig erforderte. In dieser Hinsicht ist Park jedoch nicht der einzige Reisende. Nur wenige von ihnen beherrschen die Feder und die englische Sprache so vollkommen, dass sie sich vollkommen auf ihre eigenen literarischen Fähigkeiten und ihr Urteilsvermögen verlassen konnten, obwohl die erforderliche Hilfe, wie im Fall von Park, selten über Anleitung und Überarbeitung hinausging.

Abgesehen von seinem literarischen Einfluss kann kaum bezweifelt werden, dass Edwards Parks Ansichten zu mindestens einem wichtigen Thema – dem Sklavenhandel – maßgeblich geprägt hat. Zu dieser Zeit war die Frage der Abschaffung des Sklavenhandels ein brennendes Thema im Land, und Edwards war einer der leidenschaftlichsten Befürworter der alten Ordnung. Er wollte Afrika Licht geben, aber keine Freiheit. Während er aktiv versuchte, den schwarzen Kontinent dem europäischen Einfluss zu öffnen, bemühte er sich energisch darum, dass dieser Einfluss weiterhin von äußerst krimineller und erniedrigender Natur blieb.

Der Leser stelle sich vor, was die Folgen für Afrika gewesen wären, wenn die Befürworter der Sklaverei ihren Willen bekommen hätten und die Erforschung des Kontinents nur der Vorläufer der weitreichenderen Auswirkungen des Sklavenhandels gewesen wäre. So unglaublich es auch erscheinen mag, es hätte leicht der Fall sein können. Menschen, die sich einmal an ein Übel gewöhnt haben, vergessen bald, dass es ein solches ist, und beginnen, es als eines der notwendigen und unvermeidlichen Übel des Lebens zu betrachten. Nehmen wir zum Beispiel das Überleben des afrikanischen Gin-Handels bis zum heutigen Tag, der lange nach seiner Trennung von seinem ebenbürtigen Schwesterhandel mit Sklaven zunimmt und floriert und überall den Spuren des Entdeckers folgt. Es ist fraglich, ob selbst der Sklavenhandel mehr zur Brutalisierung und Erniedrigung der Neger beigetragen hat; und doch gibt es selbst in unserer Zeit nur ein teilweises Erwachen zu den schrecklichen Übeln des ungerechten Handels.

Diese schuldhafte Blindheit oder Nachlässigkeit unsererseits wird zweifellos größtenteils durch den tröstlichen und angenehmen Glauben gefördert, dass unsere Missionare in Afrika eine großartige und edle Arbeit leisten und dass der bloße Kontakt mit dem europäischen und europäischen Handel zwangsläufig eine erhebende Wirkung auf die Afrikaner haben muss niedrigere Rassen. Die Wahrheit ist, dass auf jeden Neger, der nominell oder tatsächlich unter den Einfluss des Christentums gebracht wurde, zehntausende durch Alkohol in Tiefen moralischer und körperlicher Verderbtheit getrieben wurden, wie sie bei unberührten einheimischen Stämmen unbekannt sind, und dass der Kontakt mit dem Europäer und seinem Handel bisher beispiellos war führte nicht zu einer Erhebung zum Afrikaner, sondern zu einer Erniedrigung der abscheulichsten Art.

Inwieweit Park in seiner Meinung zur Sklavenfrage wirklich von Edwards beeinflusst wurde, lässt sich schwer sagen. Es spielt jedoch keine Rolle, denn ob er wirklich an die Rechtmäßigkeit der Sklaverei glaubte oder nur durch Argumente zu seiner Neutralität gezwungen wurde, seine Position war gleichermaßen unhaltbar. Mehr noch: Wenn er, wie seine Freunde sagen, wirklich glaubte, dass der Handel ungerecht war, war seine Position nichts weiter als kriminell. Sie berufen sich, als wäre dies ein mildernder Umstand, darauf, dass er in privaten Gesprächen sogar seine größte Abscheu vor dem Handel zum Ausdruck brachte. Dies, das muss man zugeben, scheint unwahrscheinlich. Eine solche Haltung ist völlig anders als das, was wir von einem Mann mit Parks ausgeprägter Individualität und starker, ernsthafter Wahrhaftigkeit erwarten würden. Darüber hinaus scheint es hinreichend klar, dass die öffentliche Meinung seiner Zeit ihm einen Glauben an die

Rechtmäßigkeit des Prinzips der Sklaverei zuschrieb, und wenn dies falsch war, scheint es seltsam, dass er keine Maßnahmen ergriff, um es zu korrigieren. Dass diese Haltung jedoch nicht falsch war, geht aus einer Rede hervor, die George Hibbert 1803 im Parlament zur Abschaffung des Sklavenhandels hielt.

Es folgt ein Auszug, der auch deshalb wertvoll ist, weil er Aufschluss über Edwards' Anteil am Verfassen von Parks Buch gibt:

„Ich habe gelesen und gehört, dass wir uns Parks Fakten und nicht seinen Meinungen zuwenden sollen; und es wurde angedeutet, dass sein Herausgeber, Mr. Edwards, diese Meinungen (in Bezug auf den Sklavenhandel) in sein Buch hineingezwängt habe. Einmal unterhielt ich mich zufällig mit Mr. Park bei einem Treffen der Linnean Society, als genau dieses Thema zur Sprache kam, und er versicherte mir, dass er, da er nicht in der literarischen Komposition tätig sei, gezwungen gewesen sei, jemanden zu beauftragen, sein Manuskript in eine für die Öffentlichkeit geeignete Form zu bringen, aber dass jede Seite der Veröffentlichung seiner strengen Überarbeitung unterzogen worden sei und dass nicht nur jede Tatsache, sondern auch jede Meinung seine eigene sei."

Wir müssen daher, bis es überzeugendere Beweise als Hörensagen gibt, davon ausgehen, dass Mungo Park an den Sklavenhandel glaubte. Diese Haltung können wir verstehen und als Ergebnis der Vorstellungen der Zeit und der Menschen, die ihn unmittelbar umgaben, mit aller gebührenden Rücksicht betrachten – etwas anderes zu glauben hieße, Park auf ein deutlich niedrigeres Podest zu stellen, als es ihm aufgrund seiner vielen verdienstvollen Eigenschaften zusteht.

Kurz nach der Veröffentlichung der Zusammenfassung von Parks Erzählung verließ er London, um seine Familie in Foulshiels zu besuchen, wo seine Mutter noch lebte, obwohl sein Vater schon seit einigen Jahren tot war. Hier blieb er den ganzen Sommer und Herbst 1798 und arbeitete eifrig an der Erzählung seiner Reisen. Dies war für ihn wahrscheinlich alles andere als eine angenehme Aufgabe nach dem ereignisreichen Leben, das er drei Jahre lang geführt hatte, und da er an literarische Arbeit ungewohnt war. Aber Park war nicht der Mann, der sich vor jeder Arbeit drückte, wie lästig sie auch sein mochte, wenn sie ihm in irgendeiner Weise als Pflicht erschien. Seine Morgen widmete er dem Schreiben, seine Abende Spaziergängen am Ufer seines heißgeliebten Yarrow, wo er, selten gestört von Einheimischen oder vorbeikommenden Fremden, ungestört an die verschiedenen Ereignisse zurückdenken konnte, die seine afrikanischen Wanderungen kennzeichneten, und beim verträumten Rauschen des Gebirgsbachs seine Gedanken zurück zum majestätischen Fluss Joliba gleiten lassen konnte, der sich ostwärts in Richtung seines unbekannten Ufers bewegte. Wie viele

Stunden muss er damit verbracht haben, in seiner Vorstellung zu versuchen, den dunklen Schleier zu durchdringen, der den großen afrikanischen Fluss jenseits von Timbuktu so geheimnisvoll umhüllte, und ihm bis zu seiner Vereinigung mit dem Ozean oder seinem allmählichen Verschwinden in den Zentralwüsten zu folgen.

Manchmal überfielen ihn Unruhe und ein Gefühl der Empörung, und dann war der einzige Zauber, der den Dämon der Unruhe in ihm austreiben oder seine wilden, vagen Sehnsüchte beruhigen konnte, ein langer, schneller Spaziergang durch die wildromantische Landschaft um ihn herum. Oben im gewundenen Yarrow-Tal, an der kühnen Front des Newark Hill oder auf dem heidebewachsenen Gipfel des Broomy Law empfand er das leidenschaftliche Vergnügen einer Seele, die „eine Verzückung am einsamen Ufer" kennt. Das ferne Blöken der Schafe, der klagende Ruf des Brachvogels und das Surren des Auerhahns harmonierten gut mit der Stimmung, die ihn beherrschte, und berührten sein Herz mit dem wilden Pathos der Natur. Am glücklichsten war er, wenn er allein war und in allen Geräuschen um ihn herum Gefährten fand. Die Brise, der rauschende Bach, die wilden Rufe von Vögeln und Tieren, sie alle sprachen gleichermaßen zu ihm und passten sich jeder seiner Stimmungen an.

All dies lässt sich vage anhand der Lichtstrahlen erkennen, die für einen Moment durch die Dunkelheit der Vergangenheit geschossen sind und einen verschwommenen, aber sprechenden Abdruck des großen Reisenden zu Hause in den Hügeln seiner Heimat hinterlassen haben.

Doch obwohl Park so von der Welt isoliert war, war er nicht völlig von der Kommunikation mit seinen Mitmenschen abgeschnitten. Sein wichtigster Zufluchtsort, wenn er Lust auf Gesellschaft hatte, war das Haus seines Freundes und Meisters der Medizin, Dr. Anderson, der immer noch in Selkirk praktizierte, in der Nähe von Foulshiels. Als Folge dieser häufigen Besuche entwickelte sich für Miss Anderson schnell ein wärmeres Gefühl aus der früheren Freundschaft, und im Sommer verlobten sie sich.

Gegen Ende des Jahres 1798 kehrte Park nach London zurück, um die letzten Vorbereitungen für die Veröffentlichung seiner Erzählung zu treffen. Doch selbst dann musste noch viel mit der Hilfe von Edwards getan werden, bevor das Manuskript endlich für den Druck bereit war, und der Frühling war gekommen, bevor das Buch das Licht der Welt erblickte.

Man kann die Begeisterung, mit der es aufgenommen wurde, und das Interesse an Park und Afrika, das es weckte, kaum überschätzen. Zwei Ausgaben wurden schnell hintereinander verkauft, und im Laufe der folgenden zehn Jahre folgten mehrere weitere.

Abgesehen davon, dass es beinahe das erste afrikanische Reisebuch war und dass alles, was es enthielt, absolut neuartig war, wurde die Geschichte mit einem Charme und *einer Naivität erzählt* , die ausreichten, um den anspruchsvollsten Leser zu fesseln. Aus jedem Satz klangen Bescheidenheit und Wahrhaftigkeit. Der Autor beanspruchte kein Lob, keine Bewunderung, außer dem, was ihm für die Erfüllung seiner Pflicht gebührte. Er nahm sich für all die Tugenden, die er gezeigt hatte, keine Anerkennung. Er fürchtete sich sogar so sehr davor, beschuldigt zu werden, der Autor der sogenannten „Reiseberichte" zu sein, dass er absichtlich mehrere bemerkenswerte Abenteuer verschwieg. Zu diesem Punkt sagte er zu Sir Walter Scott: „In allen Fällen, in denen er Informationen mitzuteilen hatte, die seiner Ansicht nach für die Öffentlichkeit wichtig waren, habe er die Fakten kühn dargelegt und es seinen Lesern überlassen, seinen Aussagen so viel Glauben zu schenken, wie sie verdienten, aber er würde ihre Leichtgläubigkeit nicht erschüttern oder seine Reisen durch die Einführung von Umständen, die, wie wahr sie auch sein mögen, von geringer oder keiner Bedeutung waren, noch wunderbarer machen."

Glücklicherweise benötigte seine Erzählung keine Hilfe durch solche unterdrückten Abenteuer, so seltsam sie auch sein mochten oder wie sehr wir sie auch gerne kennengelernt hätten. Er hatte genug Vorkommnisse, um ein halbes Dutzend der ausgesponnenen Bücher über modernes Reisen zu verfassen. Weder damals noch seitdem hatte irgendein afrikanischer Entdecker eine so romantische Geschichte zu erzählen, noch hat einer der vielen Abenteurer, die ihm folgten, seine Geschichte so gut erzählt. Es gab einige, die auf der afrikanischen Bühne theatralischer aufblühten und durch beeindruckende dramatische Effekte und eine gewisse Würze des Blutvergießens die Fantasie derjenigen anregten, die sich mit der oberflächlichen Zurschaustellung der Dinge zufrieden gaben und nicht zu kritisch waren hinsichtlich ihrer Bedeutung. Ohne tatsächlich erlebte Strapazen, Gefahren und überwundene Schwierigkeiten sowie die Demonstration der Tugenden, die einen Mann im harten Kampf des Lebens groß machen, ist Mungo Park konkurrenzlos. Nur in einer Hinsicht – der Beweggründe – übertrifft ihn eine andere. Hier steht Livingstone um Längen über seinem Vorgänger, dessen Streben nach persönlichem Namen und Ruhm und seine apathische Haltung gegenüber der Anti-Sklaverei-Bewegung einem Vergleich mit den edlen Sehnsüchten, die den großen Missionar zum Reisen inspirierten, als Negerheiden kaum standhalten würden brachte ihn in den Bereich der christlichen Bruderschaft und regte ihn dazu an, sein Leben zu weihen, indem er „die große offene Wunde des Universums" heilte.

Nicht, dass es Park in allem, was zum Geist der Selbstaufopferung tendiert, gänzlich mangelte. Im Gegenteil, in seiner gesamten Erzählung finden wir nicht die geringste Spur von vulgärem Ehrgeiz oder unwürdiger Selbstsucht. Bewusst unterdrückte er Vorfälle, die seinen Ruhm enorm gesteigert hätten, insbesondere bei denen, deren Fantasie nur durch das Wunderbare angeregt wird. Sein ganzes Wesen schreckte vor Berühmtheit zurück. Er war zurückgezogen und zurückhaltend, und anstatt zu versuchen, die *Rolle* des „Löwen" in der Gesellschaft zu spielen, haben wir festgestellt, dass er sich immer auf eine Zeit freute, in der er nach dem Ende seiner Arbeit die Möglichkeit haben würde, Abgeschiedenheit und Zurückgezogenheit zu suchen des Landes – kaum das Ziel eines rein egoistischen Ehrgeizes.

Er war ebenso wenig von Gewinnstreben getrieben, wie Ruskin uns glauben machen wollte. Außer vielleicht in einem auffälligen Fall war es nie bekannt, dass Afrikareisen zu Reichtum führten, und schon gar nicht wurde Park Geld nie als Anreiz angeboten. Der Funke, der seine Männlichkeit zum Heldentum beflügelte und ihn dazu trieb, „Vergnügungen zu verachten und mühsame Tage zu leben", war der würdige Ehrgeiz eines edlen Geistes, für das Wohl seines Landes und die Weiterentwicklung des Wissens zu arbeiten, der allein durch die Anerkennung belohnt wurde sein eigenes Gewissen und die Wertschätzung guter Männer.

Es sei daran erinnert, dass die christliche Philanthropie vor hundert Jahren nicht so kosmopolitisch – so weltumfassend – geworden war, dass sie alle in ihren Wirkungsbereich aufgenommen hätte, die den Namen „Mensch" tragen, ohne Rücksicht auf Rasse, Religion oder Zivilisationsgrad. Nach allem, was wir über seine ausgeprägten religiösen Überzeugungen und sein freundliches Wesen wissen, wäre Park, wenn er heute gelebt hätte, wahrscheinlich ein Missionar gewesen, der sich für die Sache Christi engagierte und bereit war, sein Leben dafür zu geben, oder ein Reisender, der predigte Kreuzzug, nicht nur gegen den Sklavenhandel, der so oft ignorant dem Einfluss des Islam zugeschrieben wird, sondern auch gegen den Ginhandel, der mit ebenso großer Wahrscheinlichkeit mit dem Christentum in Verbindung gebracht werden könnte.

Zum Zeitpunkt der Veröffentlichung von Parks Erzählung beschäftigte jedermann die Frage der Abschaffung. Die Schrecken der mittleren Passage – die Ungerechtigkeiten, die Männer, die sich Engländer nannten, auf den Plantagen verübten – wurden in keineswegs zu dunklen Farben gemalt. Parks Buch kam zur richtigen Zeit, um die Literatur zu diesem Thema zu ergänzen, und zweifellos trugen die Fakten, die er über die Schrecken der Sklavenroute offenlegte, trotz der Anti-Abschaffungsmeinungen, die er vermutlich vertrat, wesentlich zu den Argumenten der Abolitionisten bei. Da sie tatsächlich, wie man glaubte, von einer der Gegenparteien stammten, waren sie umso wertvoller, da die natürliche Annahme war, dass die schlimmsten Aspekte abgemildert und so gute Argumente für die Sklaverei vorgebracht worden waren, wie es ohne direkte Verletzung möglich war der Wahrheit. Allen unvoreingenommenen Geistern war völlig klar, dass die Bedingungen, unter denen der Handel betrieben wurde, und die daraus resultierenden bösen Folgen, wie Park sie beschrieb, äußerst ungerecht und beschämend waren. Dafür waren Parks Meinungen im Vergleich zu seinen Fakten von geringer Bedeutung, und wir können mit Sicherheit zu dem Schluss kommen, dass diese letzteren sehr wesentlich zur Beseitigung des abscheulichen Verkehrs beigetragen haben.

KAPITEL XVIII.
MUNGO PARK ZU HAUSE – (Fortsetzung).

Nach der Veröffentlichung seiner Erzählung hielt Park nichts mehr in London fest, während es vieles gab, was ihn nach Schottland zog. Daher kehrte er im Sommer 1799 nach Foulshiels zurück.

Am 2. August desselben Jahres heiratete er Miss Anderson. Über die Persönlichkeit dieser Dame wissen wir wenig, außer dass sie groß und gutaussehend war, ein liebenswürdiges Wesen hatte, keine besonderen geistigen Fähigkeiten besaß und eher frivol und vergnügungssüchtig war – Eigenschaften, die wir bei der Frau eines Mannes wie Park überhaupt nicht erwartet hätten.

In seiner Erscheinung muss der junge Entdecker seiner Frau durchaus ebenbürtig gewesen sein. Das Porträt von ihm, das uns überliefert ist, zeigt einen Kopf von edlen Proportionen. Die feine Stirn zeugt von seiner geistigen Kraft; die markante, fein gemeißelte Nase, der feste, wohlgeformte Mund und die kräftigen Kiefer deuten auf den eisernen Willen und die ausgeprägte Individualität hin, die er zu besitzen schien. Nicht weniger auffallend und anziehend sind die Augen, die so ruhig und strahlend vor Wahrhaftigkeit, Selbstbeherrschung und Selbstvertrauen blicken. Er war groß, fast sechs Fuß groß und außerordentlich wohl proportioniert. Seine gesamte Erscheinung war einnehmend.

Es ist unmöglich zu sagen, welche Pläne Park für sein zukünftiges Leben hatte, als er sich eine Frau nahm. Wahrscheinlich waren sie sogar für ihn nur unklar. Man kann jedoch mit Sicherheit den Schluss ziehen, dass er damals nicht die Absicht hatte, nach Afrika zurückzukehren. All die Schrecken seiner jüngsten Erlebnisse lasteten immer noch zu sehr auf ihm, als dass er die Idee einer neuen Reise willkommen geheißen hätte. Darüber hinaus musste die Nachstrafe dieser Monate des Hungerns und der grausamen Kost immer noch durch eine eingefleischte Dyspepsie und die damit einhergehenden Übel Trübsinn und Niedergeschlagenheit bezahlt werden. Während er unter seinem Einfluss stand, wurde sein Schlaf sehr gestört, und allzu oft wurde die Nacht zu einem schrecklichen Albtraum, weil er davon träumte, erneut in Gefangenschaft bei den Mauren von Ludamar zu sein und den alten Folterungen und Demütigungen ausgesetzt zu sein.

Wahrscheinlich tat er dies deshalb, als er heiratete, in dem Glauben, dass es keinen Anlass für eine Trennung geben würde – keine Wahrscheinlichkeit, dass er jemals irgendwelche Verpflichtungen eingehen würde, die ihn unfähig machen würden, seiner Pflicht seiner Frau gegenüber als liebevoller, ewiger Mensch nachzukommen. gegenwärtiger Beschützer und Stütze.

Zu keinem Zeitpunkt schien Park jemals von seinem Beruf begeistert gewesen zu sein, und nach dem Leben, das er kürzlich geführt hatte, verspürte er einen Widerwillen, sich in dessen unangemessene Routine einzuleben.

Allerdings fühlte er sich vorerst nicht berufen, eine sofortige Entscheidung über seine zukünftige Lebensaufgabe zu treffen. Die großzügige Vergütung, die er von der African Association erhalten hatte, sowie die Einnahmen aus seinem Buch hatten ihm vorerst eine angenehme Lage beschert. Er konnte es sich daher leisten, abzuwarten, was sich ergeben würde. Er war bekannt geworden. Er hatte mächtige Freunde. Es war also durchaus wahrscheinlich, dass etwas Passendes für ihn gefunden werden würde. In der Zwischenzeit beschloss er, sich in Foulshiels ruhig niederzulassen.

Zu dieser Zeit lebte seine Mutter noch und einer seiner Brüder bewirtschaftete die Farm. Den meisten Familienmitgliedern ging es gut. Eine Schwester hatte, wie wir bereits gesehen haben, Mr. Dickson geheiratet, der es zu bescheidenem Wohlstand und zu beträchtlichem Ruhm als Botaniker gebracht hatte. Eine andere hatte einen wohlhabenden Bauern aus der Nachbarschaft geheiratet. Sein Bruder Adam hatte denselben Weg wie er selbst eingeschlagen und sich als Arzt in Gravesend etabliert; ein zweiter Bruder, Alexander, war zum stellvertretenden Sheriff der Grafschaft ernannt worden, wobei der oberste Sheriff Sir Walter Scott war.

Scott selbst gibt uns in seiner Einleitung zu „Lady of the Lake" eine Skizze dieses Bruders, als er seine Zweifel am Erfolg des Gedichts zum Ausdruck bringt:

„Ich erinnere mich, dass ungefähr zur gleichen Zeit ein Freund (Arch. Park) anfing, ‚meine Hoffnung zu betonen', wie der Sportler mit seiner scharfen Waffe in dem alten Lied. Er wurde als Landwirt erzogen, war aber ein Mann mit starkem Verstand, natürlichem gutem Geschmack und warmem poetischem Gefühl, der vollkommen in der Lage war, die Bedürfnisse einer unvollkommenen oder unregelmäßigen Ausbildung zu befriedigen. Er war ein leidenschaftlicher Bewunderer des Feldsports, den wir oft gemeinsam betrieben." Und dann erzählt Scott weiter, dass er es sich zur Gewohnheit gemacht hatte, ihm das Gedicht vorzulesen, um zu experimentieren, welche Wirkung es auf jemanden hatte, der „nur ein allzu wohlwollender Vertreter der Leser insgesamt" war. Archibald Park blieb viele Jahre lang in Scotts Anstellung und war häufig sein Begleiter bei seinen Bergtouren.

Im Jahr 1799 unterbreitete die Regierung Park bestimmte Vorschläge im Zusammenhang mit seiner Abreise in offizieller Funktion nach New South

Wales. Daraus wurde jedoch nichts, obwohl nicht bekannt ist, ob die Schuld bei der Regierung oder beim Entdecker lag.

Die natürlichen Folgen des Müßiggangs für einen Mann mit Parks Persönlichkeit und früherem Leben wurden bald offensichtlich. Mit einer Frau ohne besonderen Charakter und ohne besondere geistige Fähigkeiten, wie attraktiv und liebenswürdig sie auch sonst sein mochte, konnten seine Gedanken nur wenig in Anspruch genommen werden. Ohne andere Gesellschaft und ohne Arbeit, die ihn beschäftigte, konnte es nur eines geben – Ruhelosigkeit und Auflehnung gegen die Situation, in der er sich befand, und das allmähliche Aufleben der alten Sehnsüchte und Ideen – das unbändige Reisefieber. Gleichzeitig begann er, die Strapazen und Gefahren zu vergessen, die er erlebt hatte, und als sie immer weniger lebendig wurden und allmählich in den Hintergrund seiner Erinnerung traten, begann die Faszination der Entdeckung, des Reisens in fremde Länder und zu fremden Völkern – der Wunsch, das ungelöste Geheimnis des Niger zu lösen – erneut ihre Macht geltend zu machen und ihn mit immer größerer Kraft zu besitzen.

Was die Verfolgung ihrer Arbeit von Westafrika aus anbelangte, ruhte sich die African Association zunächst auf ihren Ruderern aus, obwohl Horneman 1798 entsandt worden war, um von Ägypten aus in den Sudan vorzudringen.

Zweifellos war dies zum Teil auf die enormen Schwierigkeiten und allgegenwärtigen Gefahren zurückzuführen, die Park beschrieben hatte, zum Teil vielleicht auch auf den Krieg, der damals mit Frankreich geführt wurde.

Im Jahr 1800 war Goree gefangen genommen worden, ein Ereignis, das Park dazu inspirierte, am 31. Juli 1800 an Sir Joseph Banks zu schreiben und auf seine Bedeutung im Zusammenhang mit erneuten Versuchen, in das Innere des Kontinents vorzudringen, hinzuweisen. Nachdem er seine Ansichten zu diesem Thema beschrieben hat, fügt er hinzu: „Wenn die Regierung dies vertritt, hoffe ich, dass meine Bemühungen auf der einen oder anderen Station meinem Land von Nutzen sein werden."

Im Jahr 1801 wurden die Verhandlungen mit der Regierung über die Mission in New South Wales wieder aufgenommen. Für eine zufriedenstellende Diskussion der Angelegenheit wurde ein Besuch in London als notwendig erachtet, und dementsprechend finden wir Park im zeitigen Frühjahr in der Metropole.

Wie tief und zärtlich seine Zuneigung zu seiner gewinnenden Frau war, zeigt ein Brief, den er während des Besuchs an sie schrieb – einer der wenigen Einblicke, die wir in die privatere Seite des Charakters des Entdeckers erhalten haben.

Der Brief ist vom 12. März 1801 datiert und lautet wie folgt:

„ MEINE LIEBE AILIE , – nichts macht mir mehr Freude, als dir zu schreiben, und der Grund, warum ich es letztes Mal um einen Tag verschoben habe, war, etwas Geld zu bekommen, das ich dir schicken kann. Sie sagen, Sie möchten eine Notiz für sich selbst ausgeben. Meine süße Ailie, du kannst sicher sein, dass ich damit einverstanden bin. Was mir gehört, gehört auch Ihnen, und ich freue mich sehr über Ihre Güte, mich in einer solchen Kleinigkeit zu befragen. Ich wünschte, ich hätte Tausende, die ich dir geben könnte, aber ich weiß, dass meine Ailie mit dem zufrieden sein wird, was wir haben, und wir werden in der Hoffnung leben, bessere Tage zu sehen. Ich sehne mich sehr danach, bei dir zu sein, meine Liebe, und ich hatte große Hoffnungen, dass die Dinge schon bald geklärt werden, aber Sir Joseph (Banks) ist krank und ich kann nichts tun, bis er sich erholt hat.

„Ich freue mich, dass du mit mir nach New South Wales gehst, meine süße Frau. Du bist alles, was ich mir wünschen kann; Und wohin wir auch gehen, eines können Sie sicher sein: dass ich Sie immer lieben werde. Wann immer ich mich auf diese oder eine andere Situation geeinigt habe, werde ich Ihnen schreiben. Sagen Sie in der Zwischenzeit niemandem Bescheid, bis die Dinge geklärt sind, da zwischen der Tasse und der Lippe viel Platz ist.

„Meine liebe Ailie, du bist ständig in meinen Gedanken. Ich habe diesen Ort satt, kann mir aber die Gelegenheit nicht entgehen lassen, etwas zu unserem Vorteil zu tun. Wenn das geschafft ist, werde ich keinen Moment verlieren. Mein Schatz, wenn wir uns treffen, werde ich der glücklichste Mann auf Erden sein. Schreiben Sie bald, denn ich zähle die Tage, bis ich von Ihnen höre, meine schöne Ailie."

Wieder scheiterten die Verhandlungen mit der Regierung, und es blieb nichts anderes übrig, als dass Park enttäuscht und entmutigt, aber mehr denn je vom Fieber der Unruhe besessen – immer mehr unter dem Einfluss des Niger-Magneten – nach Foulshiels zurückkehrte. Die einzigen Gegenkräfte waren die Liebe zu seiner Frau, die Angst vor der Trennung von ihr und seine Pflicht als Ehemann.

In dieser nicht sehr passenden Stimmung war er gezwungen, sich der Tatsache zu stellen, dass er sich nicht länger auf die vage Hoffnung verlassen durfte, einen passenden Einstieg zu finden, sondern sich auf etwas einlassen musste, auch wenn es seinem Geschmack und seinen Bestrebungen noch so fremd war. Eine Zeit lang dachte er darüber nach, eine Farm zu übernehmen, kam aber schließlich widerwillig zu dem Schluss, dass sein bester Weg darin bestünde, seinen Beruf als Arzt wieder aufzunehmen. Eine freie Stelle bot sich in der Nachbarstadt Peebles an, wo er im Oktober wohnte und ein Haus an der Spitze des Brygate bewohnte, während seine Praxis ein kleines vorspringendes Gebäude war – inzwischen abgerissen – östlich des ersten Chambers-Gebäudes. Institut. In einer Gasse dahinter befand sich sein bescheidenes Labor.

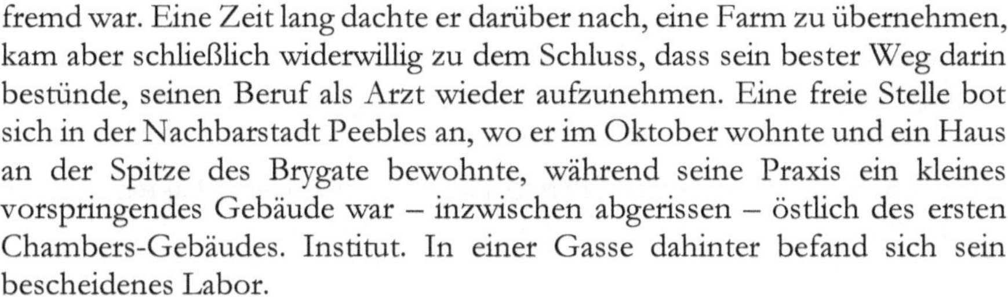

AUSZUG AUS MUNGO PARKS BRIEF AN SEINE FRAU.

Park stürzte sich mit der ihm eigenen Energie und Gründlichkeit in seine Arbeit und sicherte sich schnell einen fairen Anteil an der Arbeit in Stadt und Land. Die Gewinne kamen jedoch den Ärmsten zu, und die Arbeit den Härtesten – so sehr sogar, dass er einmal zu Scott sagte, er „würde lieber Afrika und all seinen Schrecken trotzen, als sein Leben mit langen und mühsamen Ritten über kalte und einsame Heiden und düstere Hügel zu verbringen, heimgesucht vom Wintersturm, für die die Vergütung kaum ausreichte, um Seele und Körper zusammenzuhalten."

Aufgrund dieser beiläufigen Bemerkung formulierte Ruskin, ohne sich die Mühe zu machen, die Geschichte des Mannes näher zu untersuchen, die folgende Anklage. Dieser „furchtbare" Satz, sagt er, „bedeutet, wenn man ihn genauer betrachtet, ein fast völliges Fehlen des Instinkts persönlicher Pflicht – ein völliges Fehlen des Glaubens an den Gott, der ihm seinen Geburtsort, sein Häuschen, aussuchte und ihm seine Lebensaufgabe stellte; ein völliges Fehlen von Interesse an seinem Beruf, von Sinn für

Naturschönheit und von Mitgefühl für die edelsten Armen seines Heimatlandes. Und diese Abwesenheiten sind der klarste Beweis für den Fatalisten aller Laster, die Habgier – in genau der Form, in der sie Scott selbst in den Ruin trieb – die Liebe zum Geld um einer weltlichen Stellung willen."

Nie zuvor wurde eine umfassendere Anklage auf dürftigeren Fakten gestützt. In der Praxis wird Park vorgeworfen, er glaube nicht an Gott und habe kein Pflichtgefühl gegenüber seinen Mitmenschen, weil er seinen Beruf als mühsam und unsympathisch empfinde.

Das Argument scheint zu sein, dass der Mensch ein Atheist und ein Sünder gegen die Gesellschaft ist, der sich nicht damit zufrieden gibt, in der Sphäre zu bleiben, in der er geboren wurde und in der dementsprechend seine Lebensaufgabe göttlich gestellt ist.

Wäre eine solche Position haltbar, wäre schwer vorstellbar, wie ein persönlicher oder sozialer Fortschritt möglich wäre. Daraus würde sich im vorliegenden Fall natürlich ergeben, dass Parks Entscheidung, Arzt statt Bauer zu werden, genauso wenig gerechtfertigt war, wie vielmehr die Entscheidung, lieber Entdecker zu sein als beides.

Ruskin bemängelt jedoch nicht Parks Berufswahl, sondern dass er die einmal getroffene Wahl wieder aufgeben wollte. Wenn es ihm als Jugendlichem, der weder sich selbst noch die Welt kannte und auch nicht den Beruf kannte, den er ergreifen wollte, erlaubt war, sich zu entscheiden, dann war es ihm als Mann, der einige Kenntnisse von allen dreien hatte, ebenso erlaubt, sich zugunsten der Arbeit zurückzuziehen, für die er sich geeignet fühlte. Der Instinkt und die Fähigkeiten, die ihn zum Entdecker machten, waren ebenso von Gott eingepflanzt, wie sein Geburtsort von Gott bestimmt worden war. Darüber hinaus waren jene „edelsten Armen seines Heimatlandes", auf die sich Ruskin so rührend bezieht, nicht allein auf Parks medizinische Hilfe angewiesen – ein Umstand, der seinem endgültigen Entschluss, sie aufzugeben, eine weitere Farbe verliehen hätte. Ärzte gab es in Hülle und Fülle, die gleichermaßen fähig und willens waren, ihnen zu helfen; aber es gab nur einen Mungo Park – einen Mann, soweit bekannt, der durch seine besonderen Gaben und seine große Erfahrung für die besondere und mühsame Arbeit der afrikanischen Erforschung geeignet war. Damit ging die Aufgabe auf ihn über, mit der ganzen Heiligkeit einer von Gott bestimmten Mission, wie er sie auch betrachtete und dementsprechend akzeptierte, unter Ausschluss aller engeren Verpflichtungen.

Es bleibt immer noch der Vorwurf von Avarice, basierend auf Parks einfacher Aussage, dass seine „unaufhörliche Arbeit kaum ausreichte, um Seele und Körper zusammenzuhalten". Hat der Arzt dann weniger Anspruch auf eine gerechte Vergütung für seine Dienste als beispielsweise der Autor, oder teilt Ruskin die nicht selten verbreitete Täuschung, dass die Rechnungen von Metzgern und Bäckern zwar sofortige Bearbeitung erfordern, die Bezahlung des Arztes jedoch als optional anzusehen ist? oder vorbehaltlich der Bequemlichkeit des Patienten. Keine der beiden Annahmen sollte auch nur einen Moment in Betracht gezogen werden. Tatsächlich ruht der Vorwurf auf einer zu schwachen Grundlage, um von einem unvoreingenommenen Geist jemals ernst genommen zu werden, und wir können uns nur mit Bedauern fragen, was Herrn Ruskin bisher dazu gebracht haben könnte, die Gerechtigkeit und Nächstenliebe zu vergessen, die er so gern predigt, um sie zu bringen nach vorne.

Abgesehen von der Aufzeichnung „unaufhörlicher Arbeit" ist wenig darüber bekannt, wie Park die Zeit verbrachte, in der er in Peebles wohnte. Die Stadt selbst wird damals als „still wie das Grab" beschrieben – ein Ruf, den sie immer noch wahrt, wie aus der Anspielung in dem ironischen Satz „Peebles zum Vergnügen!" hervorgeht.

Für Park war das Fehlen der heiteren Seiten des Lebens jedoch eine Kleinigkeit. Die Gesellschaft hatte für ihn nur wenig Anziehungskraft, und er war von strenger schottischer Natur, die alles, was an frivoles Vergnügen grenzte, als beinahe sündig vermied. Vor allem Verehren und den albernen Fragen der Unwissenden und unverschämt Neugierigen schreckte er von Natur aus zurück, obwohl er sich jederzeit freute, mit den Intelligenten und Gutinformierten über seine Reisen und afrikanische Dinge zu sprechen. Ruhe und Abgeschiedenheit lagen ihm jedoch mehr am Herzen und konnten in der friedlichen Kleinstadt in vollen Zügen genossen werden. Die Gesellschaft, die er sich wünschte, hatte er in seinem eigenen häuslichen Kreis, und darüber hinaus war er glücklich in der Vertrautheit, die zwischen ihm und zwei angesehenen Einwohnern entstand – Colonel John Murray von Kringaltie und Dr. Adam Ferguson, früher Professor für Moralphilosophie in Edinburgh und Autor mehrerer bekannter Werke. So mühsam und eintönig sein Berufsleben auch war, es hatte doch auch seine heitereren und humorvolleren Seiten, wie die folgende Geschichte von Dr. Anderson, dem Neffen von Parks Frau, beweist:

„In einer stürmischen Winternacht verirrte sich Park, bis er ein Licht entdeckte, sein Pferd dorthin lenkte und sich vor einer Schäferhütte wiederfand. Zufällig kam der Doktor gerade noch rechtzeitig dort an, denn die Frau des Schäfers war kurz vor der Niederkunft. Er wartete, bis alles sicher vorüber war, und am nächsten Morgen begleitete ihn der Schäfer dorthin, wo er die entfernte Straße sehen konnte. Park bemerkte, dass sein Führer zurückblieb, und fragte ihn nach dem Grund, worauf der einfache oder humorvolle Mann antwortete: „Tatsächlich, Sir, meine Frau sagte, sie sei überzeugt, Sie müssten ein Engel sein, und ich denke, das ist auch so; also behalte ich es einfach im Auge, um sicherzugehen, dass ich Sie fliehen sehe."

Mit der Zeit wurde Parks Sehnsucht, nach Afrika zurückzukehren, immer stärker, genährt von Hoffnungen, die man ihm von Zeit zu Zeit machte. Kaum hatte er sich beispielsweise in Peebles eingelebt, erhielt er einen Brief von Sir Joseph Banks, der ihn darüber informierte, dass die Vereinigung infolge des Friedens (der gerade mit Frankreich geschlossen worden war) beabsichtigte, ihr Projekt, eine Mission nach Afrika zu schicken, um den Niger zu durchqueren und zu befahren, wiederaufzunehmen. Wenn die Regierung sich der Sache annahm, würde Park sicherlich als die richtige Person empfohlen werden, um das Projekt in die Tat umzusetzen. Wie bei früheren Projekten wurde jedoch zunächst nichts daraus, obwohl in den nächsten zwei Jahren mehr oder weniger darüber gesprochen wurde.

Im Herbst 1803 forderte ihn das Kolonialamt auf, unverzüglich nach London zu reisen. Dieser Aufforderung kam er sofort nach. Bei seiner Ankunft unterhielt er sich mit dem Earl of Buckingham, dem Kolonialminister, der ihm mitteilte, dass die Regierung beschlossen habe, eine Expedition nach Afrika auszurüsten, deren Kommando er übernehmen solle, wenn er bereit sei, es zu übernehmen. Es war genau das, was er wollte – genau das, worauf er drei Jahre lang ungeduldig gewartet hatte; dennoch bat er um eine kurze Bedenkzeit und um seine Freunde zu konsultieren. Der Gefallen wurde ihm gewährt und er kehrte nach Schottland zurück. Da die erwähnten Konsultationen größtenteils nur noch Formalitäten waren, wurde seine Zusage innerhalb weniger Tage nach London weitergeleitet, wohin er sofort folgte, nachdem er seine Angelegenheiten geregelt und sich von seiner Familie verabschiedet hatte.

The linked image cannot be displayed. The file may have been moved, renamed, or deleted. Verify that the link points to the correct file and location.

**VERKLEINERTES FAKSIMILE DER AUTOGRAMMKARTE
VON MUNGO PARK.**

KAPITEL XIX.
VORBEREITUNG AUF EINE NEUE EXPEDITION.

Wie bei seiner früheren Expedition hatte Park auch hier das übliche Pech.

Gleich zu Beginn traf ihn die Enttäuschung.

Er hatte Schottland in der Überzeugung verlassen, dass fast alle Vorkehrungen getroffen worden seien und dass eine sehr kurze Zeit ausreichen würde, um die notwendigen Vorbereitungen abzuschließen.

Als er in London ankam, erfuhr er, dass die Abreise der Expedition auf Ende Februar 1804 verschoben worden war. Er wartete mit aller Geduld, die er besaß. Die vorgegebene Zeit verging. Wieder einmal war alles bereit. Ein Teil der für den Dienst vorgesehenen Truppen befand sich tatsächlich an Bord des Schiffes, als Befehle eingingen, die Expedition abzubrechen, bis Lord Camden, der neue Kolonialminister, eine Entscheidung darüber getroffen hatte, ob sie überhaupt gehen sollte oder nicht.

Park war natürlich bitter enttäuscht, wieder aufs offene Meer der Ungewissheit geworfen zu werden. Die Expedition würde nun vielleicht nie aufbrechen, und die Aufgabe, das große afrikanische Problem zu lösen, würde jemand anderem vorbehalten bleiben.

In der Zwischenzeit wurde der Abreisetermin vorläufig auf September verschoben und ihm wurde empfohlen, bis dahin nach Schottland zurückzukehren und die Zeit damit zu verbringen, seine Kenntnisse in astronomischen Beobachtungen zu vervollkommnen und Arabisch zu lernen - Kenntnisse, die später für ihn von größter Bedeutung sein würden.

Ein geeigneter Arabischlehrer wurde in einem gewissen Sidi Ambak Bubi gefunden, der aus Mogador stammte und damals in London lebte. In Begleitung des Mauren kehrte Park im März nach Peebles zurück. Hier blieb er bis Mai, als er die Stadt schließlich verließ und seinen Wohnsitz in Foulshiels nahm, während er auf die Entscheidung des Kolonialamtes wartete.

Zu dieser Zeit kam der große Reisende mit seinem noch bedeutenderen Landsmann und Nachbarn, Sir Walter Scott, in Kontakt, der damals in Ashesteil lebte und von Foulshiels nur durch die scharfe Hügelkette getrennt war, die den Yarrow vom Tweed trennt.

Man könnte meinen, dass es zwischen zwei solchen Männern – der eine vertieft in eine Karriere mit viel Potenzial auf einem neuen Kontinent, der andere schwelgt in einer romantischen Welt rückblickender Gedanken – wenig Gemeinsamkeiten gibt.

In Wirklichkeit gab es viel. Obwohl Scott Freude daran hatte, von der Vergangenheit zu singen und ihre ritterlichen Taten heraufzubeschwören, hatte er eine Seele, die in der Lage war, alle Formen ruhmreicher und abenteuerlicher Unternehmungen zu würdigen, ob sie nun im prosaischen Licht des vergänglichen Augenblicks gesehen wurden oder von der romantischen Unbestimmtheit und Faszination erfüllt waren Glamour, den die Schatten der Zeit um vergangene Tage sammeln. Für einen solchen Mann war Park ein Mann nach seinem Herzen. Wären seine Taten nur von dem Prunk und den Umständen umgeben gewesen, die die der Ritter von einst verherrlichten, hätte Scott sie vielleicht in einem ähnlichen heroischen Stil besungen. Vielleicht wird der Tag kommen, an dem ein weiterer Scott aufsteht, um für Park und seine Nachfolger das zu tun, was Sir Walter und andere für die Heldenfiguren der Geschichte unserer Nation getan haben.

Andererseits konnte Park, der ebenfalls von einem romantischen Instinkt erfüllt war, nicht umhin, von Scotts eigenartigem Genie angezogen zu werden. Darüber hinaus waren beide Schotten, beide Grenzgänger und beide gleichermaßen leidenschaftliche Liebhaber der Minnesänger, Geschichten, Traditionen und Balladen ihres Heimatlandes. Besonders die Balladen lagen Park am Herzen, und er erzählt, wie einer seiner Anhänger auf seiner letzten Expedition „die Nachtwachen mit den Liedern unseres lieben Heimatlandes betörte".

Aber was auch immer die Verbindungen waren, die diese beiden berühmten Männer zusammenführten, sie entwickelten schnell eine sehr herzliche und herzliche Freundschaft, und über die Heidehügel, die sie trennten, wurden häufig Besuche ausgetauscht. Bei einer dieser Gelegenheiten entdeckte Scott, dass Park allein neben der lärmenden Schafgarbe saß, scheinbar müßig und jungenhaft beschäftigt, Steine in den Fluss zu werfen und ängstlich den Blasen zuzusehen, wie sie an die Oberfläche stiegen. Auf die Frage, welches Interesse er an einem solchen Zeitvertreib fände, antwortete Park, dass er die Gewohnheit habe, die Tiefe der Flüsse in Afrika zu ermitteln, bevor er sich an die Überquerung dieser Flüsse wagte – wobei die Zeit, die die Blasen zum Aufsteigen brauchten, ein Hinweis auf die Tiefe sei.

Anfang September kam die lange erwartete Aufforderung, nach London zu fahren, und Park verlor keine Zeit, seine Angelegenheiten zu regeln, bevor er sein Zuhause verließ. Unter anderem stattete er Sir Walter Scott einen Abschiedsbesuch in Ashesteil ab, wo er die Nacht verbrachte. Am nächsten Morgen begleitete ihn sein Gastgeber auf dem Weg nach Foulshiels. Der Weg führte die Glenkinnen hinauf nach Williamhope, von wo aus er über den Bergrücken weiterführte und zwischen dem Brown Knowe und der hügeligen Anhöhe des Broomy Law hindurchführte. Als sie von den

Birkenhängen von Glenkinnen in die mit Heidekraut und Gras bewachsenen Gebiete darüber vordrangen, sprach Park viel über seine Erkundungspläne und die Ergebnisse, die sich für Wissenschaft und Handel ergeben würden, sollte er sich als erfolgreich erweisen.

Unter anderen Bedingungen hätte das Panorama, das sich mit dem Aufstieg des Hügels langsam entfaltet, ausgereicht, um sogar Parks Gedanken nach Afrika und Niger zu lenken. Die verschiedenen Täler und Täler des Tweed, des Gala, des Yarrow und des Ettrick teilen das Land in eine malerische Abfolge von gewundenen Bergrücken, isolierten Hügeln und abgerundeten Berggipfeln, wo Wald, Heidekraut und Gras dem Wald eine abwechslungsreiche Farbe verleihen Höhere Ebenen, während sich unten wogende Ernten und belebte Erntefelder, eine Burgruine und ein Adelshaus, ein bescheidenes Häuschen und ein verstreutes Dorf mit flüchtigen Bach- und Flussstücken, Schafherden und verstreuten Rinderherden vereinen, erzeugen die sanfteren Effekte von „ kultivierte Natur.“

Aber an diesem Tag des Abschieds hing ein bleifarbener Nebel über Berg und Tal und verbarg jedes ihrer Merkmale. Nur hin und wieder hob die Brise einen Zipfel des Schleiers und gewährte einen kurzen, vagen und flüchtigen Blick auf das Tal und die Hügelkuppe. Während sie über die bevorstehende Reise sprachen, schien Scott in der vage definierten Landschaft ein Sinnbild für die Aussichten seines Freundes zu sehen, wo alles problematisch und ungewiss war – der Weg voller unbekannter Gefahren und Fallstricke, nichts Sicheres außer der Anwesenheit von Gefahren in der Umgebung, die keines von beidem bedrohen könnten weder vorhersehbar noch darauf vorbereitet sein. In dieser Unkenntnis über die genaue Natur der Gefahren, denen man sich stellen muss, liegt eine der Hauptschwierigkeiten und Schrecken des Reisens in unerforschte, wilde Länder. Der Reisende weiß nur, dass ihm ganz sicher Gefahren in verschiedenen Formen bevorstehen, und er muss sich auf seine Geistesgegenwart und die Verfügbarkeit von Ressourcen im jeweiligen Moment verlassen, um ihnen auszuweichen oder sie abzuwehren.

Aber Park ließ sich durch keinen Gedanken an die Schwierigkeiten auf dem Weg von seinem Vorhaben abbringen. Auf alles, was Scott einbringen konnte, hatte er eine Antwort. Die Idee, die Frage des Nigers Ende zu lösen, war so von ihm erfüllt, dass er alle Gedanken an sich selbst ausschloss. Man hätte ihn genauso gut bitten können, seinen Glauben an die Existenz Gottes aufzugeben, wie von ihm erwarten können, sein geliebtes Vorhaben aufzugeben.

Endlich lag das Tal des Yarrow vor ihnen. Am Fuße des Tals konnte man vage die „Birkenlaube“ erkennen, von der aus der stattliche Turm von Newark und das bescheidene Häuschen von Foulshiels gleichermaßen auf den schönen, murmelnden Bach hinausblickten.

Hier müssen sie sich verabschieden. Ein Graben trennte die Straße vom Moor, und als Parks Pferd ihn überquerte, stolperte es und wäre beinahe gestürzt. „Ich fürchte, Mungo", sagte Scott, „das ist ein schlechtes Omen." „Freits" (d. h. Omen) „folge denen, die auf sie schauen", war die prompte Antwort; und ohne ein weiteres Wort ritt Park davon und verschwand im Nebel.

Nun blieb es Park nur noch, sich von seiner Frau zu verabschieden. So mutig er auch war, die Tortur war größer, als er zu ertragen wagte. Nicht, dass sie Einwände gegen seinen Weggang erhoben oder ihm irgendwelche Hindernisse in den Weg gelegt hätte. Als sie sah, wie sehr ihr Mann mit dem Herzen dabei war, und vielleicht nicht ohne einen natürlichen weiblichen Stolz darauf, die Frau eines Helden und nicht eines Niemands zu sein, scheint sie seine Entschlossenheit, die Chance zu nutzen, wie selbstverständlich akzeptiert zu haben weitere Unterscheidung durch die vorgeschlagene Expedition. Dennoch wäre der Moment des tatsächlichen Abschieds mit der Aussicht auf eine bestenfalls lange Zeit der Trennung eine Qual. Noch besser als seine Frau wusste Park, wie groß die Chancen waren, dass die Trennung endgültig sein könnte – dass Frau und Kinder, von denen es jetzt drei waren, ihn vielleicht nie wieder sehen würden. So zuversichtlich er dem Erfolg gegenüber auch war, es gab Momente, in denen er nicht anders konnte, als zuzugeben, dass das kommende Unternehmen wie eine verlassene Hoffnung wirkte – Momente auch, in denen es für ihn schwierig wurde, zu erkennen, ob seine Pflicht gegenüber der Menschheit oder gegenüber seiner Familie erfüllt war stärkerer Anspruch auf ihn.

Unter dem Einfluss eines solchen Gefühls der Verzweiflung beschloss er schließlich, sich und seiner Frau die Qualen einer Abschiedsszene zu ersparen. Er begab sich aus geschäftlichen Gründen nach Edinburgh und schrieb ihr von dort seinen letzten Abschiedsbrief.

Bei seiner Ankunft in London im September 1804 legte Park dem Kolonialamt eine schriftliche Erklärung vor, in der er seine Ansichten zu den kommerziellen und geografischen Ergebnissen darlegte, die sich aus der geplanten Expedition voraussichtlich ergeben würden, und gleichzeitig die besten Mittel zur Durchführung der Arbeiten darlegte betrifft Menschen und Güter. In diesem Memorandum erläuterte er den Kurs, den er einschlagen wollte. Er reiste über Bondu, Kajaaga, Fuladu und Bambarra nach Sego, baute ein Boot und reiste über Jenné und Kabara (den Hafen von Timbuktu) durch die Königreiche Haussa, Nyffé (heute Nupé) und Kashna usw. , zum Königreich Wangara. Wenn der Fluss hier enden würde, würde seine größte Schwierigkeit beginnen, betonte er. Die Rückkehr über den Niger, die Durchquerung der Wüste nach Tripolis oder Ägypten oder die Weiterfahrt nach Osten zum Nil und nach Abessinien hielt er für gleichermaßen schwierig. Der gangbarste Weg schien der Weg zur Bucht von Benin zu sein.

Wenn der Niger jedoch, wie er zuversichtlich glaubte, in Wirklichkeit der Kongo wäre, würde er ihm bis zu seinem Ende folgen. Nachdem er die Gründe für seine Überzeugung dargelegt hatte, schloss Park mit der Meinung, dass „Eure Lordschaft, wenn sie die oben genannten Gründe ordnungsgemäß abgewogen haben, Sie zu dem Schluss kommen werden, dass meine Hoffnungen auf eine Rückkehr über den Kongo nicht ganz phantasievoll sind und dass die Expedition Obwohl es mit äußerster Gefahr verbunden ist, verspricht es für Großbritannien den größten Nutzen zu bringen. Aus kommerzieller Sicht ist es die zweitgrößte Entdeckung nach der Entdeckung des Kaps der Guten Hoffnung und aus geografischer Sicht sicherlich die größte Entdeckung, die noch auf der Welt gemacht werden muss" – eine sehr starke Aussage des In diesem Fall muss man zugeben, dass Niger und Kongo zweifellos kaum zu stark gewesen wären, wenn sie sich als eins erwiesen hätten.

Park war von einem westafrikanischen Handelsmann namens George Maxwell zu dieser Ansicht über die Identität der beiden großen Flüsse bekehrt worden, der einen großen Teil des Kongo in der Nähe seiner Mündung gesehen und eine Karte mit den Ergebnissen seiner Beobachtungen veröffentlicht hatte. Bei genauerer Betrachtung waren die Argumente dafür von geringem Wert und ergaben sich praktisch aus der Tatsache, dass es einen großen Fluss mit südlicher Strömung gab, dessen Ende unbekannt war, während es weiter südlich einen zweiten gab, den Kongo, dessen Ursprung ebenso ein Rätsel war. Verlängert man diese in die erforderliche Richtung, ergibt sich die Identität, und das Rätsel beider ist gelöst.

In der Zwischenzeit blieb Major Rennell mit der ganzen Hartnäckigkeit des Sesselgeographen und des Mannes einer einzigen Idee bei seiner Ansicht. Für ihn endete der Niger in den Wüstenwüsten von Wangara und Ghana. Unglücklicherweise für seine Theorie verwechselte der Major unbewusst zwei Wangaras, die fünfzehnhundert Meilen und mehr voneinander entfernt waren, und ebenso das alte Reich Ghana am Mittellauf des Niger mit Kano am östlichen Ende der Haussa-Staaten. Eine ähnliche Verwirrung taucht auch in Parks Memorandum auf, wo er von der Fortsetzung des Flusses nach Nupé nach Kashna (Katsina) und dem Königreich Wangara spricht.

In der Tat kommt es uns heute merkwürdig vor, dass selbst zu dieser Zeit kein Geograph jemals vermutet hat, dass der Ausfluss des Niger in der Bucht von Benin liegen könnte, inmitten der zahlreichen Bäche, die den niedrigen sumpfigen Mangrovenboden durchdringen, der hier die Bucht begrenzt. Wenn wir die Karte betrachten, scheint uns dieser Vorschlag selbstverständlich zu sein, doch Park musste den Flusslauf nach Süden in den Kongo verlagern; Rennell drehte ihn nach Westen und beendete ihn dort, wo auf unseren Karten jetzt der Tschadsee liegt, während es nicht an anderen fehlte, wie Jackson, der darauf beharrte, ihn mit dem Nil zu verbinden, „en abusant, pour ainsi dire, du riesig carrière que l." „intérieur de l'Afrique y laissait prendre", wie D'Anville über frühere Geographen gesagt hatte.

Was auch immer wir jetzt über Parks Theorien über die Beendigung des Niger denken mögen, sie erschienen zu seiner Zeit keineswegs absurd. Die wildesten Vermutungen waren zulässig, wenn es um einen riesigen Fluss ging, der in ungewissem Verlauf durch einen auf unseren Karten noch leeren Kontinent fließt. Dementsprechend wurde sein Memorandum von Lord Camden positiv aufgenommen und die Entsendung der Expedition zur Umsetzung der Ideen des Reisenden beschlossen.

Bei seiner Rückkehr sollte Park eine großzügige Entschädigung gewährt werden, und es wurde auch festgelegt, dass die Regierung für den Fall seines Todes oder wenn innerhalb einer bestimmten Frist nichts von ihm gehört wurde, eine bestimmte Summe als Rückstellung zahlen sollte seine Frau und seine Familie.

In der Zwischenzeit argumentierte Rennell in äußerst freundlicher Weise nicht nur gegen Parks Ansichten hinsichtlich der Niger-Endung, sondern riet ihm auch dringend, sein gefährliches Projekt aufzugeben. Allerdings mit ebenso wenig Erfolg in dem einen wie in dem anderen Fall. Die Entschlossenheit des Forschers war ebenso wie seine Ansichten nicht zu erschüttern. Sir Joseph Banks nahm eine eher philosophische Position ein. Er gab zu, dass das Unternehmen gefährlich war; aber da die Arbeit nicht ohne Lebensgefahr durchgeführt werden konnte, konnte er nicht versuchen, Park davon abzubringen, da dieser der Mann war, der es am ehesten mit der geringsten Gefahr eines tödlichen Ausgangs durchführen konnte.

Allmählich nahmen die Angelegenheiten der Expedition Gestalt an. Dr. Alexander Anderson, Parks junger Schwager, wurde zu seinem Stellvertreter ernannt, und Mr. George Scott, ein Landsmann aus dem Tal, wurde der Gruppe als Zeichner hinzugefügt. Einige Bootsbauer und Handwerker sollten die Gruppe aus England begleiten, um das Boot zu bauen, das zur Navigation durch den Niger bestimmt war, wenn dieser erreicht wurde. Soldaten zur Unterstützung und zum Schutz der Expedition sollten in Goree ausgewählt werden, wo eine Garnison des afrikanischen Korps stationiert war.

Es war nun von größter Wichtigkeit, dass die Expedition England sofort verließ, wenn sie die Trockenzeit ausnutzen wollte. Aber die offizielle Bürokratie ließ sich ebenso schwer zu Aktivität und Leben anregen wie die afrikanische Apathie, und trotz seiner größten Bemühungen, die Dinge voranzutreiben, kam es immer wieder zu Verzögerungen, und Park sah, wie die gute Saison allmählich zu Ende ging, während er sich nur noch mit der quälenden Vorstellung all der zusätzlichen Schwierigkeiten und Gefahren herumschlagen musste, die die Regenfälle mit sich brachten. So gingen zwei ganze Monate verloren, und als er schließlich seine offiziellen Anweisungen erhielt, wusste er, dass die Regierung durch ihr anhaltendes Zögern viel, wenn nicht sogar alles, getan hatte, um ein katastrophales Ende der Expedition sicherzustellen.

In den ihm übermittelten Anweisungen wurde Parks Auftrag so definiert, dass er herausfinden sollte, ob und in welchem Umfang im Inneren Afrikas Handelsverkehr zum gegenseitigen Nutzen der Eingeborenen und der Untertanen Seiner Majestät etabliert werden könne. Er wurde angewiesen, Gambia hinaufzufahren und von dort über den Senegal an die Ufer des Niger zu gelangen. Das besondere Ziel seiner Reise bestand darin, den Verlauf des Niger zu bestimmen und eine Kommunikation mit allen verschiedenen Nationen an seinen Ufern herzustellen. Es stand ihm frei, jeden Rückweg zu wählen, der ihm am geeignetsten erschien, indem er entweder nach Westen zum Atlantik abbog oder nach Kairo marschierte.

Um diese große Mission erfolgreich durchführen zu können, wurde ihm ein Hauptmannspatent und Anderson ein Leutnantposten verliehen. Fünfundvierzig europäische Soldaten und so viele Eingeborene, wie er für nötig hielt, sollten in Goree ausgewählt werden, und eine ausreichende Anzahl Esel in St. Jago. Er wurde außerdem ermächtigt, jeden gewünschten Betrag bis zu einem Betrag von 5.000 Pfund zu kassieren.

KAPITEL XX.
PARKS ZWEITE RÜCKKEHR NACH GAMBIA.

Am 31. Januar 1805 segelte Park mit seinen Begleitern und vier oder fünf Handwerkern von Portsmouth an Bord des Transportschiffs *Crescent* nach St. Jago auf den Kapverden.

Bei der Überquerung der Biskaya wurden sie durch Stürme und Gegenwinde erheblich aufgehalten, so dass sie fünf Wochen brauchten, um ihr Hauptziel zu erreichen. Von St. Jago, wo sie 44 Esel kauften, reisten sie weiter nach Goree und kamen dort am 21. März an. Hier wurde die Idee einer Expedition nach Niger von Offizieren und Mannschaften gleichermaßen mit solcher Begeisterung aufgenommen, dass die gesamte Garnison bereit war, mitzumachen – die Offiziere wegen des Abenteuers und der Ehre, die Mannschaften wegen des höheren Solds und der versprochenen Entlassung bei ihrer Rückkehr.

Ein Offizier, Leutnant Martyn, wurde ausgewählt und mit ihm 35 einfache Soldaten und zwei Matrosen.

Parks Idee, eine beträchtliche Anzahl europäischer Handwerker und Soldaten mitzunehmen, muss als einer der größten Fehler angesehen werden, die er jemals begangen hat. Ein kurzer Gedanke hätte ihm sicherlich sagen müssen, dass für ihn die schreckliche Gefahr lief, die meisten Menschen durch den Tod schnell zu verlieren, und dass die Mehrheit derjenigen, die am Leben blieben, durch Krankheit eher ein Hindernis als eine Hilfe für ihn sein würden. Er hätte wissen müssen, dass diese unwissenden Männer nicht das waren, was er selbst zu sein schien – durch die Entschlossenheit, ein bestimmtes großes Ziel zu erreichen, vor Krankheit und Entbehrungen geschützt. Gegen alle Formen des Todes, mit Ausnahme des gewaltsamen Todes, war sein *Wille* für ihn wie eine magische Post. Bei seinen Männern war das anders. Da sie nicht wussten, was vor ihnen lag – unfähig, es zu begreifen, selbst wenn man es erzählt hätte –, sahen sie in dem Unternehmen lediglich eine gewisse Freiheit von lästigen Garnisonsbeschränkungen und militärischer Disziplin, höhere Gehälter und die Aussicht auf eine vorzeitige Entlassung. Für alles andere waren sie blind.

Angesichts der täglichen Gefahren, Entbehrungen und unaufhörlichen Mühen erkannten sie schnell ihren Fehler. Alles war vergessen, bis auf das gegenwärtige körperliche Leiden. Krank und entmutigt, was war für sie die Frage nach dem Kurs des Niger? Ein bloßer Name, ohne die Kraft, ihre Fantasie anzuregen oder ihre Begeisterung zu wecken. Wie unbedeutend erschien auch die materielle Vergütung. Wenn es also nichts gibt, was sie aufmuntert, nichts, womit sie lockt und was sie davon abhält, ihre Probleme zu vergrößern und darüber nachzudenken, kann es nichts als Apathie geben

– mit Apathie, Verzweiflung und schließlich dem Tod. Dies war mehr oder weniger die Geschichte fast aller afrikanischen Expeditionen, bei denen unwissende europäische Männer eingesetzt wurden, die versucht waren, sich nur wegen der Bezahlung oder aus anderen Erwägungen persönlicher Natur anzuschließen. Je mehr sich die Mitglieder einer Expedition von ihren eigentlichen Zielen inspirieren ließen, desto mehr überlebten sie, weil sie ihren Nöten und Krankheiten weniger Aufmerksamkeit schenkten. Je weniger sie an sich selbst dachten und je mehr sie sich auf ihre Arbeit konzentrierten, desto größer waren ihre Chancen, durchzukommen.

Aber obwohl alle Weißen der Garnison von Goree bereit waren, Park zu begleiten, konnte keiner der dortigen Neger dazu überredet werden, sich ihm anzuschließen, und so musste er sich darauf verlassen, die Eingeborenen, die er brauchte, nach Gambia zu bekommen. Er verließ Goree am 6. April und erreichte wenige Tage später Kayi in Gambia.

Die Aussicht, die sich ihm nun bot, war alles andere als angenehm. Die Regenzeit, die er mit so gutem Grund fürchtete, rückte rasch näher. Es gab nur zwei Alternativen – entweder bis zur nächsten Trockenzeit zu warten, bevor er aufbrach, oder weiterzugehen und das Schlimmste in Kauf zu nehmen – Fieber, Regen, Sümpfe, über die Ufer getretene Flüsse und all die anderen Begleiterscheinungen der Regenzeit. Diese würden zweifellos viele Krankheiten, wahrscheinlich viele Todesfälle, unzählige ärgerliche Verzögerungen und andere Probleme mit sich bringen – und die Gefahren und Strapazen der Expedition tatsächlich um das Hundertfache erhöhen. Andererseits würde das Warten eine Verzögerung von sieben Monaten bedeuten – sieben Monate Untätigkeit, unerträgliche Sorgen an der Schwelle des Unternehmens. Diese Idee kam nicht in Frage. Außerdem waren Menschen, Tiere und Güter reisebereit, und die Regierung erwartete, dass sie sofort losfuhren. Eine Verzögerung dieser Art war nicht vorhergesehen und in Parks Anweisungen nicht vorgesehen. Von den beiden Übeln wählte er daher dasjenige, das am ehesten mit seinem eigenen eifrigen Geist im Einklang stand, und beschloss, alles zu riskieren und sofort aufzubrechen. Nachdem er sich einmal entschieden hatte, legte er alle Ängste und Befürchtungen beiseite und ließ nichts zu, dass seine optimistischen Hoffnungen gedämpft wurden. In diesem Geist schrieb er an Dickson: „Im Moment sieht alles so günstig aus, wie ich es mir nur wünschen könnte, und wenn heute alles gut geht, werde ich in sechs Wochen im Wasser des Niger auf all Ihre Gesundheit trinken. Die Soldaten sind bei bester Gesundheit und guter Laune. Sie sind die schneidigsten *Männer*, die ich je gesehen habe, und wenn sie gesund bleiben, können wir uns vor jedem feindlichen Angriff der Eingeborenen vollkommen schützen. Ich habe wenig Zweifel, dass ich mit

Geschenken und guten Worten durch das Land zum Niger gelangen kann, und wenn wir erst einmal über Wasser sind, ist der Tag gewonnen."

Wir können uns leicht vorstellen, dass Park in diesem Brief keine getreue Darstellung seiner tatsächlichen Lage zum Zeitpunkt des Schreibens gibt. Er mag seine Hoffnungen wahrheitsgetreu genug ausgedrückt haben, aber er vermeidet es sorgfältig, die damit einhergehenden Ängste zu zeigen. Welche genaue Bedeutung der Begriff „schneidig" in Bezug auf seine Soldaten in Bezug auf ihre Qualitäten als Mitglieder einer afrikanischen Expedition hat, könnte Gegenstand einer Diskussion sein; aber während wir allen Grund zu der Annahme haben, dass sie das Beste waren, was die Garnison zu bieten hatte, muss auch daran erinnert werden, dass das afrikanische Korps der Rest der britischen Armee zu einer Zeit war, als es der Haupttreffpunkt der Schurken des Landes war. Ein Aufenthalt in einer westafrikanischen Garnison, wie kurz er auch sein mochte, hätte weder ihre körperliche Verfassung, ihre Moral noch ihre Disziplin verbessern können und war sicherlich nicht dazu geeignet, sie auf eines der gefährlichsten und anstrengendsten Unterfangen vorzubereiten, das ein Mann eingehen konnte und das moralische und physische Qualitäten erforderte, die nur sehr wenige besitzen.

Zu seinem Fehler, eine so große Gruppe Europäer mitzunehmen, kam noch ein schlimmerer Fehler hinzu, für den es kaum eine Entschuldigung gibt. Nirgendwo in seinem Tagebuch finden wir einen einzigen Hinweis darauf, dass er einheimische Gefolgsleute hatte, die die üblichen Plackereien im Lager und auf der Straße verrichteten. Dies war ein Mangel an Voraussicht, der bei jemandem, der wusste, was vor ihm lag, fast unglaublich erscheint, und die Folgen, die sich ergaben, als alle Männer krank wurden, waren unbeschreiblich katastrophal.

Zu den extremen Gefahren und Strapazen, die eine Afrikaexpedition immer mit sich bringt, kam also noch hinzu, dass Park zur denkbar ungünstigsten Jahreszeit und mit der denkbar ungünstigsten Auswahl an Männern aufbrach. Was dabei herauskam, werden die folgenden Seiten zeigen.

Am 27. April 1805 war alles zum Marsch bereit. Der Ausgangspunkt war Kayi am Fluss Gambia, ein paar Meilen unterhalb von Pisania, dem Ort, von dem aus Park seine erste Expedition startete. Wie anders waren seine Vorbereitungen für diesen neuen Versuch. Im ersteren war er in Begleitung eines Mannes und eines Jungen ins Landesinnere aufgebrochen – ein einzelner Esel, der alle Waren und Vorräte trug, die er brauchte. Diesmal wurde er mit vierundvierzig Europäern und einer großen Menge Gepäck aller Art versorgt, das von ebenso vielen Eseln transportiert wurde, wie es Männer gab. Wie bereits gesagt, finden wir in seinen Briefen oder Tagebüchern keinen Hinweis darauf, dass er einheimische Bedienstete hatte, obwohl es möglicherweise ein oder zwei als persönliche Diener gab. Isaaco, ein Mandingo-Priester und Kaufmann, war als Führer engagiert worden und wurde offenbar von mehreren seiner eigenen Leute begleitet.

Unter dem Schutz eines Saluts der *Crescent* und anderer Schiffe, die sich auf dem Fluss versammelt hatten, verließ die Karawane Kayi und machte sich auf den Weg ins Landesinnere - jeder Mann war, seinem Temperament, seinen Bestrebungen und seiner Erziehung entsprechend, erfüllt von den unterschiedlichsten Gefühlen der Hoffnung und Angst und fühlte sich zugleich angezogen und abgestoßen von dem vagen Unbekannten, das vor ihm lag.

Die Probleme und Sorgen, die mit der Führung einer großen Karawane durch Afrika verbunden sind, wurden nur zu schnell offensichtlich. Der Tag war extrem heiß. Unter dem Einfluss der überwältigenden Temperaturen legten sich die überladenen Esel hin und weigerten sich, weiterzugehen, während andere, die sich über die Belastung ärgerten, alles taten, um sich freizukämpfen, und so ihren Führern unendlich viel Ärger bereiteten.

Die Männer selbst, frisch vom entspannten Leben und den groben Ausschweifungen einer westafrikanischen Garnison, begannen bald nachzugeben, ebenso wie ihre Esel, so dass die Karawane bald nicht mehr eine durchgehende Linie war, sondern in getrennte Gruppen und isolierte Einzelpersonen aufgeteilt wurde Hier ausruhen, dort kämpfen. Schließlich war die Gruppe völlig gespalten, einige unter Leutnant Martyn gingen in die eine Richtung, der Rest mit Park in die andere. Gegen Abend kamen sie wieder zusammen und erreichten völlig erschöpft von ihrem ersten Marsch einen geeigneten Lagerplatz. Am nächsten Tag wurde Pisania erreicht, und hier war ein Halt erforderlich, um letzte Vorbereitungen zu treffen und acht weitere Esel zu kaufen.

Am 4. Mai wurde die Reise fortgesetzt. Die Karawane wurde in sechs Gruppen aufgeteilt, jede mit der entsprechenden Anzahl an Tieren, die zur einfachen Identifizierung markiert war. Scott und einer von Isaacos Männern führten den Weg, Martyn übernahm die Führung der mittleren Gruppe, während Anderson und Park die Nachhut bildeten. Selbst mit den zusätzlichen Lasttieren wiederholten sich die Schwierigkeiten, die den ersten Marsch gekennzeichnet hatten – Schwierigkeiten, die von Tag zu Tag quälender wurden, da die Kräfte der Esel nachließen und ihre Treiber nach einiger Zeit krank wurden. Die Anführer wurden jeweils mit Reitpferden ausgestattet, aber schon nach kurzer Zeit mussten sie aufstehen, damit ihre Tiere zum Transport der Lasten der kranken Esel eingesetzt werden konnten. Nach ein paar weiteren Tagen reichte dies ebenfalls nicht aus, und es mussten neue Esel und neue Treiber angeheuert werden.

Am vierten Tag auf dem Weg nach Pisania wurden zwei Soldaten von Ruhr befallen, und eine weitere Verstärkung der Karawane wurde für notwendig erachtet. Innerhalb einer Woche erreichte die Expedition Medina, die Hauptstadt von Wuli, ohne besondere Pannen, aber mit immer größeren Sorgen um ihren Anführer.

Die für Negerrassen so charakteristische Gesinnung für Geschäfte zeigte sich gut bei den Frauen von Bambaku, die, als sie von der Ankunft der Weißen hörten, das gesamte Wasser aus den Brunnen schöpften, in der Hoffnung, die Fremden zu zwingen, es zu kaufen ein hoher Preis für Perlen und andere Schmuckstücke, die dem Negerherz am Herzen liegen. Dabei wurden sie jedoch von den Soldaten überlistet, und sie erlebten die unaussprechliche Demütigung, als sie sahen, dass vierundzwanzig Stunden Arbeit völlig verloren und die Perlen so unerreichbar wie eh und je waren.

Unterdessen verbreitete sich die Nachricht vom Durchzug einer reichen, von vielen Europäern geführten Karawane wie ein Lauffeuer, wurde mit jeder Meile übertriebener und versetzte alle Räuberbanden und Häuptlinge in Alarmbereitschaft. Angesichts solcher Gerüchte war es notwendig, mit großer Umsicht und in ständiger Bereitschaft für einen Angriff zu reisen. Niemand durfte seine Waffe weglegen. Um die Hilfe einer höheren Macht als der des Menschen anzurufen, legte Isaaco beim Betreten der angeblich gefährlichen Wälder von Simbani einen schwarzen Widder über die Straße und schnitt ihm, nachdem er ein langes Gebet gesprochen hatte, als Opfer die Kehle durch. In diesen Wäldern lebten Hunderte von Antilopen. Der Gambia, wo er sie durchquerte, war hundert Meter breit und zeigte eine spürbare Flut. Auf dem Sand tummelten sich zahlreiche Alligatoren, während es in den Teichen von Flusspferden wimmelte. Von einer Anhöhe aus betrachtet wirkte das Land im Westen überaus reich und bezaubernd. Der Verlauf Gambias war an den Saumlinien dunkelgrüner Bäume zu erkennen, die sich in Serpentinenkurven seewärts windeten.

An einem Ort namens Faraba erlitt einer der Soldaten beim Entladen der Tiere, die sich auf das Campen vorbereiteten, einen epileptischen Anfall und verstarb nach einer Stunde. Wasser konnte hier nur durch Graben gewonnen werden. Während der Nacht, da sie sich in der Wildnis befanden und angreifbar waren, wurden doppelte Wachposten rund um das Lager aufgestellt, und jeder Mann schlief mit seiner geladenen Muskete neben sich.

Am nächsten Morgen überquerten sie den Bach Neaulico, der damals fast ausgetrocknet war, und in dieser und einer folgenden Nacht lagerten sie im Wald, das zweite Mal am Fluss Nerico.

Am 18. erreichte die Karawane Jallacotta, die erste Stadt von Tenda.

Zwei Tage später wurden sie vom Häuptling des unabhängigen Dorfes Bady unverschämt empfangen. Er lehnte die ihm zu zahlende Karawanensteuer ab und drohte mit Krieg, falls seine exorbitanten Forderungen nicht erfüllt würden. Park versuchte persönlich, den Streit zu schlichten, wurde aber nur mit Drohungen konfrontiert. Den Soldaten wurde sofort befohlen, sich auf alles gefasst zu machen, was auch immer passieren könnte, während dem Häuptling gesagt wurde, dass man ihm nichts mehr geben würde und dass man einen anderen finden würde, wenn er ihnen die friedliche Durchreise durch seinen Bezirk nicht gestatte. Nach vielen zornigen Worten bereitete Park sich darauf vor, seinen Entschluss in die Tat umzusetzen, doch bevor die notwendigen Vorbereitungen abgeschlossen waren, wurde Isaacos Pferd von den Badyern beschlagnahmt. Als der Besitzer es zurückfordern wollte, wurde er selbst ergriffen, seines Gewehrs und Schwertes beraubt, an einen Baum gebunden und ausgepeitscht. Gleichzeitig wurde sein Junge in Ketten gelegt.

Es war inzwischen dunkel, aber es musste sofort gehandelt werden. Daher betrat Park mit einer Abteilung Soldaten das Dorf, um die Pferderäuber zu ergreifen, mit der Absicht, sie als Geiseln zu nehmen, damit der Führer sicher ausgeliefert werden konnte. Dieser Versuch führte natürlich zu großem Aufruhr und endete schließlich in Schlägereien und der Vertreibung aller Leute des Häuptlings aus dem Dorf. Isaaco war jedoch nirgends zu finden, und Park wusste nicht recht, was er tun sollte. Es wäre natürlich leicht gewesen, das Dorf niederzubrennen, aber das hätte Tod und Verderben für viele unschuldige Menschen bedeutet, möglicherweise ohne den gewünschten Effekt zu erzielen. Unter diesen Umständen hielt man es für ratsam, mit einem Angriff bis zum Tagesanbruch zu warten. Diese Vorgehensweise erwies sich als klug und menschlich, denn am Morgen wurde Isaaco befreit und sein Pferd zurückgegeben, sodass alles schließlich einvernehmlich endete.

Am 24. Mai sah man im Südosten viele Blitze – eine unheilvolle Vorahnung der nahenden Regenfälle. Von der Gruppe konnten nur Park und Isaaco erkennen, was diese elektrischen Blitze für das Schicksal der Expedition bedeuteten.

Ihr Weg für die nächsten drei Tage führte durch die Wildnis von Tenda – mit all den harten Märschen, knappen Rationen und spärlichen Wasservorräten, die eine unbewohnte Gegend am Ende der Trockenzeit mit sich bringt und die durch die außerordentlich malerische Landschaft kaum wettgemacht werden konnten.

Im zweiten Lager in der Wildnis passierte ihnen ein außergewöhnliches Unglück. Ein Bienenstock wurde von einem der Männer gestört, woraufhin die Bienen in Myriaden wütend ausschwärmten, um die Eindringlinge anzugreifen. Sie fielen über Mensch und Tier her und hatten im Handumdrehen jedes zwei- und vierbeinige Wesen im Lager in die Flucht geschlagen. Die Männer warfen ihre Waffen nieder – alles – und flohen entsetzt, zusammen mit den wild schreienden Eseln. Auch die Pferde rissen sich los und galoppierten in Panik in den Wald. Inzwischen begannen die Feuer, die so unbewacht entfacht worden waren, sich rasch auf das umliegende trockene Gras und die Bambussträucher auszubreiten. Als Park und seine Gefährten Zeit hatten, sich umzusehen, stellten sie zu ihrem Entsetzen fest, dass das ganze Lager in Flammen stand und vom völligen und unwiederbringlichen Untergang bedroht war.

Alle anderen vergessend angesichts der schrecklichen Gefahr für die Expedition eilten diejenigen, die am wenigsten unter den wütenden Bienen gelitten hatten, zurück, um zu retten, was sie konnten. Glücklicherweise ist es nicht zu spät. Bevor das Feuer die Waren erreichte, waren Park und einige der Männer bereit, den Feind zu empfangen, und es gelang ihnen schließlich, ihn zu löschen.

Als die drohende Feuersbrunst vorüber war, konnten die Pferde und Esel mit Mühe aus dem Wald zurückgeholt werden, viele von ihnen waren schrecklich gestochen und am Kopf geschwollen. Drei Tiere außer Isaacos Pferd verschwanden vollständig. Ein Esel starb an diesem Abend, ein weiterer am nächsten Morgen, und ein dritter musste ausgesetzt werden, so brutal und tödlich war der Angriff der Bienen gewesen.

Auf dem Weg durch Wuli und Tenda bemerkte Park viele seltsame Aberglauben . An einem Ort glaubte man, der Tod sei das Teil eines jeden, der unter einem bestimmten Baum schlief; in einem anderen Fall dürfen die Fische im Fluss nicht gefangen werden, sonst würde das Wasser völlig austrocknen; Bei einem dritten muss jeder Reisende, der sich einer sicheren Reise versichern möchte, einen bestimmten Stein anheben und umdrehen.

In Julifunda stellte der Häuptling übertriebene Anforderungen an die Karawane und drohte, sie im Wald anzugreifen, wenn diese nicht erfüllt würden. Parks entschlossene Haltung, gepaart mit einer Ergänzung zu seinem ersten Geschenk, brachte den Streit jedoch zu einem gütlichen Ende, und es wurde ihm gestattet, seinen Weg unbehelligt fortzusetzen.

Die Expedition hatte nun die östlichen Grenzen des Gambia-Beckens erreicht, und Park schrieb seiner Frau nach Hause und beschrieb seine Situation wie folgt:

„Wir haben die Hälfte unserer Reise (*d. h.* bis zum Niger) ohne den geringsten Unfall oder unangenehme Umstände hinter uns. Wir sind alle gesund und stehen mit den Eingeborenen auf dem freundschaftlichsten Fuß … Bis zum 27. Juni erwarten wir, unsere gesamte Landreise beendet zu haben, und wenn wir erst einmal auf dem Fluss sind, werden wir beschließen, uns nach England einzuschiffen. Ich war nie auch nur im Geringsten krank, und Alexander (der Bruder von Frau Park) ist völlig frei von all seinen Beschwerden … Wir führen unsere eigenen Lebensmittel mit und leben sehr gut – tatsächlich hatten wir nur eine sehr angenehme Reise; und doch dachten wir, dies wäre der schlimmste Teil davon."

Rückblickend hatte Park zweifellos allen Grund, mit seiner bisherigen Reise zufrieden zu sein. Seine Männer schienen eifrig genug gearbeitet zu haben — zumindest finden wir in seinem Tagebuch keine Hinweise auf Ungehorsam, Murren oder schlechtes Benehmen. Aber er hatte auch nie die Angewohnheit, seinen Problemen auch nur die geringste Bedeutung beizumessen. Für ihn war es wichtiger, sagen zu können, dass er einen Tagesmarsch näher an den Niger herangekommen war, als dass er eine Woche lang wahnsinnigen Sorgen ausgesetzt gewesen war. Alle Unannehmlichkeiten und Unannehmlichkeiten behandelte er wie die unterdrückten Abenteuer seiner früheren Erzählung, von denen er sagte, dass sie, da sie nur für ihn selbst wichtig seien, den Leser nicht damit ermüden würden, sie zu erzählen.

DAS LAGER DES MUNGO PARK.

Es ist nur allzu wahrscheinlich, dass er viel Ärger mit seinen Männern hatte, und aus den Zeilen erfahren wir, dass er eine enorme Menge Arbeit zu erledigen hatte – er musste sich unterwegs um seine Karawane kümmern, Lebensmittel einkaufen und im Lager unzählige Palaver abhalten usw. Sogar die Nächte konnte er nicht sein Eigen nennen, denn zu jeder Tages- und Nachtzeit mussten Breiten- und Längengrade gemessen werden – Notizen geschrieben und die Messungen berechnet werden. Er musste gleichzeitig

Aufseher, Lebensmitteleinkäufer, Dolmetscher, Landvermesser, Arzt und allgemeiner Inspirator der gesamten Gruppe sein. Aber er war allem gewachsen, was man ihm aufbürden konnte. In ihm steckte eine tragende Kraft, die niemand um ihn herum kannte und die ihm die Kraft eines Riesen und den Geist der Götter verlieh.

KAPITEL XXI.
IMMER NOCH KÄMPFEN WIR ZUM GROSSEN FLUSS.

In seinem Brief nach Hause achtete Park darauf, nur zurückzublicken: Jetzt ist es unsere Aufgabe, ihn vorwärts zu begleiten und zu sehen, was passierte, als er auf dem Weg zum Niger das Senegalbecken überquerte.

Am 7. Juni überquerte er den Samaku, der nach Norden fließt, um in den Falemé zu münden, und aus Angst vor einem Angriff reiste er in einem Gewaltmarsch schnell durch ein unbewohntes Viertel. Hier mussten zwei der Esel zurückgelassen werden, und da es keinen Leitweg gab, wurden bei Einbruch der Dunkelheit häufig Musketen abgefeuert, um zu verhindern, dass die Männer sich gegenseitig verloren.

Früh am nächsten Tag wurde die Falemé in der Ferne gesehen. Der Zimmermann, der sehr krank geworden war, konnte nicht aufrecht auf einem Esel sitzen und warf sich immer wieder ab und erklärte, dass er lieber sterben würde. Zuletzt brauchten zwei Männer, um ihn mit Gewalt auf seinem Sitz festzuhalten, und am Falemé, der im Laufe des Tages überquert wurde, musste er unter der Obhut eines Soldaten zurückgelassen werden. Er starb einige Stunden später.

In dieser Nacht wurde die Karawane von einem schweren Tornado heimgesucht. Fünf Soldaten, die sich nicht in ausreichendem Schutz befanden und nass wurden, erkrankten infolgedessen.

Es ließ sich nicht länger ignorieren, dass die Regenzeit endlich einsetzte, und zwar gerade, als sie sich in dem Flussnetz befanden, in das sich Senegal und Niger an ihren oberen Ausläufern teilen. Eine schreckliche Notwendigkeit ihrer Situation war, dass sie, ob krank oder nicht, nicht anhalten konnten, um eine mögliche Genesung zu ermöglichen. Sie mussten weiter in Richtung ihres Ziels marschieren, auch wenn der Weg durch die Leichen ihrer Kameraden markiert sein würde. Je länger sie warteten, desto schwieriger würde der Marsch werden, aufgrund der Hochwasser der Flüsse, der unaufhörlicheren Regenfälle und der zunehmenden Sumpfigkeit des Landes.

Bis zu diesem Zeitpunkt war Park seiner früheren Rückroute gefolgt. Er beschloss nun, eine Linie weiter nördlich zu schlagen, um der Jallonka-Wildnis zu entgehen, an deren Schrecken er sich so lebhaft erinnerte. Die neue Route war hart und steinig und für die Esel sehr anstrengend. Im Laufe des Tages wurden viele Kranke hoffnungslos unfähig, ihre Tiere zu treiben. Einer von ihnen, Park, bestieg sein eigenes Pferd, während er selbst die Rolle des Eseltreibers übernahm. Selbst dann mussten vier der Esel im Wald zurückgelassen werden, und er selbst erreichte das Lager erst lange nach Einbruch der Dunkelheit. Bevor die Zelte aufgebaut werden konnten, kam ein Tornado über sie herab und durchnässte sie bis auf die Haut. Der Boden war schnell bis zu einer Tiefe von drei Zoll bedeckt, und in dieser unangenehmen Lage – ohne Feuer, ohne Zelt, tropfend – mussten sie die Nacht verbringen. Ein zweiter Tornado gegen zwei Uhr morgens vervollständigte ihr Unbehagen.

Diese Nacht war, in Parks eigenen Worten, „der Anfang der Sorgen... Jetzt, da es zu regnen begann, zitterte ich bei dem Gedanken, dass wir erst die Hälfte unserer Reise hinter uns hatten. Es hatte noch keine drei Minuten zu regnen begonnen, als viele Soldaten sich übergeben mussten, andere schliefen ein und schienen halb betrunken zu sein. Ich verspürte während des Sturms ein starkes Bedürfnis zu schlafen, und sobald er vorüber war, schlief ich auf dem nassen Boden ein, obwohl ich jede Anstrengung unternahm, mich wach zu halten. Die Soldaten schliefen ebenfalls auf den nassen Bündeln ein.“

Das unmittelbare Ergebnis dieser Nacht war die Aufnahme von zwölf weiteren Kranken in die Krankenliste. Am nächsten Tag wurden alle Pferde und Ersatzesel eingezogen, um diejenigen zu transportieren, die nicht laufen konnten. Der Weg am Fuße der Konkadu-Berge, deren Steilhänge in bedrohlichen Massen über der Marschroute ragten, erwies sich als schwierig.

Kaum war das Lager erreicht, brach erneut ein Tornado in voller Wucht aus, allerdings dank der Nähe eines Dorfes mit weniger katastrophalen Folgen als am Vorabend.

Nachdem der Sturm vorüber war, begann Park damit, einige Goldgräber zu untersuchen. Danach machte er sich in Begleitung von Scott auf den Weg zum Gipfel der Konkadu-Hügel und fand sie bis in die höchsten Lagen kultiviert vor. Dort fand er auch Dörfer, die romantisch in reizvollen Tälern gelegen waren und das ganze Jahr über reichlich Wasser und Gras hatten; und dort „können sie, während der Donner in schrecklicher Größe über ihren Köpfen rollt, von ihren gewaltigen Abgründen auf die ganze wilde und waldige Ebene blicken, die sich vom Falemé bis zum Bafing oder Black River erstreckt.“

Sich behindert mit unfähigen Männern und führerlosen Eseln vorwärts zu kämpfen, war nun harte Arbeit. Die Hälfte der Karawane war krank oder zu schwach, um sich wirksam anzustrengen. Das Ergebnis war endlose Verwirrung und Verzögerung. Unfähig, zusammenzuhalten, verirrten sich Männer und Esel gleichermaßen und hielten Park, der nicht an einem Dutzend Orten gleichzeitig sein konnte, in einem Zustand ständiger Wachsamkeit und Bewegung, indem er sein Bestes tat, um die Unfähigen großzuziehen und sie dazu zu „überreden“. Jedes Mal bestanden sie auf weiteren Anstrengungen, sich hinzulegen, gleichgültig gegenüber Räubern, Löwen oder den Fiebern der Nacht.

Trotz seiner eisernen Konstitution und seines zuversichtlichen Heldenmuts war Park selbst nicht ganz unverwundbar, und auch er geriet zeitweise in Fieber – nur um sich dann aufgrund seines wunderbaren Willens und der Erfordernisse seiner Situation dem Leiden als überlegen zu erweisen. Er war sich bewusst, dass das gesamte Schicksal der Expedition davon abhing, dass es ihm gut ging, und wagte nicht nachzugeben. Er war für jeden ein zweites Ich – ohne ihn waren alle absolut hilflos.

Als sie Fankia am 15. Juni verließen, waren die meisten Männer krank, einige von ihnen sogar im Delirium. In diesem Zustand musste die Karawane den Aufstieg zum Tambaura-Gebirge beginnen. Die Straße war übermäßig steil – die Esel waren unter ihrer Doppellast aus kranken Männern und Gütern furchtbar überlastet. Aufgrund der Beschaffenheit des Bodens hätte jedes Tier mindestens einen separaten Fahrer zur Führung und Unterstützung benötigt, was im vorliegenden Fall jedoch nicht möglich war. Das Ergebnis war eine Szene schrecklicher Verwirrung und Katastrophe. Beladene Esel stürzten ständig über die Felsen oder fielen erschöpft auf den Weg, während kranke Männer, denen ihr Schicksal gleichgültig war, sich niederwarfen und erklärten, sie könnten nicht weitergehen. Als die Eingeborenen die missliche Lage der Karawane erkannten, krochen sie zwischen den Felsen hinab und stahlen, was sie konnten, als sich eine günstige Gelegenheit bot.

Schließlich gelang es Park unter übermenschlichen Anstrengungen, alle sicher aus dem gefährlichen Pass in ein Dorf zu bringen, wo er das unaussprechliche Vergnügen hatte, den mohammedanischen Schulmeister zu treffen, der in Kamalia und auf seiner Reise mit Karfa so freundlich zu ihm gewesen war. Als Zeichen seiner Dankbarkeit für frühere Gefälligkeiten machte Park ihm ein schönes Geschenk aus Stoff, Perlen und Bernstein, worüber der gute alte Mann entzückt war. Der gottesfürchtige Schotte versäumte es nicht, seinen anderen Geschenken ein arabisches Neues Testament beizufügen.

Die Expedition erlebte zunehmende Probleme, Krankheiten und Desorganisation. Tornados waren fast an der Tagesordnung und das Land und die Flüsse wurden immer schwieriger zu durchqueren.

Bis zum 17. Juni waren zwei Männer gestorben, und an diesem Tag blieben zwei weitere zum Zeitpunkt des Todes zurück. In den folgenden drei Tagen war Park selbst krank, ebenso wie inzwischen mehr als die Hälfte seiner Männer, auch wenn sie sich immer noch schwertaten. Um die Gefahren ihrer Situation noch zu erhöhen, waren sie überhaupt nicht in der Lage, ihre Güter sowohl tagsüber als auch nachts ordnungsgemäß zu überwachen – eine Tatsache, die die Eingeborenen schnell erfuhren und ihnen ständig auf der Spur waren, um sie zu plündern.

In einem Dorf strömten die Einwohner *in Massen herbei*, bereit, die Karawane der Weißen so geschwächt durch Krankheit vorzufinden, dass sie eine leichte Beute werden würde. Als Auftakt zu weiteren Plünderungen ergriff einer der Dorfbewohner das Zaumzeug des Pferdes des Sergeanten und versuchte, es und seinen anscheinend hilflosen Besitzer innerhalb der Dorfmauern zu führen. Als ihm der Reiter die Pistole zeigte, besann er sich eines Besseren. Gleichzeitig taten andere so, als wollten sie die Esel vertreiben. Sie hatten jedoch die Rechnung ohne ihren Gastgeber gemacht. Die Soldaten, zu neuem Leben erweckt, luden umgehend ihre Musketen und pflanzten ihre Bajonette auf. Beim Anblick dieser kriegerischen Vorbereitungen zögerten die Eingeborenen nicht, ihre Beute aufzugeben und sich in eine sicherere Entfernung zurückzuziehen.

FELSLANDSCHAFT DES OBEREN SENEGAL.

Nachdem sie ihre Tiere über einen Wildbach getrieben hatten, verließen die Soldaten einen Teil ihrer Gruppe, um sie zu bewachen, und kehrten ins Dorf zurück, bereit, seinen Bewohnern eine Lektion in Höflichkeit und Gastfreundschaft zu erteilen. In diesem Moment erschien Park am Tatort. Immer darauf bedacht, Blutvergießen zu vermeiden, berief er ein Palaver ein und überzeugte den Häuptling schnell davon, wie verrückt es für ihn oder seine Leute wäre, ihn zu belästigen. Gleichzeitig wollte Park einen positiven Eindruck hinterlassen, für den Fall, dass kranke Männer diesen Weg zurücklegen müssten, und überreichte dem Häuptling ein Geschenk mit der Bemerkung, es wolle zeigen, dass er nicht gekommen sei, um Krieg zu führen, wenn auch nicht Er wurde angegriffen, er kämpfte bis zum Letzten.

Jenseits dieses Punktes wurde das Land unbeschreiblich malerisch und ähnelte in seinen physischen Merkmalen allen möglichen architektonischen Formen, Burgruinen, Kirchtürmen, Pyramiden. Ein felsiger Hügel sah so sehr wie eine verfallene gotische Abtei aus, dass die ganze Gruppe ganz nah herangehen musste, um sich davon zu überzeugen, dass seine verschiedenen Merkmale nicht wirklich das waren, was sie zu sein schienen. Jenseits dieses *lusus naturæ* erhob sich eine kompakte Masse aus rotem Granit, kahl und dürr, absolut ohne einen einzigen Grashalm. Hier und da drängten sich Dörfer in den geschwungenen Nischen riesiger Steilhänge, gleichermaßen geschützt vor tropischen Stürmen und den verheerenden Angriffen der Menschen. Alles war rau und erhaben – die strengeren Merkmale wurden nur durch den Wechsel schöner fruchtbarer Täler und silbriger Bäche hervorgehoben, die sich durch die grünen Felder und dunkleren Waldstücke schlängelten.

Ähnliche Szenen kennzeichneten die gesamte Reise durch Konkadu, und die Karawane erreichte schließlich die Grenze von Wuladu am Bafing. Die Überquerung dieses Flusses in kleinen, klapprigen Kanus verlief nicht ohne einen traurigen Todesfall, denn eines der Kanus kenterte mit drei Soldaten, von denen einer ertrank.

Die Leute von Wuladu hatten den berüchtigten Ruf, Diebe zu sein. Wie berechtigt dieser Ruf war, wurde schnell durch ihre verschiedenen, mehr oder weniger erfolgreichen Versuche deutlich, den Fremden alles zu stehlen, was sie sahen, und diese so ständig in Alarmbereitschaft zu halten.

Nach der Überquerung des Bafing begannen viele der Kranken, die sich bisher tapfer durchgekämpft hatten, jeglichen Mut zu verlieren. Manchmal erfasste sie eine unüberwindbare Mattigkeit, und ganz gleich, wie gefährlich die Situation auch sein mochte, ihr einziger Wunsch war, sich hinzulegen und dem Sterben überlassen zu werden. Um den Schmeicheleien und Zwängen, denen sie ausgesetzt waren, zu entgehen, verließen sie häufig die Fährte und machten ihrem Anführer endlose Sorgen und Mühen, sie aufzuspüren, nachdem sie das Lager erreicht hatten. Auf diese Weise verschwanden mehrere Männer insgesamt, so dass sich die Gesamtverluste am 29. Juni auf neun erhöhten.

Außer den menschlichen Kormoranen war Wuladu auch von verschiedenen Raubtieren heimgesucht, was für die geplagte und mutlose kleine Schar, die von Tag zu Tag schwächer wurde, noch mehr Angst und Wachsamkeit mit sich brachte.

Anderson und Scott, auf die Park so sehr angewiesen war, um seine Anhänger zu ermutigen und voranzutreiben, abgesehen davon, dass sie die Arbeit von drei oder vier erledigten, wurden nun handlungsunfähig, während Lieutenant Martyn, soweit wir dem Tagebuch entnehmen können, nie handlungsunfähig gewesen zu sein scheint von jeglichem Nutzen. Demnach oblag alles dem Anführer selbst, der, gebrechlich wie er war, bei jedem Schritt übermenschliche Anstrengungen leisten musste, indem er widerspenstige und erschöpfte Esel trieb, Gefallene aufhob und diejenigen, die ihre Last abgeworfen oder fallengelassen hatten, wieder auflud an die Kranken und Verzagten, ihr Ziel anzustreben und nicht zuzulassen, dass sie von Eingeborenen ermordet, von wilden Tieren gefressen oder von der tödlichen Malaria des Dschungels überwältigt werden. Im Lager hatte er ebenso wenig Ruhe wie auf der Straße. Niemand sonst war in der Lage, irgendetwas zu tun – oder weil er in der Lage war, nicht dazu bereit –, so dass er für fast vierzig Männer der Alleskönner sein musste. Die Nacht brachte weder Vergessen noch Entspannung – nur neue Ängste und neue Pflichten. Schlaf konnte er nur in kurzen Pausen bekommen – zwischen seinen astronomischen Beobachtungen und seinem Rundgang durch das Lager, um gleichgültige und kränkliche Wächter aufzurütteln. Nicht selten musste er die ganze Nacht hindurch Wache halten, um die Esel davor zu bewahren, von den wilden Tieren, die ständig umherstreiften, getötet oder zertrampelt zu werden. Je stürmischer die Nacht, desto größer war das Bedürfnis für ihn, aufzustehen und zu arbeiten, egal, was es ihn persönlich kosten würde.

Am 4. Juli wurde der Furkomo erreicht, ein weiterer wichtiger Nebenfluss des Senegals. Die Zahl der Todesopfer belief sich nun auf elf, die meisten davon innerhalb der letzten zwei Wochen.

Bei der Überquerung des Furkomo oder Bakhoy konnte Isaaco nur knapp einem Krokodil entkommen. Als er sich fast in der Mitte des Flusses befand, wurde er am linken Oberschenkel gepackt und unter Wasser gezogen. Mit wunderbarer Geistesgegenwart steckte er seinen Finger in das Auge des Reptils, was zur Folge hatte, dass es seinen Griff losließ. Bevor er jedoch das Ufer wieder erreichen konnte, griff das Krokodil erneut an und packte ihn am anderen Oberschenkel. Wieder steckte er seinen Finger in sein Auge, mit einem ähnlich glücklichen Ergebnis, und bevor er wieder blutend und zerrissen auf ihn zukommen konnte, erreichte er das Land. Obwohl es in dieser Nacht zu regnen drohte, waren alle so krank und erschöpft – sogar Park war nicht in der Lage, aufrecht zu stehen –, dass es nur mit größter Mühe gelang, die Zelte aufzubauen und die Lasten hineinzuladen. Isaacos Wunden machten ihm das Reisen unmöglich, und da die Karawane weitgehend auf seine Dienste angewiesen war, wurde ein dreitägiger Aufenthalt beschlossen.

Nachdem sich der Führer teilweise erholt hatte, wurde der Marsch nach Keminum fortgesetzt, dessen Umgebung sie mit Besorgnis erreichten. Die Stadt wurde auf bemerkenswert starke Weise befestigt. Zuerst gab es einen 8 Fuß tiefen Graben, der durch eine ebenso viele Fuß hohe Mauer gesichert war. Im Inneren befand sich eine zweite Mauer von 10 Fuß Höhe, in der sich ein Drittel von 16 Fuß befand.

Der Häuptling und seine dreißig Söhne waren nicht mehr und nicht weniger als eine organisierte Räuberbande, die den gesamten Bezirk terrorisierte. Ein ausreichender Beweis für die Art und Weise seiner Herrschaft war der Haufen menschlicher Knochen außerhalb der Mauern, wo er diejenigen Gefangene hinrichtete, die nicht zu Sklaven gemacht wurden. Während der Nacht wurde die ganze Energie der Karawane darauf verwendet, sich vor den unaufhörlichen Diebstahlsversuchen der Eingeborenen zu schützen; aber die meisten Männer waren so hilflos, dass sie sich fast widerstandslos ihrer Mäntel, Musketen und Pistolen berauben ließen.

Der Morgen brachte keine Gnadenfrist. Die Söhne des Häuptlings waren mit ihrem Anteil am Geschenk und der Plünderung nicht zufrieden und taten ihr Bestes, um sich einige wertvolle Souvenirs des weißen Mannes zu sichern. Dieser von ihnen versuchte zunächst, einfach eine Last von einem Esel zu heben, aber der Täter wurde verfolgt und musste seine Beute fallen lassen. Die durch diesen Vorfall verursachte Verwirrung gab einem anderen Dieb die Möglichkeit, mit einer Muskete davonzulaufen.

Unzählige aufreibende Versuche ähnlicher Art hielten Park in ständiger Angst, dass einige der Soldaten ihre Waffen einsetzen und einen Kampf auslösen könnten. Dementsprechend bestand seine größte Sorge darin, so schnell wie möglich wegzukommen. Als einer der Söhne des Häuptlings ein Stück aus dem Dorf hinausritt, um sich die Beschaffenheit der Straße vor ihm anzusehen, lenkte er seine Aufmerksamkeit ab, während er anhielt, woraufhin der andere dem Reisenden plötzlich die lose gehaltene Muskete entriss. Sofort nahm Park die Verfolgung mit gezücktem Schwert auf. Als Anderson sah, was geschehen war, eilte er ihm mit erhobener Waffe zu Hilfe; Doch als er bemerkte, wer der Täter war, zögerte er, zu schießen, was zur Folge hatte, dass der Dieb sicher zu den Felsen flüchtete. In der Zwischenzeit hatte sich der Bruder gemächlich an dem losen Besitz bedient, den er auf Parks Pferd gefunden hatte.

Es wurde nun befohlen, die erste beim Diebstahl erwischte Person zu erschießen. Aber die Prinzen ließen sich nicht so leicht einschüchtern, und während eines Tornados, der über ihnen ausbrach, entkam einer von ihnen mit einer Muskete und ein paar Pistolen. Als nächstes wurde ein Versuch unternommen, die Esel zu vertreiben, der aber glücklicherweise scheiterte. Beispielsweise wurde ein Eingeborener, der beim Diebstahl ertappt wurde, sofort beschossen. Als der Marsch wieder aufgenommen wurde, wurde jeder Fuß der Straße von den plündernden Unglücklichen verfolgt, die ihre Beute in jedem Mann, der zurückblieb, und jedem Esel, der fiel oder vom Weg abkam, witterten.

Es war schon dunkel, bevor man einen Lagerplatz erreichte, und die Nacht verging in großem Elend. Mensch und Tier lagen ohne Schutz auf dem nassen Boden und waren dem übermäßig starken Tau ausgesetzt.

Der Marsch durch Wuladu war lediglich eine tägliche Wiederholung der Erlebnisse in Keminum. Diebe hingen an den Rändern der Karawane wie Hyänen auf der Spur des Blutes und ließen sie weder nachts noch tagsüber los. Allesamt Nachzügler, ob Mensch oder Tier, machten sie ihre Beute und hielten die unglücklichen Reisenden durch ihre Raubzüge in ständiger Angst. Jeder Morgen und Abend hatte seine Geschichte vom Verlust. Alles wurde jedoch geduldet, um Blutvergießen zu vermeiden – eine Nachsicht, die von den Eingeborenen nur als Schwäche und Feigheit angesehen wurde und die daher ermutigt wurden, ihre Plünderungen mit noch größerer Kühnheit fortzusetzen. Park wurde schließlich zu härteren Maßnahmen getrieben und verfolgte einmal einen Räuber zu Pferd, und nachdem er ihn gejagt hatte, schoss er ihm durch das Bein. Dieses Beispiel hatte eine Zeit lang eine äußerst heilsame Wirkung, obwohl die Plünderungsgeschichte dieses Tages allein die mehr oder weniger vollständige Entblößung von vier Kranken und eines mit Musketen usw. beladenen Esels der anderen Invaliden beinhaltete.

Lassen Sie uns einen charakteristischen Tagesablauf aus Parks eigenem Tagebuch zitieren:

„ *19. Juli.* – Nachdem wir statt des gestohlenen einen Esel gekauft hatten, verließen wir Nummabu, ein ummauertes Dorf, und zogen weiter. Hatte zwei Tornados. Der letzte, gegen elf Uhr, machte uns stark nass und machte die Straße rutschig. Zwei Esel, die nicht weitermachen können. Sie legten ihre Lasten auf die Pferde und ließen sie zurück. Mr. Scotts Pferd kann nicht laufen. Überlassen Sie es unserem Führer. Mittags kamen wir zu den Ruinen einer Stadt. Ich habe zwei weitere Esel gefunden, die ihre Lasten nicht tragen konnten. Angeheuerte Leute, die die Lasten tragen, und einen Jungen, der die Ärsche treibt. Um halb zwölf kam ich an den Ruinen einer anderen Stadt vorbei, wo ich zwei Kranke fand, die sich unter einen Baum gelegt hatten und sich weigerten aufzustehen. Anschließend wurden sie von den Negern ausgezogen und kamen am nächsten Morgen nackt zu unseren Zelten. Kurz darauf lag ein Esel auf der Straße und konnte seine Ladung nicht weitertragen. Einen Teil der Last auf mein ohnehin schon stark belastetes Pferd verlagern. Nahm einen Rucksack auf meinen Rücken. Der Soldat trug den Rest und trieb den Esel vor sich her. Wir kamen um halb eins im Ba Winbina an.“ Hier folgt eine Beschreibung, wie eine Brücke gebaut wurde, die zwar äußerst lehrreich ist, aber zum Einsetzen zu lang ist. „Da unsere Leute alle kränklich waren, habe ich die Neger angeheuert, um das ganze Gepäck herüberzutragen und über die Esel zu schwimmen. Unser Gepäck lag auf den Felsen an der Ostseite des Flusses, aber unsere schwache Verfassung war so schwach, dass wir es nicht das Ufer hinauftragen konnten.

Francis Beedle, einer der Soldaten, lag offenbar im Sterben an Fieber, und nachdem ich mit Hilfe eines seiner Kameraden vergeblich versucht hatte, ihn herüberzutragen, musste ich ihn am Westufer zurücklassen, weil ich es für sehr wahrscheinlich hielt dass er im Laufe der Nacht sterben würde."

Tag für Tag musste dieselbe entmutigende Geschichte erzählt werden. Jetzt wird ein Mann dem Tode nahe aufgefunden, und es darf keine Zeit verloren werden, bis er stirbt. Bald wird ein anderer, der dem Tode geweiht war, durch das Auftauchen von Wölfen, die bereit sind, ihn zu fressen, wieder zum Leben erweckt. Am 27. Juli musste ein Mann im Sterben im Lager zurückgelassen werden – vier weitere fielen auf der Straße um und weigerten sich, weiterzugehen, da sie nur sterben wollten. Park selbst war „sehr krank und schwach und musste mein mit Reis beladenes Pferd und einen Esel mit der Grubensäge treiben. Kam zu einer Anhöhe, von der ich einen Blick auf einige sehr weit entfernte Berge im Osten halb im Süden hatte. Die Gewissheit, dass der Niger die südliche Basis dieser Berge umspült, ließ mich mein Fieber vergessen, und ich dachte den ganzen Weg an nichts anderes, als daran, wie ich über ihre blauen Gipfel klettern könnte." Aber seinen Männern gab der Anblick weder Gesundheit noch Inspiration, und wäre der Rückweg nicht so schwierig gewesen wie der Vormarsch, hätten sie schnell gezeigt, in welche Richtung ihre Wünsche gingen.

Was die innersten Gedanken des unerschrockenen Entdeckers zu dieser Zeit waren, würden wir gerne wissen lassen. In seinem Tagebuch lüftet er nirgends den Schleier. Überall findet sich nur die bloße Tatsachenbehauptung, dass heute dieser und jener gestorben ist – gestern musste ein solcher seinem Schicksal überlassen werden: hier wurde ein Esel geplündert – dort eine astronomische Beobachtung gemacht. Das Einzige, was seine Gefühle berühren kann, ist der Anblick der blauen Gipfel ferner Hügel, deren Fuß vom Wasser des Niger umspült wird.

KAPITEL XXII.
ZUM NIGER.

Park schrieb am 29. Mai nach Hause und rechnete anhand seiner bisherigen Fortschritte, dass er den Niger am 27. Juni erreichen würde. Es war jetzt der 27. Juli und er befand sich immer noch im Herzen von Wuladu und ziemlich hundert Meilen Luftlinie von Bammaku, seinem Hauptziel, entfernt.

Inzwischen waren alle Esel, mit denen er ursprünglich losgezogen war, gestorben oder gestohlen worden, und seine Vorräte waren stark aufgebraucht worden, um sie zu ersetzen, ganz zu schweigen von den Verlusten durch Plünderungen und andere unvorhergesehene Ereignisse. Zwanzig seiner Männer waren gestorben oder ermordet worden, und alle waren mehr oder weniger arbeitsunfähig. Trotzdem war seine Hoffnung so unerschütterlich wie eh und je, und er schöpfte aus dem Glauben, dass der Erfolg seiner Mission gesichert sei, wenn er mit einem gewissen Teil seiner Karawane den Niger erreichen könnte, da er den Rest der Regenzeit relativ bequem verbringen könnte, während er Vorbereitungen für die Überquerung des Flusses traf. Sobald er auf seinem breiten Busen in See gestochen war, würde es keine Transportschwierigkeiten mehr geben und nur wenig Arbeit für seine Männer, sodass man erwarten konnte, dass alles glücklich und erfolgreich enden würde.

Mit dieser hoffnungsvollen Aussicht wandte sich Park von Bangassi, der Hauptstadt von Wuladu, nach Südwesten und richtete sein Gesicht auf Bammaku. Aber so zuversichtlich er auch sein mochte, er konnte die Bedingungen seines Marsches nicht verbessern. Die Regenfälle waren jetzt am schlimmsten. Sie fielen nicht mehr in vorbeiziehenden Tornados, sondern in einem unaufhörlichen Regenguss. Jeder Bach schwoll zu den Ausmaßen eines Flusses an – jede Ebene wurde zu einem See oder Sumpf, durch den die glücklosen Reisenden schlüpfen und stürzen mussten, so gut sie konnten. Die Wege selbst entwickelten sich zu reißenden Strömen. Unter solchen Reisebedingungen forderte die Krankheit ihre tägliche Opferzahl und reduzierte gleichzeitig die Kraft aller bis zum Äußersten. Die Männer waren bald nicht mehr in der Lage, ihre Tiere zu laden, sie konnten sie kaum noch weitertreiben. Fast die gesamte Arbeit der Karawane fiel ihrem unbezwingbaren Anführer zu, der sogar auf der Straße manchmal bis zu dreizehn gefallene Esel hatte, die er aufrichten und nachladen musste.

Am 7. August wurde die Lage so schlimm, dass er es für notwendig hielt, zwei Tage anzuhalten – eine Verzögerung, die ihn fast in den Wahnsinn trieb.

Im Ba Wulima fand Park Anderson offenbar im Sterben unter einem Busch liegend und musste ihn auf dem Rücken hinübertragen. Um beim Transport von Lasten usw. zu helfen, musste er sechzehn Mal den Fluss überqueren, wobei ihm das Wasser bis zur Hüfte reichte. Trotz seiner Anstrengungen mussten jedoch mehrere Soldaten mit ihren Eseln zurückgelassen werden.

Innerhalb von zwei Tagen waren vier Männer verloren gegangen – der langsame Todeskampf durch Fieber wurde zweifellos in jedem Fall durch die Dolche räuberischer Neger oder die scharfen Reißzähne von Wölfen und anderen wilden Tieren beschleunigt.

Am Tag nach dem Verlassen der Ba Wulima war Park der einzige Europäer, der überhaupt arbeiten konnte, und ohne die Hilfe von Isaaco und seinen Männern wäre die Karawane gezwungen gewesen, im Lager zu bleiben. Der heutige Marsch war anstrengend. Anderson schien im Sterben zu liegen, und nur mit Mühe gelang es seinem Schwager, ihn auf einem Pferd festzuhalten. Jede Stunde drohte seine letzte zu sein, und nur durch häufige Pausen konnte er in kurzen Etappen vorankommen. Während Park damit beschäftigt war, seinen geliebten Freund auf dem Weg zum Lager zu unterstützen und anzufeuern, war er plötzlich verblüfft, als er drei großen Löwen gegenüberstand, die schnell auf sie zukamen. In erster Linie darauf bedacht, Anderson zu retten, rannte er mit großem Mut auf halbem Weg auf sie zu und um sich eine zweite Chance zu sichern, falls seine Muskete das Feuer verfehlen sollte, zielte er, sobald die Löwen in Schussweite waren, und feuerte in der Mitte der drei. Dieser Empfang brachte den Feind zum Stehen, und nachdem sie sich scheinbar gegenseitig beraten hatten, kehrten sie um und sprangen davon. Einer blieb jedoch schnell stehen und drehte sich um, als würde er einen weiteren Angriff erwägen, überlegte es sich aber anders, nahm seinen Flug wieder auf und überließ es den Reisenden, ihren Weg fortzusetzen, wenn auch nicht ohne den stärksten Verdacht, dass sie immer noch verfolgt würden, und könnte in der schnell zunehmenden Dunkelheit angegriffen werden. Bevor das Lager erreicht wurde, verlor sich der von der Karawane eingeschlagene Weg, und in der Dunkelheit wanderten Park und sein Begleiter in eine Schlucht, wo die Straße so gefährlich wurde, dass sie es schließlich nicht mehr wagten, weiterzugehen, aus Angst, durch einen Sturz über einen Abgrund getötet zu werden . Daher waren sie gezwungen, das Beste aus ihrer Lage zu machen und ohne Zelt und Essen bis zum Morgen zu warten. Glücklicherweise konnten sie ein Feuer entfachen, in dessen Nähe Park, während Anderson in einen Umhang gehüllt lag, die ganze Nacht Wache hielt, um Löwen und Wölfe zu vertreiben. Am Morgen stellte sich heraus, dass die Hälfte der Karawane die Nacht in verstreuten Gruppen verbracht hatte, ganz ähnlich wie ihr Anführer. Glücklicherweise gab es keine Verletzten.

An einem Ort namens Dumbila hatte Park das Vergnügen, seinen alten Freund und Beschützer Karfa Taura zu treffen. Hier wurde Anderson zu krank, um bewegt zu werden, Scott war verschwunden und nur ein Mann konnte einen Esel treiben. Nachts regnete es in Strömen und die Männer suchten Zuflucht im Dorf. Ihr Anführer blieb allein zurück, um darauf zu achten, dass die Esel nicht in die benachbarten Maisfelder abdrifteten und um sie und ihre Lasten gleichermaßen vor den Angriffen wilder Tiere und vor den Banden plündernder Eingeborener zu schützen. Doch egal wie schwer die Lasten waren, dem Helden, der sie alle tragen musste, entkam kein einziges Murren – kein Hinweis darauf, dass er sich von seinen Männern und ihren Offizieren schlecht behandelt fühlte.

Am 19. August erklomm Park mit dem hilflosen, zerschlagenen Rest seiner Karawane den Gebirgskamm, der die Wasserscheide zwischen Senegal und Niger bildet. Der mühselige und abgekämpfte Reisende marschierte eifrig zum Gipfel des Hügels und erfreute seine Augen mit dem Anblick des „Niger, der seinen gewaltigen Strom durch die Ebene rollt".

„Nach dem anstrengenden Marsch, den wir gerade erlebt hatten, war der Anblick dieses Flusses zweifellos angenehm, da er ein Ende oder zumindest eine Linderung unserer Mühen versprach. Aber als ich darüber nachdachte, dass drei Viertel der Soldaten auf dem Marsch gestorben waren und dass wir zusätzlich zu unserem schwachen Zustand keine Zimmerleute hatten, um die Boote zu bauen, in denen wir unsere Entdeckungen verfolgen wollten, wirkten die Aussichten etwas düster. Es bereitete mir jedoch eine besondere Freude, als ich darüber nachdachte, dass es mir immer gelungen war, die freundschaftlichsten Beziehungen zu den Eingeborenen zu wahren, als ich eine Gruppe Europäer mit riesigem Gepäck über eine Ausdehnung von mehr als fünfhundert Meilen führte."

Der letzte Satz ist bemerkenswert, da er Parks Reisemethoden zu einer Zeit veranschaulicht, in der die Heiligkeit des menschlichen Lebens, egal ob schwarz oder weiß, noch nicht ganz so wichtig war wie heute.

Wenn man von einer zurückgelegten Entfernung von fünfhundert Meilen spricht, muss man bedenken, dass damit die Entfernung in einer geraden Linie gemeint ist, ausgedrückt in geografischen Meilen. Die tatsächliche Zahl der zurückgelegten englischen Meilen läge in Wirklichkeit bei knapp tausend.

Trotz seiner schrecklichen Erfahrungen war Park der Ansicht, dass seine „Reise deutlich zeigt: Erstens, dass mit allgemeiner Vorsicht jede Menge Waren von Gambia nach Niger transportiert werden kann, ohne Gefahr zu laufen, von den Eingeborenen ausgeraubt zu werden; Zweitens: Wenn diese Reise in der Trockenzeit durchgeführt wird, kann man damit rechnen, nicht mehr als drei oder höchstens vier Männer von fünfzig zu verlieren."

Wir hätten natürlich erwartet, dass er als dritte Schlussfolgerung hinzufügte, dass unter keinen Umständen Europäer in einer solchen Karawane beschäftigt werden sollten, außer als Schaffner, oder vielleicht als Wachen. Zu dieser Schlussfolgerung gelangte er jedoch offenbar nicht – tatsächlich suchen wir in seinem gesamten Tagebuch vergeblich nach Anzeichen dafür, dass er sich überhaupt der schrecklichen Natur seines Fehlers bewusst war, nur mit Europäern zu beginnen.

Und doch lag ihm die greifbare Tatsache vor Augen, dass von vierunddreißig Soldaten und vier Zimmerleuten, die mit ihm Gambia verließen, nur sieben nach Bammaku kamen, während Isaaco und seine Begleiter alle lebendig und munter waren, obwohl ein Großteil der Arbeit der weißen Männer gefallen war auf sie zusätzlich zu ihren eigenen.

Drei Tage nach ihrer Ankunft in Bammaku setzten die Reisenden ihre Reise fort. Martyn reiste mit den Männern und Eseln auf dem Landweg weiter, während Park, Anderson und die Güter in Kanus mit einer Geschwindigkeit von fünf Knoten pro Stunde den Fluss hinunterglitten , ohne paddeln zu müssen. An ihrem Ausgangspunkt war der Fluss eine Meile breit; aber weiter unten, wo es eine Hügelkette durchquert und Stromschnellen bildet, erreicht es die doppelte Breite. Hier sammelt sich die große Wassermasse in drei Hauptkanälen, durch die sie mit viel Lärm und einer Geschwindigkeit strömt, die Park aufatmen ließ, als die zerbrechlichen Kanus mit all seinen kostbaren Vorräten in die strömende Flut rasten und von vorübergehender Zerstörung bedroht zu sein schienen.

Zwei solcher Stromschnellen und drei kleinere konnten im Laufe des Nachmittags sicher passiert werden. An einer Stelle sah man einen Elefanten auf einer Insel stehen, so nahe, dass Park, wenn er nicht zu krank gewesen wäre, einen Schuss darauf gehabt hätte.

An mehreren Stellen bestand für die Kanus die Gefahr, von Flusspferden umgekippt zu werden. Nachts ging die Gruppe an Land und verbrachte nach einem Abendessen aus Reis und Süßwasserschildkröten die Nacht in der Gewalt eines tropischen Sturms.

In Marrabu, wo sie am zweiten Tag ankamen, wurde Halt gemacht, während Isaaco mit einer Botschaft und einem Geschenk für Mansong, den König von Bambarra, nach Sego geschickt wurde. Dessen gute Dienste würden sich wahrscheinlich als unschätzbar erweisen, da er über das ganze Land von Bammaku bis Timbuktu herrschte. Während er auf die Rückkehr seines Boten wartete, verabreichte sich Park, der seit seiner Ankunft am Fluss an Ruhr litt und unter den tödlichen Anfällen schnell schwächer wurde, Kalomel, bis seine Kehle so stark davon betroffen war, dass er sechs Tage lang weder sprechen noch schlafen konnte. Das Experiment war jedoch erfolgreich, was das Fortschreiten der Krankheit anging, und sein Gesundheitszustand begann sich rasch zu bessern.

Die Wartezeit, die er nun zu bewältigen hatte, war eine Zeit äußerster Angst. Die Kontrolle, die ihm all die physischen Schwierigkeiten des Marsches und der Tod von drei Vierteln seiner Männer nicht gegeben hatten, konnte durch Mansongs Willen bewirkt werden. Von der Entscheidung des Negerherrschers hing Parks weiteres Vorgehen ab. Ein Ja konnte die vollständige Erfüllung all seiner liebsten Hoffnungen sicherstellen – ein Nein würde ihre Totenglocke sein.

Jeder Tag brachte eine Fülle ungünstiger Gerüchte mit sich. Unter anderem kam die Meldung, Mansong habe Isaaco eigenhändig getötet und wolle die Weißen auf ähnliche Weise erledigen. Glücklicherweise erwiesen sich diese und ähnliche Geschichten als reine Erfindungen, und nach einer Verzögerung von vierzehn Tagen traf ein Bote ein, der Park nach Sego begleitete und einen ermutigenden Bericht über Mansongs Einstellung ihm gegenüber mitbrachte.

Die drastischen Methoden der Abgesandten der Negerkönige wurden durch den folgenden Vorfall gut veranschaulicht. Ein Eingeborener weigerte sich, dem Boten ein Kanu zu überlassen, worauf dieser nicht nur das betreffende Kanu beschlagnahmte, sondern dem Besitzer mit seinem Schwert die Stirn kreuzte, dem Bruder mit einem Paddel den Kopf zerschlug und schließlich den Sohn zum Sklaven machte. Angesichts solcher Taten war jede Kritik stumm.

Und nun schien alles gut zu gehen mit der Expedition. Geborgen an der majestätischen Brust des großen Flusses, nach Mühen und Sorgen, konnte sich sein Anführer in ein süßes Traumland wiegen lassen, in dem er sich friedlich dem Kongo und dem Atlantik entgegengleiten sah. Er hatte noch genügend Güter für sein Ziel – auch an Menschen gab es genug; und mit so relativ entspanntem Geist konnte er sich dem Genuss der schönen Aussicht auf „diesen riesigen Fluss hingeben – manchmal glatt wie ein Spiegel, manchmal von einer sanften Brise gekräuselt, aber immer mit einer Geschwindigkeit von sechs oder sieben Meilen pro Stunde dahinfließend.“

Nach zwei Tagen erreichten sie Yamina, und ein dritter brachte die Gruppe nach Sami, wo sie erneut Halt machten, während der Bote Mansong über ihre Nähe informierte und Anweisungen für sie erfragte. Zwei Tage später stieß Isaaco aus Sego zu ihnen. Er berichtete, dass Mansongs Haltung sehr neutral sei. Der König zeigte sich ungeduldig, als das Thema der weißen Männer angesprochen wurde, obwohl er gesagt hatte, dass sie frei den Fluss hinunterfahren könnten. Außerdem gab er Isaaco zu verstehen, dass er keine direkten Geschäfte mit Park machen wolle.

Am nächsten Tag traf ein Bote des Königs ein, um Mansongs Geschenk aus Parks eigener Hand entgegenzunehmen und auch den Grund seines Besuchs zu erfahren. In seiner Rede erzählte der Reisende, dass er derselbe arme weiße Mann sei, der nach seiner Plünderung durch die Mauren so gastfreundlich von ihrem König empfangen worden war, dessen großzügiges

Verhalten ihm im Land der Europäer viel Respekt eingebracht hatte. Dann wies er darauf hin, was für ein Handelsvolk er (der Reisende) sei und dass alle wertvollen Gegenstände, die das Land Mansong erreichten, von ihnen hergestellt und später von Mauren und anderen auf langen und teuren Wegen gebracht worden seien, was alles extrem teuer machte. Damit diese europäischen Waren billiger nach Bambarra gebracht werden könnten, zum gegenseitigen Nutzen von Weißen und Schwarzen, hatte ihn sein König ausgesandt, um zu prüfen, ob nicht ein kurzer und einfacher Weg über den Niger gefunden werden könne. Wenn ein solcher gefunden würde, würden die Schiffe der Weißen direkt den ganzen Weg aus Europa kommen und sie mit einer Fülle all ihrer guten Dinge zu billigen Preisen versorgen.

Als Antwort auf diese Rede sagte der Abgesandte, dass der weiße Mann eine gute Reise hatte und betete, dass Gott ihm dabei Glück schenke. Mansong würde ihn beschützen. Der Anblick der Geschenke verstärkte die dadurch zum Ausdruck gebrachten freundlichen Gefühle.

Parks Freude über den günstigen Verlauf der Dinge wurde dadurch getrübt, dass zwei weitere Soldaten starben – der eine an Fieber, der andere an Ruhr –, sodass ihm außer Anderson und Martyn nur noch vier Männer blieben.

Ein paar Tage später schickte der König eine weitere Botschaft, in der er ankündigte, dass die weißen Fremden geschützt würden und dass ihnen der Weg offen stünde, wohin auch immer seine Macht und sein Einfluss reichten. Wenn sie nach Osten gingen, würde ihnen bis jenseits von Timbuktu niemand etwas antun. Im Westen wäre der Name von Mansongs Fremdem ein sicheres Passwort durch das Land bis zum Atlantik selbst. Wenn sie den Fluss hinuntersegeln wollten, stand es ihnen frei, in jeder beliebigen Stadt Boote zu bauen.

Da Mansong nie den Wunsch geäußert hatte, ihn zu sehen, und anscheinend eine abergläubische Angst vor den möglichen Folgen hatte, entschied sich Park für Sansandig als den besten Ort, um sich auf sein neues Abenteuer vorzubereiten. Hier würde er auch mehr Ruhe haben und weniger betteln müssen als im täglichen Umkreis der Beamten des Königs.

Auf seiner Reise von Sami nach Sansandig wurde Park von einem heftigen Fieber befallen, das ihn vorübergehend wahnsinnig machte. Nach Aussage des Betroffenen war die Hitze so schrecklich, dass sie dem Braten eines Lendenstücks gleichkam, und es gab weder eine Decke, um sie abzuwehren, noch den geringsten Windhauch, um sie zu mildern.

Als der Reisende sein Ziel erreichte, wurde er von seinem alten Freund Kunti Mamadi empfangen, der ihm die nötigen Hütten zur Verfügung stellte. Am nächsten Tag starben zwei weitere seiner Männer, und es sah so aus, als ob er genau in dem Moment, als der Erfolg sicher schien, dazu verdammt sein würde, alles zu verlieren. Sie waren zu diesem Zeitpunkt alle so schrecklich geschwächt und so wenig in der Lage, füreinander zu sorgen, dass Hyänen unbehelligt in die Hütte der Toten eindrangen, einen von ihnen herauszerrten und ihn verschlangen.

Parks Tagebuch gibt uns einen interessanten Einblick in Sansandig mit seinen 11.000 Einwohnern und seinen Moscheen, von denen zwei „keineswegs unelegant" waren. Aber wie in allen afrikanischen Städten war der Marktplatz das Zentrum des Lebens und des Interesses. Von morgens bis abends war der Platz voll mit geschäftigen Menschengruppen, die sich um die verschiedenen mattengedeckten Stände versammelten, die die Läden bildeten, von denen jeder seine eigene Spezialität anbot – Perlen in allen prachtvollen Farben, um die Aufmerksamkeit des schmuckliebenden Geschlechts zu erregen, Antimon, um die Spitzen der Augenlider der Damen zu verdunkeln und zu verschönern, Ringe und Armbänder, um wandernde männliche Blicke auf weibliche Füße und Hände zu lenken. In größeren Häusern befanden sich scharlachrote Stoffe, Seide, Bernstein und andere wertvolle Waren, die ihren Weg aus Marokko oder Tripolis durch die Wüste gefunden hatten – über Straßen, die von den Skeletten von Sklaven und Kamelen markiert waren, die unter den schrecklichen Strapazen der Reise zusammengesunken und umgekommen waren. Für Gemüse, Fleisch, Salz usw. gab es jeweils eigene Stände – und auch Bier in großen Mengen, neben einem Stand, wo Käufer für Lederwaren fanden.

So war der Alltagszustand auf dem Platz; aber noch belebter und interessanter war die Szene anlässlich des Dienstagswochenmarktes. An diesem Tag versammelten sich riesige Menschenmengen aus dem gesamten umliegenden Land, um in großen Mengen zu kaufen und zu verkaufen, und dem aufmerksamen Reisenden boten sich immer wieder reizvolle Einblicke in das Leben und den Charakter der Einheimischen. Er fand sogar einen Weg, den Markt zu seinem eigenen Vorteil zu nutzen.

Da Mansong seinem Versprechen, Kanus für den Umbau zu Booten zu liefern, nur langsam nachkam, eröffnete Park selbst einen Laden, um einige seiner Artikel gegen Kaurischnecken einzutauschen, mit denen er die notwendigen Transportmittel kaufen wollte. Er machte eine so verlockende Präsentation, dass er sofort ein großes Geschäft machte und den Neid aller Kaufleute des Ortes auf sich zog. An einem Tag sicherte er sich 25.000 Kaurischnecken.

Während dieser friedlichen Beschäftigung unternahmen die Mauren und einheimischen Kaufleute alle Anstrengungen, um Mansong gegen den weißen Mann aufzuhetzen und ihn töten oder auf demselben Weg zurückschicken zu lassen, auf dem er gekommen war. Sie zögerten sogar nicht, zu behaupten, sein Ziel sei es, den König und seine Söhne mit Zaubersprüchen zu töten. Mansong ließ sich jedoch von solchen Anstiftungen nicht überzeugen, obwohl sein Verhalten einen gewissen Glauben an die angeblichen magischen Kräfte erkennen ließ.

Nach langer Verzögerung gelang es Park, zwei Kanus zu beschaffen, die er und Bolton, der einzige verbliebene fähige Mann, nun mit großem Elan zusammenbauten. Die morschen Teile wurden ersetzt, die Löcher ausgebessert und nach achtzehn Tagen harter Arbeit wurden die vereinigten Kanus zu Wasser gelassen und Seiner Majestäts Schoner *Joliba getauft*. Er war vierzig Fuß lang und sechs Fuß breit. Da er einen flachen Boden hatte, hatte er nur einen Fuß Tiefgang.

Während Park mit fieberhafter Energie daran arbeitete, seine Vorbereitungen abzuschließen, scheint Martyn das Leben sehr leicht genommen zu haben. Aus einem Brief, den er aus Sansandig an einen Freund in Goree schrieb, erfahren wir, was für ein Mensch er war und wie sehr er die Arbeit der Expedition unterstützte. „Whitebreads Bier", sagt der Leutnant, „ist nichts im Vergleich zu dem, was wir hier bekommen, wie ich heute Morgen in meinem Kopf spüre, nachdem ich die ganze Nacht mit einem Mauren getrunken und ihm am Ende eine ordentliche Tracht Prügel verpasst habe." Könnte der Kontrast zwischen Park und diesem Mann noch größer sein – der eine, besessen von einem verzehrenden Verlangen, eine Arbeit zu vollbringen, die scheinbar jenseits menschlicher Kräfte liegt, schuftet mit der Kraft eines halben Dutzends gewöhnlicher Männer, unbeeindruckt von unzähligen Unglücksfällen, mit einem Heldengeist, der jeder Schwierigkeit und Gefahr gewachsen ist; der andere, der seine Zeit mit Saufgelagen verbringt, scheinbar ebenso sorglos mit seinem Leben umgeht wie gleichgültig gegenüber der großen Mission, die teilweise seine war.

Der letzte und schlimmste Schicksalsschlag, der Park widerfahren konnte, war der Tod seines Schwagers Anderson am 28. Oktober. Er war Parks besondere Stütze in all seinen Prüfungen gewesen, immer derjenige, dem er sein Herz öffnen oder von dem er Rat und Ermutigung erbitten konnte. Seine Gedanken und Gefühle zu diesem Anlass bringt Park mit seiner ihm eigenen Zurückhaltung nicht zu Papier, obwohl er nicht umhin kann, zu bemerken, „dass kein Ereignis, das während der Reise stattfand, mir auch nur die geringste Trübsal warf, bis ich Mr. Anderson ins Grab legte. Ich fühlte mich dann, als wäre ich ein zweites Mal einsam und ohne Freunde in der Wildnis Afrikas zurückgelassen worden."

KAPITEL XXIII.
DER LETZTE PARK.

Mitte November waren die letzten Vorbereitungen für die große Reise auf dem Niger abgeschlossen. Isaaco wurde bezahlt und ein gewisser Amadi Fatuma, ein gebürtiger Karsoner und ein großer Reisender, wurde an seiner Stelle angeheuert, um die Gruppe nach Kashna zu führen, das Park immer noch am Fluss vermutete. Isaaco wurde Parks wertvolles Tagebuch zur Heimreise anvertraut.

Am 17. November schrieb Park an Lord Camden: „An Bord des Schoners *Joliba Ihrer Majestät* , vor Sansandig vor Anker." Nach einigen Bemerkungen zu seiner Situation fährt er fort:

„Nach diesem Bericht befürchte ich, dass Ihre Lordschaft dazu neigen wird, die Angelegenheit als sehr hoffnungslos zu betrachten, aber ich versichere Ihnen, dass ich keineswegs verzweifeln werde. Mit Hilfe eines der Soldaten habe ich ein großes Kanu in einen einigermaßen guten Schoner umgebaut, an Bord dessen ich nach Osten segeln werde, mit dem festen Vorsatz, das Ende des Niger zu entdecken oder bei dem Versuch umzukommen. Ich habe nichts gehört, worauf ich mich verlassen kann, wenn es um die Ferne dieses mächtigen Stroms geht, aber ich neige immer mehr zu der Annahme, dass er nirgendwo anders als im Meer enden kann.

„Mein lieber Freund Mr. Anderson und auch Mr. Scott sind beide tot; aber auch wenn alle Europäer, die mit mir sind, sterben sollten und ich selbst halb tot wäre, würde ich dennoch durchhalten, und wenn mir das Ziel meiner Reise nicht gelingen würde, würde ich zumindest am Niger sterben. Wenn mir das Ziel meiner Reise gelingt, werde ich voraussichtlich im Mai oder Juni über die Westindischen Inseln in England sein."

Am 19. schrieb er an seine Frau:

„... Ich fürchte, dass Sie, beeindruckt von den Ängsten einer Frau und den Ängsten einer Ehefrau, dazu gebracht werden könnten, meine Situation für viel schlimmer zu halten, als sie ist... Die Regenfälle sind vollständig vorbei und die Gesundheit gesund Die Saison hat begonnen, so dass keine Krankheitsgefahr besteht, und ich habe immer noch genügend Kraft, um mich vor jeder Beleidigung zu schützen, wenn ich den Fluss hinunter zum Meer segele.

„Wir haben bereits alle unsere Sachen eingeschifft und werden absegeln, sobald ich diesen Brief beendet habe. Ich habe nicht vor, irgendwo anzuhalten oder zu landen, bis wir die Küste erreichen, was vermutlich Ende Januar der Fall sein wird ... Ich halte es nicht für unwahrscheinlich, aber dass ich in England sein werde, bevor Sie dies erhalten ... . Wir haben heute

Morgen den Verkehr mit den Eingeborenen beendet. Jetzt werden die Segel gehisst für unsere Abfahrt zur Küste."

Diese Briefe sind voller mutiger Worte, doch sie drücken kein Jota mehr aus als das, wozu Park fähig war. Sie strahlen in jeder Zeile seine bemerkenswerte Persönlichkeit aus. Sie zeigen den heroischen Geist, der das Wort „unmöglich" nicht kennt , der nicht weiß, wann er besiegt ist – dass er, nachdem er sich einmal eine Aufgabe gestellt hat, nicht mehr umkehren kann. Sie sprechen beredt von einem hartnäckigen Vorsatz, den nur der Tod selbst machtlos machen kann, und von einem Vorsatz, wie ihn die Welt selten gesehen hat.

Es ist fast unmöglich, sich die Position unseres Helden in dem Moment vorzustellen, in dem er sich auf eine der gefährlichsten und unsichersten Reisen der Geschichte vorbereitete. In mancher Hinsicht verdient es, mit der Reise von Kolumbus über den Atlantik gleichgesetzt zu werden. Der Weg war ebenso ungewiss, die Entfernung nicht viel geringer, die Gefahren ebenso groß. Man könnte sogar sagen, dass das Unternehmen von Columbus im Vergleich zu dem von Park am hoffnungsvollsten war. Auch Kolumbus hatte immer die Möglichkeit umzukehren. Für Park gab es keine solche Fluchttür. Erfolg oder Tod war seine einzige Wahl, und selbst Erfolg könnte Gefangenschaft oder Schlimmeres bedeuten. Der beste Geograph der Zeit war der Ansicht, dass das Ende Nigers nicht im Ozean, sondern im Herzen des Kontinents lag. Wenn er recht hatte, wie groß waren dann die Chancen gegen Park, jemals wieder einen Ausweg zu finden.

Darüber hinaus muss man bedenken, dass diese 3.200 bis 4.800 Kilometer lange Reise (wobei davon ausgegangen wird, dass Niger und Kongo dasselbe sind) nicht in der Blütezeit der Hoffnungen der Gruppe angetreten wurde, sondern nach einer beispiellosen Reihe von Unglücksfällen und einer schrecklichen Todesgeschichte.

Als einzige Mittel zur Durchführung dieses wunderbaren Vorhabens verfügte Park über kein besseres Mittel als ein unhandliches, halb verrottetes Kanu und eine Mannschaft, bestehend aus einem für diese Aufgabe völlig ungeeigneten Offizier, drei europäischen Soldaten, von denen einer verrückt und die anderen krank war, und schließlich Amadi Fatuma, dem Führer, und drei Sklaven – insgesamt neun Mann.

Mit dieser „ausreichenden Kraft, um mich vor Beleidigungen zu schützen" musste das Kanu ohne Steuermann Hunderte von Meilen weit durch einen Fluss gesteuert werden, der stellenweise mit gefährlichen Felsen übersät war und überall von ebenso gefährlichen Flusspferden heimgesucht wurde – ein Fluss, dessen Ufer auf großen Teilen der Strecke von fanatischen Mauren und Tuaregs besetzt waren, während dahinter unbekannte Stämme kannibalischer Wilder und anderer blutrünstiger Eingeborener lauerten.

Doch nichts konnte den unerschrockenen Forscher entmutigen – nichts konnte ihn von seinem „festen Entschluss abbringen, das Ende des Niger zu entdecken oder bei dem Versuch zu sterben".

So spirituell bewaffnet und inspiriert und somit materiell unterstützt, wurden beim Niederschreiben seiner letzten Worte an die Welt die Segel der *Joliba* in den Wind entfaltet, und wie Odysseus in alter Zeit stieß Park vom Land ab, bestrebt, eine edle Aufgabe zu erfüllen Notiz. Und obwohl er „durch die Zeit und das Schicksal geschwächt" wurde, ist er immer noch „stark im Willen, zu streben, zu suchen, zu finden und nicht nachzugeben", bis der Tod selbst seinen mühsamen Kampf beendet oder der Ozean ihn erneut glücklich auf seinen Armen empfängt Nimm ihn in deine Arme und trage ihn zu den „Glücksinseln" und dem gesegneten Guerdon seines vollendeten Werkes.

Der Würfel war gefallen, und er glitt den großen Fluss hinab zu den noch nicht bereisten Ländern im Osten und Süden – ins Herz des wilden Afrikas und in die tiefe Dunkelheit des Unerforschten.

Seine Tagebücher und Briefe erreichten in den Händen des treuen Isaaco sicher die Küste und anschließend Europa und begeisterten alle echten Männer und Frauen mit der beispiellosen Reisegeschichte, die sie so einfach und doch anschaulich entfalteten. Alle warteten voller Ungeduld auf das Wiederauftauchen des Helden. Es gab zahlreiche Spekulationen über den Grund seines Abgangs oder darüber, ob jemals mehr von ihm gehört werden würde.

Der Mai 1806 ging in den Juni über, ohne dass es weitere Neuigkeiten gab. Das Jahr 1806 löste das Jahr 1807 auf, und dann kamen Befürchtungen über das endgültige Schicksal der Expedition zum Ausdruck. Um diese zu verstärken, drangen Gerüchte aus Westafrika nach Hause, dass einheimische Händler aus dem Landesinneren von einem katastrophalen Ende des Unternehmens berichteten. Mit jedem folgenden Monat nahmen diese Berichte an Zahl und Konsistenz zu, bis die Regierung sie nicht länger ignorieren konnte und beschloss, einen zuverlässigen Eingeborenen nach Niger zu schicken, um spezielle Nachforschungen anzustellen.

Für diese Aufgabe wurde Isaaco engagiert, und im Januar 1810 verließ er Senegal. Im Oktober desselben Jahres erreichte er Sansandig, wo er das Glück hatte, Amadi Fatuma zu treffen, den Führer, den Park den Niger hinunter mitgenommen hatte.

Als Amadi Isaaco erblickte, brach er in Tränen und Wehklagen aus und rief: „Sie sind alle tot, sie sind für immer verloren!" Seine Geschichte wurde bald erzählt. Der Inhalt war wie folgt:

Als Park Sansandig verließ, setzte er seinen Weg in der Mitte des Flusses fort und verfolgte dabei seinen Plan, keine Verbindung mit den Menschen an

Land zu halten, um Angriffen oder Gefangennahmen möglichst zu entgehen. In Silla wurde der Gruppe ein weiterer Sklave hinzugefügt und in Jenné wurde dem Häuptling ein Geschenk geschickt, obwohl an keinem der beiden Orte eine Landung stattfand.

Als sie die Stelle erreichten, an der sich der Niger teilt und die Insel Jinbala bildet, wurden sie von drei mit Piken und Pfeil und Bogen bewaffneten Kanus angegriffen und mit Gewalt zurückgeschlagen, da friedlichere Methoden erfolglos blieben.

An einem Ort namens Rakhara wurde ein ähnlicher Versuch unternommen, den Vormarsch der *Joliba aufzuhalten* , und ein dritter in der Nähe von Timbuktu. Jedes Mal wurden die Eingeborenen zurückgedrängt, wobei viele getötet oder verwundet wurden.

Als sie Timbuktu passierten, lagen das Land Gurma und das Land der Tuareg vor ihnen. In diesem Teil des Flusses unternahmen sieben Kanus einen entschlossenen Versuch, ihnen die Durchfahrt zu verwehren; aber die Eingeborenen hatten keine Waffen und wurden von der Besatzung der *Joliba leicht zurückgeschlagen* , die zwar auf acht Mann reduziert war, aber gut mit Musketen ausgestattet und ständig einsatzbereit gehalten wurde. Hier starb ein weiterer Soldat. Weiter unten wurde die *Joliba* von sechzig Kanus angegriffen, aber ohne ernsthaften Erfolg.

Wenn man dem Führer trauen kann, scheint Martyn diesen Teil der Arbeit in vollen Zügen genossen zu haben – so sehr sogar, dass Amadi einmal, nach viel Blutvergießen, die Hand des Leutnants ergriff und ihn anflehte, aufzuhören, da es keinen weiteren Kampfbedarf gäbe. Martyn war so wütend, dass die humanitäre Einmischung Amadi das Leben gekostet hätte, wenn Park nicht eingegriffen hätte.

Etwas außerhalb des Schauplatzes dieser Schlacht stieß die *Joliba* auf die Felsen, und während der Verwirrung, die darauf folgte, machte ein Flusspferd seinem Unbehagen fast noch mehr Luft, indem es auf das Boot stürzte, das es zerstört oder umgekippt hätte, wenn nicht rechtzeitig die Kanonen der Männer abgefeuert worden wären . Unter großer Mühe konnte das Kanu ohne materiellen Schaden abgesetzt werden.

Die Gruppe hatte nun das Zentrum des alten Reiches Songhay erreicht und alles verlief so gut, wie man es erwarten konnte. Sie verfügten immer noch über genügend Proviant, um eine Landung unnötig zu machen.

An einem Ort namens Kaffo mussten drei weitere Kanus zurückgetrieben werden, und weiter wurde der Führer, als er an Land ging, um Milch zu kaufen, von den Eingeborenen gefangen genommen. Als Park dies bemerkte, griff er sofort zwei Kanus an, die längsseits gekommen waren, und ließ ihre Besitzer wissen, dass er sie alle töten und ihre Kanus wegnehmen würde, wenn er seinen Mann nicht freiließe. Diese Drohung hatte das gewünschte Ergebnis: Der Führer wurde freigelassen und die Beziehungen wurden wieder freundschaftlich aufgenommen.

Jenseits des Ortes, an dem sich dieser Vorfall ereignete, wurde der Fluss schwieriger zu befahren. Sie war durch Inseln und Felsen in drei schmale Gänge unterteilt. Der Ort ist wahrscheinlich der auf Barths Karte eingezeichnete Ort, etwa siebzig Meilen südlich von Gargo, der ehemaligen Hauptstadt von Songhay. Es stellte sich heraus, dass der erste Durchgang, den man versuchte, von bewaffneten Männern bewacht wurde, „was", sagt der Führer, „uns, besonders mir, großes Unbehagen bereitete, und ich versprach ernsthaft, nie wieder dorthin zu gehen, ohne den Armen erhebliche Spenden zu leisten." " Beim Versuch eines zweiten Kanals wurde die Partei nicht belästigt.

Wenige Tage später erreichten sie das Haussa-Land, vermutlich in der Nähe des Gulbi-n-Gindi, das aus Kebbi, dem Westen der damals unabhängigen Staaten, stammt. Hier endete laut Amadi seine Vereinbarung, obwohl er laut Parks Briefen bis nach Kashna hätte gehen sollen. Bevor er sich von seinem Führer trennte, schrieb Park die Namen der lebensnotwendigen Dinge und einige nützliche Redewendungen in den Dialekten der übrigen Länder auf, die er durchqueren musste. Diese Aufgabe nahm zwei Tage in Anspruch, in denen die *Joliba* vor Anker blieb, ohne jedoch einen ihrer Besatzungsmitglieder zu landen.

Obwohl Park dadurch seinen Dolmetscher verlor und die Reise dadurch noch gefährlicher wurde, weil er niemanden hatte, über den er bei Bedarf mit den Eingeborenen kommunizieren konnte, hatte er allen Grund, hoffnungsvoll zu sein. Er war nun über tausend Meilen flussabwärts gesegelt, ohne dass es zu einem ernsthaften Missgeschick gekommen wäre, obwohl der Weg durch das Land der Mauren und ihrer ebenso fanatischen Glaubensgenossen, der Tuareg, geführt hatte. Vor ihm lag das Land der Neger, unter denen er, alles in allem, immer eine freundliche Aufnahme und gastfreundliche Behandlung gefunden hatte. Besonders ermutigend war die Tatsache, dass der Niger genau nach Süden floss – also in Richtung Atlantik und nicht in die Binnensümpfe von Rennells Theorien.

Es gab daher keinen wirklichen Grund, das Fehlen eines Dolmetschers als wichtigen Nachteil zu betrachten, und folglich wurde kein Versuch unternommen, Amadi dazu zu bewegen, weiter als bis Yauri zu gehen, dem nächsten Bezirk südlich des Gulbi-n-Gindi. Hier ging Amadi an Land, und nachdem er Geschenke von Park mit dem König ausgetauscht hatte, kaufte Al Hadj, oder der „Pilger", mehr Proviant, damit die Weißen ihre Reise ohne Landgang fortsetzen konnten. Obwohl dies wahrscheinlich ein notwendiges

Unterfangen war, sollte es sich für die Aussichten der Expedition als verhängnisvoll erweisen. Die Habgier der Eingeborenen wurde durch den Reichtum geweckt, den die Fremden angeblich bei sich hatten – ein Beispiel dafür waren die Geschenke, die dem König geschickt wurden.

Unmittelbar südlich von Yauri verengt sich das flache Tal des Niger zu einem Tal oder einer Schlucht, wo die darunterliegenden Sandsteinhügel in abrupte und steile Massen aus hartem metamorphem Gestein übergehen und das Flussbett durch gefährliche Felsen und von Dörfern bewohnte Inseln unterbrechen. So verengt und geteilt strömen die Wasser des Flusses in drei Arme weiter – einer davon ist leicht zu befahren, die anderen sind bei Hochwasser schwierig und bei niedrigem Wasserstand fast unmöglich.

Während der Verzögerung in Yauri verbreitete sich die Nachricht von der Ankunft der Fremden entweder auf dem üblichen Weg nach Bussa oder wurde durch einen Sonderkurier übermittelt, und es wurden Vorbereitungen getroffen, um sie aufzuhalten.

DIE BUSSA-STROMSCHNELLSTEN.

Park war sich der bevorstehenden Gefahren nicht bewusst, verließ Yauri und setzte seinen Weg nach Süden fort. Da er in seinem Kanu niemanden hatte, der den Fluss kannte, geriet er unglücklicherweise in den schlimmsten der drei Kanäle und raste seinem Verderben entgegen. Einmal in der Strömung, war es unmöglich umzukehren. An Land zu gehen, war ebenso ausgeschlossen, selbst wenn es möglich gewesen wäre, denn rechts und links von den Felsen und Inseln wimmelte es von Eingeborenen in Kriegsaufstellung, die entschlossen waren, die Eindringlinge aufzuhalten. Die Energie und Aufmerksamkeit der Handvoll Reisender war auf die doppelte Gefahr verteilt – die Stromschnellen und Felsen um und vor ihnen und die durch die Luft sausenden Waffen. Zwei der Sklaven wurden schnell getötet; für die übrigen blieb nichts anderes übrig, als weiterzufahren, abwechselnd zu schießen und zu paddeln, in der Hoffnung, zu entkommen. Noch ein wenig und sie wären außer Gefahr. Ehe sie es jedoch bemerkten, raste die *Joliba* in den Griff einer versteckten Felsspalte und blieb dort stecken. Mit verzweifelter Energie ergriff jeder Mann sein Paddel und griff, nur der äußersten Gefahr des Augenblicks bewusst, mit der Kraft eines Menschen, der um sein Leben kämpft. Vergeblich – die *Joliba* gab ihren verzweifelten Bemühungen nicht nach. Mit entzücktem Geschrei versammelten sich die Eingeborenen auf den benachbarten Felsen und griffen, ihrer Beute sicher, mit neuem Eifer zu ihren Waffen.

Die letzte Möglichkeit bestand darin, das Kanu zu erleichtern, und alles, was schwer war, wurde in den Fluss geworfen. Auch das erwies sich als nutzlos, und jetzt wussten Park und seine kleine Gruppe von Anhängern, dass sie den Höhepunkt ihres Unglücks erreicht hatten. Eine Zeit lang kämpften sie weiter, als wären sie entschlossen, ihr Leben teuer zu verkaufen, doch schließlich gaben sie es auf, weil ihnen die Vergeblichkeit ihrer Bemühungen auffiel. Ihre Waren waren verschwunden – ihre Zahl wurde auf vier reduziert. Die Fortsetzung des Kampfes diente nur dazu, ihre Feinde zu erzürnen. Was waren die Gefühle des Helden in diesem höchsten Moment der Katastrophe – was war seine letzte Entscheidung, wer soll das sagen?

Amadi erzählt uns, dass Park am Ende einen weißen Mann und Martyn den anderen packte, und so sprangen sie alle vier vereint in den Fluss. Ob sie gemeinsam sterben wollten oder sich gegenseitig helfen wollten, wird man nie erfahren. Letztere Annahme ist wahrscheinlicher, denn bei Park gab es Hoffnung, solange er lebte. In jedem Fall war das Ergebnis dasselbe. Der Niger beanspruchte ihn als sein Eigentum, und da es ihm nicht zukam, seine Geheimnisse zu entschlüsseln, gab es für ihn nichts Passenderes als den Tod in seinen reißenden Wassern.

Von der Gruppe blieb nur ein Sklave am Leben. Vom Inhalt des Kanus blieben lediglich ein Schwertgürtel, den der König von Yauri als Pferdegurt verwendete, und einige Bücher übrig, von denen eines nach England gelangte.

Der Führer kam ebenso wenig ungeschoren davon wie die anderen Mitglieder der Expedition. Kaum hatte er sich von Park verabschiedet, wurde er ergriffen und in Ketten gelegt und blieb einige Monate in Gefangenschaft. Seine erste Aufgabe nach der Erlangung seiner Freiheit war es, den einzigen Überlebenden der Expedition ausfindig zu machen und von ihm die Todesursache des Anführers zu erfahren. Nachdem er sich in dieser Hinsicht so weit wie möglich vergewissert hatte, kehrte er nach Sansandig zurück, von wo aus Gerüchte seine traurige Geschichte allmählich an die Küste trugen und zur Mission von Isaaco führten.

Um den Schwertgürtel zu erhalten und Amadis Geschichte anderweitig zu untermauern, schickte Isaaco einen Fulah nach Yauri. Dem Fulah gelang es, den Gürtel zu stehlen und eine Bestätigung der Unglücksgeschichte zu erhalten, woraufhin Isaaco mit der traurigen Nachricht und dem einsamen Relikt zur Küste aufbrach.

Bei vielen erlangte die tragische Geschichte sofort Glaubwürdigkeit. Es gab jedoch einige, die sich weigerten, die Hoffnung aufzugeben, obwohl diese Hoffnung nur das Ergebnis ihrer Liebe und ihrer sehnlichen Wünsche war. Zu ihnen gehörte auch Frau Park, die bis zu ihrem Tod, dreißig Jahre nach den oben genannten Ereignissen, an dem Glauben festhielt, dass ihr Mann noch lebte und eines Tages gefunden werden würde.

Die Regierung war sich ihrer Pflicht gegenüber der Familie eines so heldenhaften Dieners nicht unbewusst und gewährte Frau Park eine kleine Rente, die sie bis zu ihrem Tod im Jahr 1840 weiterbezog.

Als ihre Kinder heranwuchsen, zeigten sie schnell, dass sie viel vom Geist ihres Vaters geerbt hatten. Mungo, der Älteste, erhielt einen Dienst in der indischen Armee. Aber er hatte nicht die Verfassung seines Vaters und starb zehn Tage nach der Landung in Bombay. Sein jüngerer Bruder Archibald hatte auf demselben Ehrengebiet mehr Glück und stieg in den Rang eines Obersten auf.

Aber es war der zweite Sohn, Thomas, der offenbar die abenteuerlustige Natur seines Vaters am meisten geerbt hatte. Wie seine Mutter verlor er nie den Glauben an die Vorstellung, dass sein Vater irgendwo im Herzen Afrikas gefangen war. Dorthin wandten sich seine Gedanken in den glühenden, impulsiven Tagen seiner Jugend immer wieder, bis ihn der Wunsch, die Wahrheit herauszufinden, so stark erfüllte, wie früher Park selbst von der Lösung des Geheimnisses des Niger besessen gewesen war. Aber zu diesem

Zeitpunkt waren die Parks mit ihrem Glauben allein und ohne Unterstützung war der ungestüme junge Kerl nahezu hilflos. Im Geheimen schmiedete und plante er jedoch umso mehr, immer mit dem einen Ziel vor Augen.

Im Jahr 1827 schiffte er sich schließlich an Bord eines Schiffes ein, das in die Südsee fuhr. Auf die eine oder andere Weise gelang es ihm, das Schiff zu verlassen und die Goldküste zu erreichen, entschlossen, nun auf eigene Faust seinen lang gehegten Wunsch zu verwirklichen, das Schicksal seines Vaters herauszufinden.

Der folgende Brief, datiert Accra, 1827, erzählt alles, was wir über seine Pläne wissen:

> „ MEINE LIEBSTE MUTTER , ich hatte gehofft, ich hätte zurück sein sollen, bevor Sie meine Abwesenheit bemerkten. Ich bin – jetzt, wo der Mord ans Licht gekommen ist – aus Angst, deine Gefühle zu verletzen, gegangen. Ich habe dir nicht geschrieben, damit du nicht zufrieden bist. Verlassen Sie sich darauf, meine liebste Mutter, ich werde sicher zurückkehren. Du weißt, was für ein neugieriger Mensch ich bin, also fürchte dich nicht um mich. Außerdem war es meine Pflicht – meine kindliche Pflicht – zu gehen, und ich werde den Namen Park noch erhöhen. Du solltest dich lieber darüber freuen, dass ich es mir in den Kopf gesetzt habe. Schenke meiner Schwester meine herzlichsten Grüße. Sagen Sie ihr, dass ich denke, dass das Boot für den Niger sehr gut geeignet wäre. Ich werde spätestens in drei Jahren zurück sein – vielleicht in einem. Gott segne dich, meine liebste Mutter, und glaube, dass ich dein liebevollster und pflichtbewusstester Sohn bin.
>
> THOMAS PARK .“

Danach folgte eine bedrohliche Stille. Wie der ältere Park verschwand auch der hitzköpfige junge Mann, den wir für seine Torheit lieben müssen – da wir wissen, was sie ausmacht –, aus dem Blickfeld des Schwarzen Kontinents, von wo nur vage, voller Kummer, Gerüchte zurückkehrten, die von einem schnellen und blutigen Ende seiner wilden, aber heroischen Mission berichteten.

Damit endete die Verbindung der Familie Park mit der Erforschung des Niger auf fatale Weise und das erste große Kapitel in der Geschichte der Erschließung Innerafrikas.

KAPITEL XXIV.
DIE FULAH-REVOLUTION.

Gleichzeitig mit dem Beginn der Erkundungsarbeit von Park begann sich ein Ereignis von fast gleicher Bedeutung in der Geschichte des Nigerbeckens abzuzeichnen. Dies war der phänomenale Aufstieg der Fulahs zu einer Position von immenser politischer und religiöser Bedeutung – einem Volk, das bei den Haussa als Fillani und in Bornu als Fillatah bekannt ist.

So wie Park der Vorreiter des christlichen Unternehmertums war, so markierte Othman dan Fodiyo, ein einfacher Fulah Malaam oder Lehrer, indem er das Banner des Islam hisste, die Wiederbelebung des politischen und religiösen Geistes des Mohammedanismus im Zentral- und Westsudan.

Wir haben gesehen, wie das riesige Reich von Songhay vor den Musketieren eines maurischen Sultans in Stücke zerfiel – wie mit seinem politischen Einfluss auch sein zivilisierender Einfluss verschwand und ganze Königreiche und Provinzen in den alten Götzendienst und die Barbarei zurückfielen.

In ähnlicher Weise und fast zeitgleich verlor Bornu, größtenteils, wenn auch nicht vollständig, seine alte militärische Macht und fortschrittliche Kraft. Die sich selbst überlassenen Haussa-Staaten zeigten eine ähnliche degenerative Tendenz und verfielen weitgehend in die alten heidnischen Sitten.

Aber in der ganzen Masse des Götzendienstes steckte ein Sauerteig mit belebendem Einfluss, der verhinderte, dass er völlig tot und durchnässt wurde. Vom Tschadsee bis zum Atlantik lebte ein bemerkenswertes Volk verstreut, das weder Gott vergaß noch den Abscheulichkeiten der Ungläubigen verfiel. Obwohl sie keinen politischen Status hatten und keine bessere Stellung innehatten als die von Halbleibeigenen – und darüber hinaus in kleinen Gruppen als Hirten verteilt waren –, besaßen sie dennoch ein Band der Einigkeit und eine inspirierende Kraft in sich, die sie in all ihren Prüfungen unterstützte. und bewahrte sie vor der Rassenvernichtung.

GRUPPE VON FULAHS.

Diese Rasse waren die Fulah, und ihr gemeinsames Band war die Religion des Islam.

Woher sie kamen, ist unbekannt. Alles, was sie betrifft, ist eine Frage der Vermutung, obwohl wir in den sudanesischen Chroniken verschiedene Anspielungen auf sie finden, die mehrere Jahrhunderte zurückreichen.

Ihre wohlgeformten Gesichtszüge, ihr glattes, drahtiges Haar und ihre kupferfarbene Haut kennzeichnen sie eindeutig als Nicht-Afrikaner und deuten auf den Osten als die Wiege ihrer Rasse hin. Darüber hinaus stehen sie aufgrund ihres gut entwickelten Schädels und ihres hohen intellektuellen Durchschnitts auf einer insgesamt höheren Stufe der Menschheitsskala als alle Neger- oder Banturassen, unter denen sie sich niederließen.

Wir können mit Sicherheit davon ausgehen, dass sie irgendwann in ferner Vergangenheit aus dem Osten eingewandert sind und sich allmählich westwärts bewegt haben – nicht als kriegerische Eroberer, sondern als friedliebende Schafhirten, deren Kenntnisse über Vieh usw. sie in jedem Land, das sie erreichten, zu einer willkommenen Bereicherung machten. Da sie Nomaden waren und ihren Lebensunterhalt von ihren Schafen und Ziegen ernährten, war es ihnen unmöglich, sich in großer Zahl an einem Ort niederzulassen, da das Land bereits von den Negern bewohnt war. Daher war es für sie immer notwendig, westwärts zu ziehen und nur so viele zurückzulassen, wie sie bequem ihren Lebensunterhalt bestreiten konnten.

Im 14. oder 15. Jahrhundert erreichten die Fulah die Wassereinzugsgebiete des Niger und Gambias. Hier wurde die Wanderflut aus physischen und anderen Gründen gestoppt. Das Land dahinter erwies sich als weniger geeignet für die Viehzucht und war möglicherweise bereits dicht besiedelt.

Da es keinen weiteren Weg nach Westen gab, sammelten sich die Neuankömmlinge natürlich an, wie es der aufgestaute Rückfluss tut. Ihre Zahl nahm zu und dementsprechend auch ihre Macht, bis sie eine nicht geringe Bedeutung erlangten und für sich selbst ein Königreich gründeten, das bereits unter dem Namen Fulahdu erwähnt wurde.

Als der Islam im neunten und zehnten Jahrhundert die Wüste durchquerte und seinen Weg in den Sudan fand, waren die Fulahs die allerersten, die sich der neuen Religion anschlossen. Ihr Temperament und ihre höhere intellektuelle Entwicklung machten sie schneller anfällig für neue Einflüsse, und so verkündeten die Fulahs mit einer Stimme ihren Glauben an Allah und seinen Propheten, während die große Masse der Ureinwohner noch ungläubig war . Wie bei anderen Religionen hatte auch die Verfolgung nur zur Folge, dass die Lehren des Islam tiefer in ihre Seelen eingebrannt wurden, was dazu führte, dass ihr Glaube in einem klareren und spirituelleren Licht erstrahlte, was zur Erbauung und Belehrung der umgebenden Götzendiener beitrug. Im Westsudan, wo sie eine unabhängige Existenz genossen oder genießen konnten, verbreitete sich der Islam unter den Fulahs besonders schnell; und mit dem Fall von Songhay und der Lähmung des Einflusses von Timbuktu wurden sie zu den wichtigsten Verbreitern des Mohammedanismus und zu den großen Förderern des Lernens durch Moscheen und Schulen – selten durch die Macht des Feuers und des Schwertes. Sie und ihre Glaubensbrüder benachbarter Stämme, die Mandingoes und die Jolofs, verbreiteten auf diese Weise nicht nur das Wissen über den Einen Gott, sondern leisteten gleichzeitig auch eine ebenso edle Arbeit, indem sie sich gegen die schnell voranschreitende Gin-Flut der Christen wappneten Europa strömte in ihr Land. Mit diesem Handel hätten sie nichts zu tun, und im Gegensatz zu so vielen unserer christlichen Kaufleute würde keine Rücksicht auf Profit sie zu einem Kompromiss zwischen ihrem Gewissen und der Gier nach Gewinn verleiten.

Unterdessen hatten die Fulahs der Königreiche im Landesinneren viel zu tun, um sich unter ihren heidnischen Herren zu behaupten. Ihre Lage war äußerst ärgerlich für ein Volk, das sich jenen, die es als Herren anerkennen musste, unendlich überlegen fühlte – noch bitterer war, dass sie, die Erben der Verheißungen, von Götzendienern und Menschen regiert wurden, deren Los die Hölle war. Was konnten sie tun, da sie in kleine Gruppen über ein riesiges Gebiet verstreut waren? Die Antwort auf diese Frage ergab sich rasch. Wie wir gezeigt haben, besaßen sie das notwendige Band der Einheit und die inspirierende spirituelle Kraft, um sie wie ein Mann für ein gemeinsames Ziel kämpfen zu lassen. Sie brauchten nur einen Anführer, der diese Kraft nutzte und in Aktion setzte. Ein solcher Mann fehlt nie, wenn die Zeit ihn erfordert, und in diesem Fall war er in der Person von Othman vorhanden, dem Imam oder religiösen Scheich der Fulah von Gober, dem nördlichen der Haussa-Staaten.

Unter dem Einfluss dieses Scheichs wurden die Fulah dieser Region zu einem Zustand religiöser Inbrunst erweckt, wie sie ihn noch nie zuvor gekannt hatten. Seine feurige Beredsamkeit berührte ihre aufgeregte und einfallsreiche Natur, als er ihnen die Schande ihrer halb versklavten Position vor Augen führte. Das Feuer der Unzufriedenheit wurde so zum Schwelen gebracht und es bedurfte nur eines weiteren Anfachens, um es in die Flammen der Rebellion entfachen zu lassen.

Unterdessen war ihr Haussa-Herrscher Bawa nicht blind für die gefährliche Gärung, die unter ihnen herrschte, und aus Angst vor den Folgen rief er Othman zu sich und tadelte ihn streng. Dies genügte dem stolzen und enthusiastischen „Gläubigen". Er verließ Bawas Anwesenheit nur, um die Standarte der Revolte zu hissen – das heilige Banner des Islam. Der Effekt war elektrisch. Als Reaktion auf seine Aufforderung versammelten sich die Fulah sofort in einer begeisterten Armee um ihn.

Aber sie waren zumeist Hirten – Männer des Friedens, die den Gebrauch von Waffen nicht gewohnt waren; und sie konnten nicht sofort in erfolgreiche Krieger verwandelt werden. Daher erlebten sie anfangs in jeder Begegnung Niederlagen und Niederlagen. Hätten sie für sich selbst gekämpft, wäre die Bewegung zweifellos beim ersten groben Waffenstoß zusammengebrochen. Aber glücklicherweise hatten sie ein höheres Interesse im Sinn. Sie kämpften für Gott und seinen Propheten, deren Werkzeuge sie sich selbst zu sein glaubten. In einem solchen Krieg konnte es für sie keinen Zweifel darüber geben, wer letztlich den Sieg davontragen würde. Mit immer größerem Eifer kehrten sie zum Angriff zurück, angespornt zu ihrem glorreichen Kreuzzug durch die religiösen Lieder und feurigen Worte ihres Anführers Othman, die ihnen sagten, dass ihre Sache eine Sache sei, für die es viel zu leben und zu kämpfen, aber noch mehr zu sterben bedeutete, wenn es Gottes Wille sei.

Unter dieser Führung und Ermutigung wuchs die Kampf- und Waffenerfahrung der Fulah. Aus den Hirtenhorden wurde nach und nach eine disziplinierte Kriegerarmee, die aus der Niederlage zum Sieg aufstieg.

So kam es, dass Othman und seine immer siegreiche Armee von Gober aus ihren unwiderstehlichen Lauf starteten und die wilden Wüsten des zentralafrikanischen Heidentums mit ihrem Ruf „Keiner außer dem Einen Gott" erfüllten, bis der gesamte West- und Zentralsudan erreicht war. vom Tschadsee bis zum Atlantik, erkannte mehr oder weniger vorübergehend die politische Vormachtstellung der Fulah an. Doch es war keine bloß weltliche Macht, die Othman und sein Volk errichten wollten – es ging ihnen um eine Eroberung für Gott. Sie handelten nur als seine Agenten. Vor ihnen verschwanden der Fetischismus und alle seine entwürdigenden Rituale. Die Eingeborenen verneigten sich nicht mehr vor Stöcken und Steinen, sondern vor Allah, dem Einen Gott. Wieder einmal, wie in den glorreichen Tagen von Songhay und Bornu, entstanden im ganzen Land Schulen und Moscheen, und den Eingeborenen, die von der üblen Seuche befreit wurden, wurde die Größe, das Mitgefühl und die allumfassende Barmherzigkeit des Herrschers des Universums gelehrt des Götzendienstes in seiner schlimmsten Form.

In diesem Werk, die Gläubigen aus ihrer Knechtschaft heidnischer Aufseher zu befreien und den barbarischen und waffenlosen Eingeborenen auf gewaltsame Weise neues Licht zu bringen, hörte die Fulah nicht auf, bis aus jedem Dorf des Zentralsudans im grauen Morgengrauen etwas zu hören war Am tropischen Morgen verkündete die dröhnende Stimme des Negers Mueddin, dass Gebet besser sei als Schlaf – und rief aus den schwach erleuchteten Häusern die frommen Moslems dazu, ihre Gesichter in den Staub zu beugen und ihren völligen Glauben an und ihre Abhängigkeit von Allah zu bekennen.

Nicht minder gründlich wurde für das materielle Wohl der Menschen gesorgt. „Die Gesetze des Korans wurden zu seiner (Othmans) Zeit streng in Kraft gesetzt, nicht nur unter den Fillahtah (Fulah), sondern auch unter den Negern und den Arabern; und das ganze Land war, wenn es sich nicht im Kriegszustand befand, so gut reguliert, dass es ein allgemeines Sprichwort war, dass eine Frau mit einer Schatulle voller Gold auf dem Kopf von einem Ende des Fillahtah-Herrschaftsgebiets zum anderen reisen könnte.“ So schrieb Clapperton einige Jahre nach dem Tod von Othman als Augenzeuge der wunderbaren Revolution, die die Fulah auslöste.

Bedauerlicherweise entwickelte sich der religiöse Eifer des bemerkenswerten Führers schnell zu einem religiösen Wahnsinn, der 1817 in seinem Tod endete.

Nach dem Tod Othmans wurde das riesige Reich, das er aufgebaut hatte, unter seinen Söhnen Bello und Abd Allahi aufgeteilt. Ersterer erhielt Sokoto und den gesamten Osten und Süden, während letzterer die westlichen Provinzen entlang des Niger mit Gandu als Hauptstadt erhielt. Die Länder westlich des Niger, einschließlich Massina, wurden unter Ahmed Lebbo, einem von Othmans Leutnanten, unabhängig, der diese Region unmittelbar vor Othmans Tod eroberte.

KAPITEL XXV.
NEUE UNTERNEHMEN UND NEUE THEORIEN.

Wie wir gesehen haben, war Parks zweite Expedition voller Katastrophen und Erfahrungen, die anderen zum Erfolg verhelfen.

Das Tagebuch, das Isaaco aus dem Niger mitbrachte, trug nichts zu unserem Wissen über den Fluss bei, und Amadi Fatumas Bericht ergänzte es so wenig hinsichtlich der Ergebnisse der Reise flussabwärts nach Bussa, dass auf der Karte, die dem veröffentlichten Tagebuch und der biografischen Notiz von 1816 beigefügt war, Parks entferntester Punkt nur etwa 80 Meilen ostsüdöstlich von Timbuktu liegt, statt fast 700 Meilen in gerader Linie südöstlich.

Es gab jedoch einen Geographen, der weitblickender war als die anderen, der, wenn auch damals unbeachtet, die wirkliche Lösung für das Problem der Beendigung des Niger fand. Dies war M. Richard, ein Deutscher, der seine Ansichten zu diesem Thema bereits 1808 in den „Ephemerides Geographique" veröffentlichte. Diese waren, kurz gesagt, wie folgt. Nachdem der Niger Wangara erreicht hat, nimmt er eine Richtung nach Süden, und da er sich mit anderen Flüssen aus diesem Teil Afrikas verbindet, macht er von dort aus eine große Wendung nach Südwesten und setzt seinen Lauf fort, bis er sich dem nordöstlichen Ende des Niger nähert Golf von Guinea, wo er sich teilt und über verschiedene Kanäle in den Atlantik mündet, nachdem er ein riesiges Delta gebildet hat, von dem der Rio del Rey den östlichen und der Rio Formosa oder Benin den westlichen Zweig bildet.

Nie gab es ein besseres Beispiel für die mentale Entdeckung einer geografischen Tatsache. Richards Hypothese ist eine anschauliche Beschreibung der tatsächlichen Geographie des mittleren und unteren Niger. Dies sollte natürlich von der Welt nicht erkannt werden, vor deren Augen die Kong-Berge immer als unüberwindbare Barriere aufragten, die quer über die vorgeschlagene Entwässerungslinie verlief. Bis diese entfernt, beiseite gelegt oder aufgebrochen werden konnten, war kein Geograph bereit zuzulassen, dass der Niger möglicherweise in den Golf von Guinea münden könnte.

Mungo Park hatte ein Erbe der Theorie hinterlassen, nämlich dass der Niger und der Kongo eins seien. Was über seine letzte Reise bekannt war, trug keineswegs dazu bei, die Menschen von dieser Idee abzubringen — im Gegenteil, sie verbreitete sich weiter als je zuvor.

Um diese wichtige Frage ein für alle Mal zu klären, beschloss die Regierung, unbeirrt vom katastrophalen Ende der letzten Expedition, eine weitere in noch größerem Maßstab auszurüsten, und trotz des schrecklichen Schicksals, das Park und seine Gefährten ereilt hatte, fehlte es nicht an genügend leidenschaftlichen Geistern, um alle Gefahren eines ähnlichen Unternehmens auf sich zu nehmen.

Um den Erfolg der Expedition sicherzustellen, wurde sie in zwei Teile aufgeteilt: Der eine sollte Parks Route mehr oder weniger genau folgen und den Niger hinabfahren, der andere den Kongo hinauffahren; wenn das Schicksal es ihm günstig meinte, trafen sich die beiden vielleicht auf halber Strecke.

Kapitän Tuckey war der Leiter der Kongo-Sektion; mit ihm reisten ein Botaniker, ein Geologe, ein Naturforscher, ein vergleichender Anatom, ein freiwilliger Helfer und fünfzig Mann Besatzung.

Die Gruppe verließ England am 16. Februar 1816 und erreichte die Mündung des Kongo in fünfeinhalb Monaten. Als sie den Fluss betraten, waren sie enttäuscht, denn der Fluss erschien ihnen zweitklassig und nicht wie der gigantische Strom, den sie erwartet hatten.

Vergeblich suchten sie auch nach Spuren der großen Königreiche, die die frühen portugiesischen Entdecker beschrieben hatten, oder nach den Kirchen und Städten, die die Europäer in den frühen Tagen des portugiesischen nationalen und christlichen Unterfangens gegründet hatten. Meistens stießen sie nur auf die dunklen Tiefen malariaverseuchter Mangrovensümpfe und die tiefe Stille und undurchdringliche Vegetation des tropischen Waldes, obwohl hier und da auf den Lichtungen elende Dörfer lagen, bewohnt von faulen, gut gelaunten Eingeborenen mit einem ausgeprägten Appetit auf alkoholische Getränke – anscheinend das einzige Erbe, das die Europäer dauerhaft hinterlassen hatten.

Als sie den Fluss hinaufstiegen, erreichten sie schließlich die ersten Katarakte des Kongo, die sich, anstatt sich als ein weiterer Niagara zu erweisen, ihren gelbsüchtigen Augen wie „ein vergleichbarer Bach, der über seinem steinigen Bett sprudelte" vorkamen – eine Beschreibung, die natürlich nicht stimmt durch spätere Expeditionen bestätigt.

Da sie mit ihren Booten nicht weiter vordringen konnten, setzten Tuckey und seine Gefährten ihre Erkundung über Land fort. Trotz der großen Schwierigkeiten, die sie ohne Führer beim Durchqueren wegloser Wälder hatten, bewältigten sie die ersten Wasserfälle und erreichten eine Stelle, an der der Fluss breiter wurde und keine Navigationsprobleme mehr bereitete. Unglücklicherweise begann jedoch die alte Krankheitsgeschichte. Drei der Hauptmänner mussten nacheinander zum Schiff zurückkehren, und schließlich gaben Tuckey und sein Gefährte Smith, der Botaniker, ihre Pläne auf, da sie angesichts der vielen Schwierigkeiten und ihrer eigenen

Hilflosigkeit unter dem lähmenden Einfluss der Krankheit ihre weitere Reise für hoffnungslos hielten. Sie erreichten das Schiff und fanden ihre drei Gefährten tot vor. Smith war das nächste Opfer. Schließlich starb auch Kapitän Tuckey, der von Depressionen und seelischer Angst überwältigt wurde. Wie viele Seeleute erlagen, ist uns nicht bekannt.

Unterdessen hatte der andere Teil der Expedition nicht mehr Glück.

Am 14. Dezember landete diese Gruppe, bestehend aus 100 Männern und 200 Tieren, unter dem Kommando von Major Peddie an der Mündung des Rio Nunez, ungefähr auf halbem Weg zwischen Gambia und Sierra Leone. Major Peddies Absicht war es, die schmale Stelle zwischen dem Ozean und dem Niger zu überqueren. Kaum war er jedoch gelandet, als der grausame Dämon der Krankheit, der in seinem widerlichen Versteck die schönen Weiten Innerafrikas bewacht, seine unsichtbare Hand auf ihn legte, und bevor der Marsch begonnen hatte, fand er ein Grab in dem Land, das er erkunden wollte.

Unter Kapitän Campbell erlebte die Expedition eine Reihe von Katastrophen. Die Esel gingen rasch unter den Händen von Männern zugrunde, die nicht daran gewöhnt waren, sich um sie zu kümmern. Nahrung war nur unter größter Mühe und zu ruinösen Preisen zu bekommen.

Als sie in der Nähe der Grenzen des Fulah-Landes ankamen, wurden sie wegen des Verdachts, den der König und sein Volk ihnen gegenüber hegten, vier Monate lang festgehalten.

Alles, was sie hatten, begann mit alarmierender Geschwindigkeit dahinzuschmelzen. Bald war kein einziges Lasttier mehr übrig, und als sie sahen, dass ein Vormarsch aussichtslos war, und sich seewärts wandten, wurde ihr Rückzug zu einer fortlaufenden Geschichte der Plünderung. Kumner, der Naturforscher, starb *unterwegs* , und Campbell erreichte Kakunda nur, um seinen Namen auf die Liste der Opfer der Afrikaforschung zu setzen. Den letzten Schliff erhielt das unglückliche Schicksal dieses offensichtlich schlecht geführten Unternehmens durch den Tod von Leutnant Stoker, einem jungen Marineoffizier, der das Kommando übernahm und im Begriff war, einen neuen Versuch zu unternehmen, in das Land einzudringen.

Offensichtlich war die Erkundung Afrikas keine leichte Angelegenheit und erforderte die Erstellung von Testamenten und die Regelung irdischer Angelegenheiten, damit diejenigen, die sich an die Arbeit machen konnten, ihre Hand anlegen konnten. Doch seltsamerweise gab es kein Anhalten — keinen Mangel an Freiwilligen. Als einer starb, war ein anderer bereit, seinen Platz einzunehmen.

„Jeder tritt dorthin, wo sein Kamerad stand

In dem Moment, als er fiel."

In diesem Sinne unternahm Kapitän Gray, ein Überlebender von Peddies Gruppe, den Versuch, Parks Spur zu folgen, kam jedoch nicht weiter als bis Bondou, von wo aus er nach fast einem Jahr Haft an die Küste zurückkehren konnte.

Doch was all diese verschiedenen katastrophalen Versuche nicht erreichen konnten, gelang inzwischen wieder einem Hausgeographen, James M'Queen. Die Umstände, unter denen er sich für das Thema interessierte, stehen im Einklang mit dem romantischen Charakter der afrikanischen Geschichte. Eine Kopie des Berichts über Parks erste Expedition gelangte in die Hände von M'Queen, als er auf der Insel Grenada in Westindien lebte. Unter den Negern, die ihm anvertraut waren, befanden sich mehrere Mandingos von den Ufern des Niger. Ein Haussa-Neger, mit dem er in Kontakt kam, hatte Park tatsächlich über den Niger gerudert.

M'Queen war bereits von einem ausgeprägten geografischen Geschmack geprägt und wurde sofort vom Geheimnis des Großen Flusses gefangen genommen. Mit der ganzen Begeisterung eines glühenden Temperaments widmete er sich der Lösung der Frage ebenso gründlich wie Park selbst, wenn auch auf ganz andere Weise. Während einer nach dem anderen Entdecker schuftete und kämpfte, erkrankte und starb, ohne dass dies für die Wissenschaft von geringem Nutzen war, machte er sich daran, Informationen von allen Negern und Freien zu sammeln, denen er begegnete und die aus Westafrika kamen oder auch nur einen Fuß dorthin gesetzt hatten. Insbesondere untersuchte er alle verfügbaren Materialien, die von Arabern geliefert wurden, die im Sudan gereist waren und dort Handel trieben, oder von Europäern und Einheimischen, die auf der Suche nach Handel oder Entdeckungen von der Westküste ins Landesinnere vorgedrungen waren.

Mit außerordentlichem Genie und Fleiß und bewundernswerter Scharfsinnigkeit und Urteilskraft setzte er die verschiedenen so gesammelten Informationen über den Lauf des Niger ins rechte Licht und fügte sie zusammen, bis es ihm gelang, die groben geographischen Merkmale der gesamten Region, durch die der Fluss fließt, selbst zu kartieren. Bereits 1816 wurde der Welt die erste Skizze seiner Ansichten in einer kleinen Abhandlung vorgelegt, in der er, wie schon Richard vor ihm, darauf hinwies, dass der Niger mit Sicherheit in der Bucht von Benin in den Ozean mündet. Die Abhandlung fand jedoch keine Beachtung – zumindest nicht in der Welt im Allgemeinen. Doch unbeirrt setzte M'Queen seine Forschungen fünf weitere Jahre fort und veröffentlichte 1821 ein Buch mit dem Titel „Enthält

einen besonderen Bericht über den Lauf und die Mündung des großen
Flusses Niger im Atlantischen Ozean".

In dieser interessanten Arbeit untersucht M'Queen alle verschiedenen
Theorien zum Niger. Er widerlegt Rennells Ansicht, dass der Fluss in
zentralen Sandwüsten verschwunden oder in einer Reihe von Sümpfen unter
der sengenden Hitze der tropischen Sonne verdunstet sei. Die Ansicht, dass
der Fluss nach Osten fließt und in den Nil mündet, erlitt vor seiner Armee
von Fakten ein ähnliches Schicksal. Die blockierende Kongo-Barriere wurde
mit der Kraft eines Titanen gespalten und trennte den Kongo vom Niger,
anstatt ihn zu vereinen.

Aber der Autor war nicht nur destruktiv. Er konnte auch bauen. Mit
denselben Waffen, mit denen er die Theorien der Vergangenheit zunichte
machte, machte er sich daran, eine eigene Theorie zu konstruieren. Er
sammelte Fakten nach Fakten, die er aus allen verfügbaren Quellen
zusammengetragen hatte, und verfolgte den Lauf des Niger in südlicher
Richtung. Bussa wurde in der Nähe von Timbuktu zurückgelassen und
transportierte mehrere hundert Meilen weiter nach Süden. Aus dem
Königreich Bornu und den angrenzenden Staaten sammelte er die
verschiedenen Entwässerungsströme und leitete sie in einen gemeinsamen
Kanal – den Gir oder Nil des Sudan; aber anstatt ihn auf den wahren Nil zu
lenken, wie es früher der Fall gewesen war, als man glaubte, er sei der Niger
selbst, gab er ihm einen westlichen Kurs südlich der Haussa-Staaten und
Nyffé (Nupé) bis zu seiner Mündung in den Kwora oder Main Niger. Hier
ließen ihn die arabischen Schriftsteller und Händler im Stich, ließen ihn
jedoch über das endgültige Ziel der zentralsudanesischen Gewässer im
Zweifel.

Um das herauszufinden, musste er jedoch Informationen von der
Atlantikseite einholen. Alles deutete darauf hin, dass die Bucht von Benin die
einzig mögliche Mündungsstelle eines so riesigen Flusses war. Hier fand sich
eine unbekannte Fläche von flachem Tiefland und stinkendem
Mangrovensumpf, durchzogen von vielverzweigten, ineinander
übergehenden Bächen. Von Calabar nach Benin konnten Kanus diese Bäche
in alle Richtungen befahren, und es war bekannt, dass sie sich weit ins
Landesinnere erstreckten. Obwohl sie Ebbe und Flut unterworfen waren,
bestand kein Zweifel hinsichtlich der Menge des Süßwassers, das sich
seewärts bewegte und schwimmende Inseln auf seinen farblosen Fluten mit
sich trug.

Gestützt auf eine überzeugende Reihe von Fakten wie diesen konnte
M'Queen zu keinem anderen Schluss kommen, als dass „in den Buchten von
Benin und Biafra der große Fluss Niger liegt, der in seinem majestätischen
Strom alle Wasser mit sich führt." von Zentralafrika von 10° westlicher

Länge bis 28° östlicher Länge und vom Wendekreis des Krebses bis zu den Küsten von Benin."

Noch nie wurde ein Stück Sesselgeographie bewundernswerter ausgearbeitet. In seinen Grundzügen war es vollkommen richtig. Für M'Queen war es so sicher, als hätte er es tatsächlich vor Ort erkundet und kartiert.

Von diesem Glauben erfüllt, wies er darauf hin, wie wichtig Niger für den Handel Englands und die Zukunft Afrikas sei. Mit Fernando Po und dem Niger in den Händen seiner Landsleute sah er Großbritannien als Herr über das Schicksal des Kontinents. Bussa sollte der innere Schlüssel der Situation sein. „Deshalb", sagt er, „möge die britische Standarte an diesem beherrschenden Ort fest verankert sein, und keine Macht der Welt könnte sie zerreißen ... Fest verankert in Zentralafrika würde die britische Flagge zum Sammelpunkt all dessen werden." ist ehrenhaft, nützlich, nützlich, gerecht und gut. Unter seinem mächtigen Schatten würden die Nationen Sicherheit, Trost und Ruhe suchen. Verbündete würde Großbritannien in Hülle und Fülle finden. Sie würden in Scharen in ihre Siedlung strömen, wenn sie die Macht und die Mittel hätte, sie zu beschützen. Die Ressourcen Afrikas und die Energien Afrikas können mit einer klugen und energischen Politik dazu genutzt werden, Afrika zu unterwerfen und zu kontrollieren. Lassen Sie Großbritannien nur eine solche Siedlung bilden und ihr das Ansehen, die Unterstützung und den Schutz geben, die die Weisheit und Energie der britischen Räte geben können und die die Macht und Ressourcen des britischen Empire so gut aufrechterhalten können, und Zentralafrika für zukünftige Zeitalter wird eine dankbare und gehorsame Abhängigkeit dieses Reiches bleiben. Letzteres wird zum Zentrum allen Reichtums und zum Mittelpunkt der gesamten Industrie des ersteren werden. So würde der Niger, wie der Ganges, Großbritannien als seinen Beschützer und unseren König als seinen Herrn anerkennen ... Eine Stadt, die dort unter den schützenden Fittichen Großbritanniens erbaut und durch die Industrie, das Können und die Kunst erweitert, bereichert und verschönert wurde. und der Geist ihrer Söhne sollte bald zur Hauptstadt Afrikas werden. Fünfzig Millionen Menschen, ja sogar noch mehr, wären davon abhängig."

Das sind wahrlich mutige Worte über etwas, das letztlich nur eine „geistige Entdeckung" war, und für sich genommen könnten sie nur ein Lächeln hervorrufen, wenn wir nicht wüssten, dass sie von einem Mann mit außergewöhnlichem Genie und Einsichtsvermögen stammen. Wenn wir siebzig Jahre nach seinem Schreiben zurückblicken, können wir sehen, wie wahrhaft prophetisch er in den meisten seiner Schriften war und dass er weder ein unverhohlener Patriot noch ein geographischer Träumer war. Sein Genie für den Blick nach vorn war ebenso groß wie für den Blick nach außen. Nehmen wir zum Beispiel seine Warnung vor der Gefahr eines französischen Vorstoßes vom Senegal nach Niger und dessen weitreichenden Folgen für unsere kommerzielle und politische Position in Westzentralafrika, sollte er durchgeführt werden. Er war es, der fast siebzig Jahre vor seiner Verwirklichung die Notwendigkeit einer Chartered Company voraussah, um unsere (damals voraussichtliche) Position am Niger voll auszunutzen, und die Folgen, die sich ergeben würden, wenn wir die Ressourcen dieser Region nicht auf eine solche Weise erschließen würden. Auf diese Angelegenheiten werden wir jedoch an der entsprechenden Stelle eingehen. Für den Moment genügt es, wenn wir zeigen, wie gründlich sich M'Queen die damals vor der Öffentlichkeit stehenden geographischen Probleme sowie die politische und kommerzielle Situation, die sich nach der Öffnung des Niger für den europäischen Verkehr ergeben sollte, zu eigen gemacht hatte. Erst jetzt, nach mehr als einem halben Jahrhundert grober und irreparabler Misswirtschaft in Westafrika, erkennen wir die Weisheit seiner Ansichten und bemühen uns, sie in gewissem Maße in die Tat umzusetzen.

KAPITEL XXVI.
DIE BEENDIGUNG DES NIGER.

Unglücklicherweise für den daheimgebliebenen Geographen kann sein Triumph, egal wie geschickt er die in seinem Arbeitszimmer gemachten Entdeckungen darlegen mag, erst dann eintreten, wenn sie durch tatsächliche Reisen unter Beweis gestellt wurden, und selbst dann gebührt ihm viel Verdienst klein. Der Fall von M'Queen ist ein Beispiel dafür. Wir haben keine Beweise dafür, dass seine Theorie über die Beendigung des Niger einen besonderen Eindruck auf die allgemeine Meinung der Zeit hinterlassen hätte. Unglücklicherweise wurden seine Ansichten auch unmittelbar nach mehreren katastrophalen Versuchen von der Westküste aus veröffentlicht, die von ihm so geschickt ausgearbeitete Frage zu klären, so dass Regierung und Volk gleichermaßen bereit waren, vor der verhängnisvollen Region zu kämpfen.

Doch mit jedem weiteren Fehlschlag schien die Anziehungskraft des geheimnisvollen Flusses immer größer zu werden, und es zeigte sich eine hartnäckige Entschlossenheit, den tödlichen Gürtel zu durchbrechen, der die Länder im Landesinneren umgab. Nachdem man in einer Richtung besiegt und zurückgewiesen worden war, blieb einem nichts anderes übrig, als es in einer anderen zu versuchen, und wieder einmal dachte man an die arabische Karawanenroute von Tripolis nach Sudan. Wie an anderer Stelle gezeigt wurde, hatten andere Reisende bereits Versuche in diese Richtung unternommen, und alle waren gleichermaßen gescheitert. Von diesen war Horneman allein über das nördliche Randgebiet der Wüste hinausgekommen, nur um dann für immer zu verschwinden. In allen anderen Fällen waren diese Expeditionen von Anfang an aufgrund tödlicher Fieberanfälle und orientalischer Widersetzlichkeit gescheitert – was hatte also der Reisende zu erwarten, der diese anfänglichen Gefahren überwunden hatte und sich dann den Schrecken der großen Sahara gegenübersah, wo die Natur in ihrer wildesten Form herrschte und der Mensch nur durch wilde, umherziehende Stämme repräsentiert wurde, deren Umgebung so wild war wie ihre.

Dennoch gab es dort Männer, die bereit und begierig waren, diese Route auszuprobieren, so wie es auch andere vor ihnen getan hatten, die den Gefahren der Westküste trotzten.

KAPITÄN CLAPPERTON.

Im Jahr 1820 hatte Großbritannien eine außergewöhnlich günstige Position in den Räten des Hofes von Tripolis, während der Bascha dank seiner Waffen einen sehr ausgeprägten Einfluss auf alle arabischen, berberischen und Tibbu-Stämme ausübte, die zwischen seinem Land und den weit entfernten Regionen des Sudan lagen. Daher hatte jeder, der unter dem Schutz des Bascha aufbrach, eine ziemliche Erfolgsgarantie, vorausgesetzt, er konnte den möglichen Krankheitsausbrüchen und den schrecklichen Entbehrungen standhalten, die mit Wüstenmärschen verbunden waren.

Von dieser günstigen Lage ermutigt, beschloss die britische Regierung einen weiteren Versuch, über die arabische Route die Regionen zu erkunden, die sie vom Atlantik aus bisher nicht erreicht hatte.

Leutnant Clapperton – wie Park ein schottischer Grenzgänger – Dr. Oudney und Major Denham wurden für diese Aufgabe ausgewählt und am 18. November 1821 landeten sie in Tripolis. Es ging kaum Zeit verloren, ihre Vorbereitungen zu treffen und sich auf den Weg nach Murzuk in Fezzan zu machen, wo sie ihre letzten Vorbereitungen treffen sollten, bevor sie in die schreckliche Sahara eintauchten. Obwohl der Sultan sie hier freundlich empfing, drohte ihnen das System orientalischer Verzögerungen, das sich für frühere Reisende als tödlich erwiesen hatte. Dies konnten sie jedoch nicht dulden, und Major Denham kehrte umgehend nach Tripolis zurück, um beim Basha eine Beschwerde einzureichen. Als er prompt nach England aufbrach, bekam er nur Versprechungen. Dies reichte aus, um den Bascha und seinen Hofstaat in Bestürzung zu versetzen, und ein Schiff nach dem anderen wurde losgeschickt, um den empörten Reisenden zurückzubringen. Es gelang ihnen, ihn in Marseille einzuholen und ihn zur Rückkehr zu bewegen. Bei seiner Ankunft in Tripolis wurde ihm mitgeteilt, dass seine Eskorte ihn bereits in Sokna, an der Grenze der tripolitanischen Wüste, erwartete.

Murzuk wurde am 30. Oktober 1822 triumphierend wieder betreten. Clapperton und Oudney waren von den Fieberanfällen, die hier so weit verbreitet waren, dass selbst unter den Eingeborenen so etwas wie gesund aussehende Menschen eine Seltenheit waren, stark geschwächt. Um diesem gefährlich ungesunden Ort zu entkommen, bemühte sich Bu Khalum, der Anführer der Karawane, mit äußerst unorientalischer und lobenswerter Energie, obwohl die Aufgabe, die verschiedenen Elemente einer solchen Truppe wie der seinen zusammenzurufen, keine Kleinigkeit war.

Als die Gruppe bereit war, bestand sie aus vier Europäern und zehn Bediensteten, einer 210 Mann starken arabischen Eskorte aus den gehorsamsten Stämmen unter der Herrschaft von Tripolis sowie einer Anzahl von Kaufleuten und freigelassenen Sklaven, wodurch die Teilnehmerzahl auf etwa 300 Personen anstieg.

Erst am 29. November war die ganze Gruppe bereit für die Reise. Die Lage der Europäer war nicht sehr vielversprechend. Sie hatten alle mehr oder weniger Fieber, und Oudney und Hillman, ein Zimmermann, waren in einem besonders hoffnungslosen Zustand, wenn man bedachte, was vor ihnen lag. Trotzdem war jeder von ihnen eifrig und entschlossen, weiterzugehen, immer voller Hoffnung in die Zukunft, wie es Enthusiasten tun.

Fast mit dem Verschwinden der Mauern, Moscheen und Dattelbäume von Murzuk in ihrem Rücken erhob sich die Wüste düster und schrecklich vor ihnen. Am zweiten Tag befanden sie sich inmitten wilder Einöden aus brennendem, wogendem Sand, wo kein Lebewesen zu sehen war und kein anderes Geräusch zu hören war als das melancholische Rauschen des Windes über die endlosen Sandstreifen. Für einige Tage waren Wasserstellen jedoch nicht selten, während hier und da kleine Oasen eine vorübergehende Abwechslung in der eintönigen Landschaft boten und den Tibbu- oder Berberbewohnern, die sich lieber dem Schrecken der Wildnis stellen wollten, eine dürftige Existenz boten leben unter der harten Herrschaft arabischer Herren. Mit dem weiteren Vormarsch nach Süden wurden die Brunnen immer knapper, und als der Marsch des Tages um einen herum endete, wurde es zu einer Frage der Glückwünsche. Mit den Brunnen verschwanden die Dattelbäume und die kultivierten Oasen, das umherstreifende Tier und die wandernden Eingeborenen – nur eine große gelbe Fläche entfaltete unablässig ihre Weite und Monotonie unter dem ehernen Baldachin eines wolkenlosen Himmels.

In dieses Reich der Verwüstung und des Todes gelangte die Karawane nun, ihr Weg war durch die Skelette von Menschen markiert, ein bedrohlicher

Hinweis auf die bevorstehenden Gefahren und die Schrecken des Sklavenhandels. Bis zu 107 solcher Skelette wurden bei einem einzigen Marsch am Wegesrand gezählt, 100 wurden in der Nähe eines Brunnens gefunden. An manchen Stellen waren die Zahlen unkalkulierbar. Tagelang gab es nun nichts als Wüste – hügelige Hügel, schmerzhafte, mit Steinen übersäte Abschnitte der Ödheit und zerbrochene Felsrippen, düster, dürr und schrecklich. Der Wind kam wie Druckstöße aus einem Ofen, und vom wolkenlosen Himmel ergoss sich die Sonne mit ihren brennenden Strahlen in einer schmerzhaften Flut. Unter dem Einfluss von Hitze, Durst und Müdigkeit wurde kein Wort gesprochen – selbst die Kamele stöhnten nicht, als wären sie sich der schlimmen Alternative bewusst, nicht weiterzumachen. Manchmal knirschten die Hufe der Pferde durch die Knochen von Menschen, die auf dem Marsch umgekommen waren. Die Nacht brachte nur Erleichterung von den Strapazen der Route. Dann kam die klare, beruhigende Dunkelheit, die von unzähligen Sternen erleuchtet wurde, die kühlen, erfrischenden Brisen und die weiche Sandliege, die den müden, ausgedörrten und geblendeten Wanderern so unaussprechlich willkommen war.

So verging das Jahr, und das Jahr 1823 brach an, das dem Unternehmen einen erfolgreichen Ausgang versprach. Die Entdecker hatten nun das dünn besiedelte Tibbu-Land erreicht, wo die Menschen, die gleichermaßen von Dürre, Hungersnot, Sandstürmen und den mörderischen Überfällen und Plünderungen der Berberstämme und vorbeiziehenden Karawanen bedroht waren, es irgendwie schafften, dem steinharten, fast trockenen Schoß der Mutter Erde das Nötige abzuringen, um Leib und Seele zusammenzuhalten.

Beim Verlassen von Bilma, dem Hauptzentrum dieses Bezirks, musste ein weiteres Wüstengebiet durchquert werden, was lange und beschwerliche Märsche erforderlich machte, unter deren Strapazen an einem einzigen Tag bis zu zwanzig Kamele erschöpft zusammenbrachen. Auch diese gefürchtete Region wurde schließlich sicher durchquert, und unendlich war die Erleichterung und Dankbarkeit aller, als gegen Ende Januar durch das Auftauchen von Grasbüscheln und einigen verstreuten und verkrüppelten Grasflächen die Annäherung an fruchtbarere Gebiete angezeigt wurde Bäume. Diese elende und schmuddelige Vegetation wirkte entzückend und erfrischend auf Reisende, die sich über zwei ermüdende Monate lang in einem Land des Todes und der Trostlosigkeit aufgehalten hatten. Die Tibbu-Bewohner mit ihren Herden und Herden tauchten mit der Vegetation wieder auf, und frisches Fleisch und Kamelmilch waren im Überfluss vorhanden.

Diesmal hatte die Karawane keine bloße Oase erreicht. Mit jedem Tagemarsch Richtung Süden sah die Landschaft schöner aus, bis die Gruppe sich in reizenden, von Laubbäumen beschatteten Tälern wiederfand, die mit kriechenden Koloquinten geschmückt waren, während unter dem schützenden Blätterdach der Boden von vielfarbigen und leuchtend bunten Blumen erstrahlte. Auch an Tieren mangelte es nicht, um der Szenerie Leben und Abwechslung zu verleihen. Hunderte zwitschernder Vögel flatterten von Baum zu Baum, ohne sich um die Geier und Milane zu kümmern, die anmutig hoch oben am Himmel ihre Kreise zogen. Aus der Ferne beobachteten scheue Gazellen die Neuankömmlinge mit weit aufgerissenen schönen Augen, die jedoch bereit waren, bei Aufschreckung sofort in ihre Waldverstecke zu flüchten. Der Himmel selbst spiegelte die sanfteren Bedingungen der Natur wider und zeigte ein helleres, wolkengesprenkeltes Blau; und die Einheimischen passsten mit ihrem Lächeln und ihrer Gastfreundschaft zu den glücklicheren Bedingungen, unter denen sie lebten, obwohl sie von Zeit zu Zeit vor den rücksichtslosen Taten der arabischen Karawane in Angst und Schrecken in die Flucht flohen.

Es bestand kein Zweifel daran, dass der Sudan – das Land, das seit über vier Jahrhunderten vom Hörensagen bekannt war, das aber bisher alle Versuche, es zu erkunden, vereitelt hatte – endlich erreicht worden war. Am 4. Februar 1823 bot sich den Reisenden ein Anblick, „der so erfreulich und inspirierend war, dass es schwer wäre, in Worte zu fassen, wie beeindruckend er war. Der große Tschadsee, der in den goldenen Strahlen der Sonne leuchtete, erschien nur eine Meile von der Stelle entfernt, an der wir standen. Bei diesem Anblick hüpfte mir das Herz, denn ich glaubte, dieser See sei der Schlüssel zum großen Ziel unserer Suche (vermutlich der Niger), und ich konnte nicht umhin, im Stillen um den fortwährenden Schutz des Himmels zu flehen, der es uns ermöglicht hatte, gesund und stark bis zum Ziel unserer Aufgabe vorzudringen."

Neun Tage später entdeckte man den Fluss Yeou, der aus dem Westen floss. Der Name, den ihm die Araber gaben, klärte das Geheimnis vieler geographischer Missverständnisse. Doch dass es sich weder um den echten Nil noch um den Niger handelte, wurde bald klar – denn zum einen endete sein Lauf im Tschad, und zum anderen machten seine Größe und die Berichte der Eingeborenen deutlich, dass er nur die östlichen Haussa-Staaten entwässerte.

Der 17. Februar war ein bedeutsames Datum in der Geschichte der Expedition, denn an diesem Tag erreichten sie Kuka, die Hauptstadt von Bornu.

Ihr Einzug erfolgte in großem Prunk, der den Traditionen eines mächtigen, halbwegs zivilisierten Sultans würdig war. Mehrere tausend gut ausgerüstete und prächtig gekleidete Reiter erwarteten die Fremden außerhalb der Stadt und griffen an, als sie sie sahen, als wollten sie die kleine Gruppe vernichten. Plötzlich, im vollen Galopp, stoppten sie direkt vor den Neuankömmlingen, erstickten sie fast unter Staubwolken und brachten sie durch das Gedränge der Pferde und das Klirren der Speere in Gefahr.

Die Neger des Sultans, wie sie genannt wurden, fielen besonders auf: „Sie trugen Kettenhemden aus Eisenketten, die sie vom Hals bis zu den Knien bedeckten, sich hinten teilten und auf beiden Seiten des Pferdes lagen. Einige von ihnen trugen Helme oder vielmehr Käppchen aus demselben Metall, mit Porzellanstücken, die alle stark genug waren, um den Stoß eines Speers abzuwehren. Die Köpfe ihrer Pferde waren außerdem durch Platten aus Eisen, Messing und Silber geschützt."

Es wäre schwierig, auch nur die leiseste Vorstellung von den seltsamen Anblicken und Szenen zu vermitteln, die sich unseren Reisenden jetzt im Zentrum des alten Reiches von Bornu boten. Noch nie hatte ein europäischer Entdecker etwas Bemerkenswerteres gesehen – zumindest nicht in Afrika. Vom Sultan und seinen viel gekleideten Höflingen bis hin zu den spärlich gekleideten Landleuten waren alle gleichermaßen interessant. Das wimmelnde Leben in all seinen vielfältigen Formen – Araber, Berber, Fulah und Neger aus zwanzig verschiedenen Stämmen – ergab ein Bild von seltsamer Anziehungskraft. Nicht weniger interessant waren die merkwürdigen Bräuche, die Industrie, die Mischung aus einem beträchtlichen Grad an Zivilisation und religiöser Erhebung mit den tiefsten Tiefen der Barbarei und dem entwürdigenden Aberglauben. Diese waren umso ausgeprägter, als die englischen Reisenden Bornu und seinen bemerkenswerten Hof gerade erst aus einer vorübergehenden Verfinsterung seines nationalen Ruhms erblickten . Nur kurze Zeit zuvor hatte es die vorübergehende Herrschaft der Fulahs abgeworfen, denen es in ihrem ersten unwiderstehlichen Ansturm erlegen war.

Clapperton und Denham wurden äußerst vielversprechend aufgenommen und es schien, als stünde ihnen eine glänzende Karriere als Entdecker bevor.

Die Lage wurde jedoch noch schlimmer, als es zu Meinungsverschiedenheiten unter den Arabern der Karawane kam. Sie waren zwar als Eskorte für die Reisenden entsandt worden, aber sie standen nicht direkt unter ihrem Kommando. Absolut nichts zu tun, außer für die Sicherheit der Europäer zu sorgen, war ihrem Pflichtverständnis ebenso fremd wie die Vorstellung, den ganzen Weg nach Bornu zu reisen, ohne die Reise gewinnbringend zu nutzen. Die meisten von ihnen waren keine Kaufleute und daher nicht mit Waren zum Tausch ausgestattet, sondern konnten sich nur auf ihre Waffen verlassen, um sich für ihre Mühen zu entschädigen. Trotz des Widerstands und der Proteste von Bu Khalum und den Europäern wurde daher ein Sklavenraubzug beschlossen. Da die Araber sich nicht von ihrem Vorhaben abbringen ließen, stimmte der Anführer widerstrebend zu, mit ihnen zu gehen, und Denham, der sich hilflos fühlte, beschloss, sich der Gruppe ebenfalls anzuschließen, um seine Kenntnisse der Region zu erweitern.

Als geeignetster Ort für eine Sklavenjagd wurden die südlich von Bornu gelegenen Mandara-Berge ausgewählt und die Angreifer zogen in Begleitung eines beträchtlichen Kontingents der Bornu-Armee dorthin.

Sie verließen Kuka Mitte April und erreichten Mandara gegen Ende des Monats ohne Zwischenfälle. Hier waren sie von einer Berglandschaft umgeben, die an Schönheit und Reichtum kaum zu übertreffen war. Auf allen Seiten schlossen endlose Hügelketten den Blick in rauer Pracht und malerischer Erhabenheit ein. Auch hier schwelgte die Natur in ihren üppigsten Formen zwischen riesigen Bäumen, die fast unter der Fülle von Schlingpflanzen verborgen waren, die sich um die Stämme und Äste wanden oder in anmutigen Girlanden im Wind hin und her schwankten. Überall sah man einheimische Dörfer, die luftig wie Adlernester hoch oben auf den Felsen und Berggipfeln thronten oder in den Tälern eingebettet waren, verborgen wie die Höhle des wilden Hirsches in den Tiefen des Waldes. Dies war das schöne Gebiet, in das die Araber gekommen waren, um Tod, Verderben und Sklaverei zu bringen. Aber ausnahmsweise hatten sie ihre Kräfte falsch eingeschätzt oder sich zu sehr auf die Zusammenarbeit des Bornu-Kontingents verlassen. Beim ersten Angriff trieben die Invasoren die Eingeborenen vor sich her, doch schon bald waren sie in der Unterzahl. Bu Khalum wurde ebenso wie der Anführer der Bornuesen schwer verwundet, und Denham erlitt eine Wunde im Gesicht. Die Überlebenden waren von allen Seiten geschlagen und konnten nur noch fliehen.

Es folgte eine furchtbare Szene. Denham gelang eine Reihe der erstaunlichsten Fluchtversuche, wurde aber schließlich, ohne Pferd und ohne Waffen, ergriffen und entkleidet, wobei er mehrere Wunden durch Speerstiche davontrug. Da er nichts als einen grausamen Tod vor sich sah, beschloss er, einen letzten Fluchtversuch zu unternehmen, und setzte seinen Gedanken in die Tat um, indem er unter ein Pferd schlüpfte und in den Wald rannte, verfolgt von zwei Fulah. Als er den Schutz der Bäume erreichte, schöpfte er neue Hoffnung, als er sah, dass sich vor ihm eine Schlucht öffnete, die ihm eine weitere Chance auf Leben bot. Als er im Begriff war, sich die Klippe in den Bach hinabzusteigen, hob eine Puffotter ihren Kopf, um zuzuschlagen. Er wich entsetzt zurück und stürzte kopfüber in die Schlucht. Glücklicherweise wurde sein Sturz durch ein tiefes Wasserbecken harmlos, wo er, als er seine Geistesgegenwart wiedererlangte, mit drei Armschlägen auf die andere Seite beförderte und ihn in relativer Sicherheit in die dichte Vegetation brachte.

Kurz darauf traf er auf die Überreste der besiegten Partei, und sechs Tage später marschierten sie nach großen Strapazen wieder in Kuka ein.

In den nächsten Monaten wurde wenig Wichtiges getan, um die Geographie der Region Tschad aufzuklären. Eine Expedition nach Westen nach Manga verlief mit weniger katastrophalen Folgen als die in die Mandara-Berge; und dann setzte die Regenzeit ein, die den Tagen der europäischen Reisenden durch die sie begleitenden Fieber eine Zeit lang ein Ende zu bereiten drohte. Mit der Rückkehr der Trockenzeit wuchsen ihre Gesundheit und ihre Entschlossenheit, ihre Entdeckungen weiter voranzutreiben.

Am 14. Dezember machten sich Clapperton und Oudney in Begleitung einer Handelskarawane auf den Weg, um Kano und die Haussa-Staaten zu besuchen.

Zwei Tage später traf ein Mr. Toole mit frischen Vorräten für die Expedition in Kuka ein, zu einem Zeitpunkt, als sie dringend benötigt wurden.

Anfang des Jahres 1824 machten sich Denham und Toole auf den Weg in den Bezirk Logun mit dem Ziel, den Fluss Shari zu besuchen. Das Vorhaben wurde erfolgreich abgeschlossen und sie fanden einen majestätischen, 400 Meter breiten Fluss, der von Süden und Südwesten in den Tschad floss.

Wie schwierig es ist, von den Eingeborenen korrekte geografische Informationen zu erhalten, wurde in ihrem Fall deutlich. Es war klar, dass sie mit dem Shari einen großen Fluss (den Benué) verwechselten, von dem sie hörten, dass er *aus* dem Süden und Südwesten von Mandara fließt, während dieser in Wirklichkeit *nach* Westen fließt. Es ist jedoch sehr wahrscheinlich, dass in der Regenzeit eine Art Verbindung zwischen ihnen besteht.

In Logun starb Mr. Toole.

Inzwischen reisten Clapperton und Oudney nach Kano und brachten die verworrenen und widersprüchlichen Berichte in Form, über die sich die Geographen seit Jahrhunderten gestritten hatten. Unglücklicherweise verschlechterte sich Oudneys Zustand, der sich seit seiner Abreise aus Tripolis nie einer guten Gesundheit erfreut hatte, auf dieser Reise allmählich und er starb am 12. Januar 1824. Auf sich allein gestellt reiste Clapperton weiter nach Kano, wo er 30.000 bis 40.000 Einwohner vorfand und das vor allem als Handels- und Industriezentrum von Bedeutung war, da es seit frühester Zeit als solches berühmt war.

ANSICHT IN SOKOTO.

Am 16. März erreichte er Sokoto, die Hauptstadt des neuen Fulah-Reiches, und wurde dort von Bello, Sohn und Nachfolger des Gründers, gastfreundlich empfangen. Von Sokoto aus hoffte er, nach Yauri und Nupé zu gelangen, um die Frage nach dem Verlauf des Niger so weit wie möglich zu klären. Zuerst sah alles günstig für seine Pläne aus, aber nach und nach schwanden seine Hoffnungen, da alle daran arbeiteten, ihn von der Reise abzubringen.

Schließlich widerrief der Sultan selbst sein Schutzversprechen mit der Begründung, er befürchte eine übermäßige Gefahr für seinen Gast. Angesichts eines so entschiedenen Vetos war es sinnlos, den Versuch zu unternehmen, weiterzumachen, obwohl Clapperton mehrere ermüdende Wochen lang abwartete, in der Hoffnung, dass sich etwas ergeben würde, das ihm den Weg ebnen würde. Es trat jedoch keine Veränderung zum Besseren ein, und schließlich verabschiedete er sich von Sultan Bello und kehrte nach Bornu zurück.

Am 3. September war eine Karawane zusammengestellt und die Heimreise begann.

Im Laufe der nächsten vier Monate wurde die Sahara sicher wieder durchquert, und am 26. Januar marschierte Tripolis wieder ein, nachdem die Reisenden fast drei Jahre von ihrem beschwerlichen Unterfangen abwesend waren.

Dies muss als die bis dahin erfolgreichste Afrikaexpedition angesehen werden – erfolgreich sowohl hinsichtlich ihrer wissenschaftlichen Ergebnisse als auch hinsichtlich der Ausdehnung des erstmals erforschten Landes. Ein für alle Mal wurde die Frage geklärt, in welcher Richtung die Mündung des Niger zu suchen sei. Sicherlich floss sie weder nach Osten, noch endete sie in einer bekannten Wüste oder einem bekannten See. Doch seltsamerweise lagen die Reisenden, den Karten nach zu urteilen, in ihrer Kenntnis der allgemeinen Geographie des großen östlichen Nebenflusses des Niger noch weit hinter M'Queen zurück. Aufgrund eines Missverständnisses Clappertons hinsichtlich der Richtung des Benué wurde der Fluss Shari so dargestellt, als ströme sein Wasser aus dem Westen statt aus dem Süden und Osten. Aber das vielleicht wertvollste Ergebnis der Expedition war, dass zum ersten Mal die Geographie der arabischen Schriftsteller und Händler in Form und Zusammenhang gebracht und genaue Informationen über die bemerkenswerten Königreiche gesammelt wurden, die den Zentralsudan bildeten.

KAPITEL XXVII.
DAS ENDE DES NIGER – (Fortsetzung).

Zu den vielen wertvollen Ergebnissen, die Clappertons und Denhams Expedition brachte, gehörte nicht zuletzt der große Ansporn, den sie zu neuen Unternehmungen gab. Mit den Erfolgen dieser beiden Entdecker schien sich das Blatt des Unglücks gewendet zu haben, und sie hatten gezeigt, dass Tod oder Versagen nicht zwangsläufig denjenigen treffen, der die Kühnheit hatte, die Geheimnisse Äthiopiens zu entschlüsseln.

Darüber hinaus hatte Clapperton aus Sokoto die freundlichsten Botschaften von Bello, dem Sultan, mitgebracht, in denen er seinen Wunsch nach direktem Verkehr mit den Briten zum Ausdruck brachte und darauf hinwies, wie dieser Verkehr am besten über den Niger und den Westen hergestellt werden könne Küste, bis zu der sich, wie er behauptete, sein Herrschaftsgebiet erstreckte. Um diese hoffnungsvollere Lage auszunutzen, organisierte die britische Regierung eine weitere Expedition, wiederum mit dem Ziel, die heikle Frage der Beendigung Nigers zu klären und gleichzeitig den Weg in die reichen Provinzen Sokoto und Bornu zu ebnen , &C.

Clapperton wurde erneut zum Anführer gewählt, und mit ihm waren Kapitän Pearce und Chirurg Morrison verbunden.

Als Landepunkt wurde der Golf von Benin gewählt, da man hoffte, dort den Eingang zum Fluss zu finden und diesem bis nach Bussa zu folgen. Bei ihrer Ankunft wurde es jedoch als ratsam erachtet, keine Zeit und Gesundheit zwischen den endlosen Bächen und tödlichen Mangrovensümpfen zu verlieren, von denen bekannt ist, dass sie das wahrscheinliche Delta des Niger kennzeichnen. Es war bekannt, dass Haussa-Karawanen jährlich über Land zur Küste bei Badagry, einem Punkt einige Meilen westlich des heutigen Lagos, hinabzogen. Mit viel Weisheit und gesundem Menschenverstand beschlossen Clapperton und seine Gefährten daher, auf diesem Weg zum Niger vorzudringen und nach Abschluss ihrer Geschäfte mit Sokoto den Fluss in Kanus hinunterzufahren.

Am 7. Dezember 1825 verließ die Gruppe die Küste. Doch kaum waren sie außer Hörweite der Atlantikwalzen, als es schien, als würde das Schicksal, das so viele frühere Unternehmungen widerfahren war, auch Clapperton ereilen. Durch unvorsichtiges Schlafen im Freien wurden sie alle von Fieber befallen. Unbeirrt und unbeirrt drängten sie dennoch weiter und taumelten vorwärts, so gut sie konnten. Aber es gab Grenzen für ihren Widerstand gegen Krankheiten. Morrison gab zuerst nach und drehte sich um, um zur Küste zurückzukehren, starb aber auf der Straße. Kapitän Pearce war das nächste Opfer, und er fiel, wie der Soldat, der im Kampf mit dem Gesicht zum Feind fällt, auf die Straße und kämpfte bis zuletzt.

Obwohl Clapperton nun seiner beiden Freunde beraubt war, war er doch nicht ganz allein. Er hatte einen englischen Diener namens Richard Lander bei sich, der mit einem Geist, der eines solchen Herrn würdig war, alle Gefahren und Strapazen der Reise auf sich nahm. Glücklicherweise hatten sie jedoch am Ende des Monats den tödlichen Küstenstreifen sicher passiert und gesündere Länder lagen vor ihnen. Sie betraten das bevölkerungsreiche Land der Yoruba mit seiner wimmelnden Bevölkerung, seinen wohl bestellten Feldern, riesigen Städten und einer allgemeinen Atmosphäre des Wohlstands. Durch Yoruba zogen sie in einer halb triumphalen Prozession, ohne größere Probleme zu bewältigen als die Sorge des Königs, die weißen Männer in seiner eigenen Hauptstadt zu halten, oder die sirenenhaften List der Witwe Zuma, die sie mit ihrem kolossalen Charme von dem Pfad der Gefahr und Mühsal in die blumenübersäten Orte der Liebe und des Wohlstands zu locken suchte. Ohne jedoch auf die Gunst des Königs oder den Charme seines üppigen Hofes zu achten – die Witwe war dick und zwanzig –, blieb Clapperton auf seinem Weg, ebenso wie Lander, der sich ebenso wenig von der Seite seines Herrn abbringen ließ wie dieser vom Pfad der Pflicht.

Clapperton hatte gehofft, den Niger bei Nupé zu erreichen, doch Nachrichten über Krieg und Blutvergießen in dieser Region veranlassten ihn, von seiner geplanten Route abzuweichen und den großen Fluss etwas weiter oben anzusteuern. Wie es das Schicksal wollte, erreichte er den Niger genau an dem Punkt, an dem Park seine Reise und seine Karriere beendet hatte. Clappertons Empfang schien die Geschichte von Amadi Fatuma über die Todesursache von Park zu widerlegen, doch eine kleine Untersuchung bewies zweifelsfrei die Wahrheit der wichtigsten Einzelheiten. Die Eingeborenen hatten ihn angegriffen, weil sie seine Nationalität falsch verstanden hatten, und alle sprachen mit Bedauern über die unglückliche Katastrophe. Der Ort, an dem das Boot und die Besatzung verloren gingen, wurde angegeben.

An dieser Stelle teilt sich der Fluss in drei Kanäle, von denen keiner bei niedrigem Wasserstand mehr als zwanzig Meter breit ist. Der linke Arm ist der einzige, der für Kanus sicher ist, die anderen beiden sind durch Felsen in gefährliche Strudel und Stromschnellen zerteilt. Bussa selbst liegt auf einer Insel, die etwa drei Meilen lang und anderthalb Meilen breit ist.

Von Bussa reiste Clapperton über Nupé und die Haussa-Staaten nach Kano. Von dort aus reiste er weiter, um Bello in Sokoto zu treffen. Er kam jedoch zu einem ungünstigen Zeitpunkt an. Bürgerkrieg und Aufstände waren überall verbreitet, und es schien, als würde das große Fulah-Reich ebenso schnell in Stücke fallen, wie es aufgebaut worden war. Bello war daher in der

Verfassung, sich alle möglichen Andeutungen über die Gründe anzuhören, die die Europäer in sein Land gebracht hatten, und die wahrscheinlichen Folgen. Dementsprechend war Clappertons Empfang alles andere als freundlich, und unter den Sorgen, die sich aus seiner Behandlung ergaben, und den Fieberanfällen, die ihn befielen, erlag er schließlich am 13. April 1827 seiner Krankheit.

Von den Expeditionsteilnehmern war nur noch Richard Lander übrig, der Clapperton mit so bemerkenswerter Treue zur Seite gestanden hatte. Drei Wege standen ihm offen: die Rückkehr nach England über die Wüste und Tripolis, die Rückkehr auf demselben Weg, den er gekommen war, oder drittens der Versuch, die Absicht seines verstorbenen Herrn auszuführen, nämlich den Niger bis zu seiner Mündung zu verfolgen. Lander war trotz seiner untergeordneten Stellung im Leben ein Mann von außergewöhnlicher Intelligenz und Charakter, und als ob Clappertons Mantel auf ihn gefallen wäre, beschloss er, alles in seiner Macht Stehende zu tun, um das unvollendete Werk zu vollenden.

Mit diesem Ziel vor Augen kehrte er von Sokoto nach Kano zurück und machte sich von dort auf den Weg nach Süden, um den Niger zu erreichen. Dabei glaubte er, der große Fluss in dieser Richtung sei das Ziel seiner Suche, während es in Wirklichkeit ein anderer Fluss war.

Dies gelang ihm jedoch nicht. Er hatte die große Stadt Yakoba fast erreicht, als er aufgehalten wurde und gezwungen war, nach Kano zurückzukehren. Von dort aus machte er sich auf den gleichen Weg zurück, wie er gekommen war, und zwar über Yoruba nach Badagry, wo er am 21. November 1827 ankam.

Der unglückliche Ausgang von Clappertons zweiter Expedition dämpfte die afrikanischen Unternehmungen fürs Erste ein wenig. Unsere Kenntnisse über den Lauf und das Ende des Niger blieben genau gleich, obwohl immer deutlicher wurde, dass er von Bussa aus nach Süden bis nach Benin floss. Dennoch schien der Fluss unter einem Zauber zu liegen, der jeden vernichtend traf, der sich ihm traute und versuchte, den Schleier zu lüften.

Die Regierung begann die Hoffnung zu verlieren oder zu dem Schluss zu kommen, dass die Entdeckung der Nigermündung aufgrund des unwirtlichen Klimas nur von geographischer Bedeutung war. Doch obwohl sie zögerten und die Aufgabe schon aufgeben wollten, gab es immer noch genügend Freiwillige, die einen weiteren Versuch wagten.

Ganz gleich, welche Gefahren Afrika birgt, es übt eine seltsame Faszination auf Menschen aus, die unwiderstehlich unter seinen Einfluss geraten; nicht nur auf jene, die noch nie einen Fuß auf diese tödliche Küste gesetzt hatten und sich deshalb nicht ganz vorstellen konnten, was eine Reise nach Afrika bedeutet, sondern auch auf jene, die ihre Gefährten neben sich auf der Reise sterben sahen, niedergestreckt durch Krankheit oder die Waffe des Wilden, und die selbst erfahren hatten, was es heißt, dem Tod nahe zu sein. Es ist eine Art hypnotischer Einfluss dieser Afrikareise, die denjenigen, der einmal in ihren Bann geraten ist, unwiderstehlich dazu zwingt, immer wieder dorthin zurückzukehren, selbst wenn es am Ende den Tod bedeutet.

Lander war keine Ausnahme von der Regel. Er reiste nach Afrika, ohne die Ziele der Expedition seines Herrn zu kennen und sich wahrscheinlich auch weniger darum zu kümmern. Aber er war der richtige Typ, um dem verhängnisvollen Zauber zu unterliegen; und mit dem Tod seines Meisters fühlte er sich der Forschungsarbeit geweiht. In diesem Sinne kehrte er mit Clappertons Tagebuch nach England zurück, nur um sich für einen weiteren Versuch zur Vollendung der Aufgabe anzubieten, die der Tod des Schriftstellers unvollendet gelassen hatte. Ein solches Angebot konnte die Regierung nicht gut ablehnen, obwohl die von ihr versprochenen Bedingungen zeigten, dass sie nur wenig Vertrauen in ein günstiges Ergebnis hatte.

RICHARD LANDER.

Aber Lander war nicht länger der Diener. Die Reisen durch Afrika hatten ihn geadelt und ihn in die Rolle des fahrenden Ritters gebracht. Er kannte keine schmutzigen Motive, verlangte weder Lohn noch andere Belohnung. Erfolg sollte seine einzige Belohnung sein. Sein Enthusiasmus steckte seinen Bruder John mit dem gleichen Geist an und veranlasste ihn, sein Vermögen mit ihm zu teilen.

Am 22. März 1830 landeten die tapferen Burschen in Badagry. Sie folgten praktisch derselben Route wie Clappertons Expedition nach Eyeo, von wo aus sie einen Umweg nach Norden bis nach Bussa am Niger machen mussten, den sie in drei Monaten von der Küste aus erreichten.

Nachdem sie dem König von Yauri ein Stück weiter flussaufwärts einen Besuch abgestattet hatten, begannen die Vorbereitungen für die Reise zum Meer. Mit Mühe gelang es, zwei Kanus zu beschaffen, doch am 20. September war schließlich alles zur Abfahrt bereit. Bevor sie das Land verließen, „dankten die Landers dem Allmächtigen demütig für ihre bisherige Rettung und beteten inbrünstig, dass er immer bei uns sein und unser Unternehmen mit Erfolg krönen möge." Nachdem sie sich so unter göttlichen Schutz gestellt hatten, wurde das Wort zum Ablegen gegeben und die Kanus glitten ihrem ungewissen Ziel entgegen.

Der erste Teil der Reise führte durch ein enges, von metamorphen Hügeln begrenztes Tal, durch das sich der Fluss in weiten Kurven schlängelte, zeitweise unterbrochen von bewohnten Inseln, die steil aus dem dunklen Wasser emporragten und der Szene Abwechslung verliehen . Majestätische Bäume säumten die Ufer und verliehen der Panoramalandschaft ihren ganz eigenen Charme, während Dorf und bewirtschaftete Felder von fleißigen Bewohnern zeugten. Von letzteren hatten sie nichts zu befürchten – im Gegenteil, die Reisenden wurden überall gastfreundlich empfangen und mit Gebeten um ihre Sicherheit und Nahrung für ihre Bedürfnisse auf den Weg geschickt. Eine unmittelbarere Gefahr bestand in den zahlreichen Felsen, die ihre Kämme aus dem Wasser ragten oder, noch heimtückischer, darunter verborgen lagen und ständige Wachsamkeit erforderten.

Bald wurde dieser felsige Abschnitt passiert und der Bezirk Nupé betreten.

Hier biegt der Fluss, der aus den metamorphen Bergen entspringt, nach Osten ab, wird breiter und fließt durch ein breites Tal, dessen steile Hänge die Steilhänge eines niedrigen Sandsteinplateaus bilden. Dieser Abschnitt ist spärlich bewohnt und nur spärlich bewaldet, da bei Hochwasser die großen Ebenen, die den Talgrund bilden, überschwemmt sind und der Fluss das Aussehen eines Sees annimmt.

Sechzig Meilen weiter unten liegt eine malerische Bergkette – heute Rennell's genannt –, kurz hinter der die Stadt Egga liegt. Von dort aus beginnt sich das breite Tal zu verengen, und der Fluss schlängelt sich in scharfen Kurven durch die niedrigen Sandsteinschluchten, bis er scharf nach Süden abbiegt und in eine seeähnliche Fläche mündet, wo die Landers feststellten, dass ein großer Nebenfluss aus dem Osten, von dem sie annahmen, dass es sich um den Tchadda oder Benué handelte, in den Hauptstrom mündete. Dies war der Fluss, den Clapperton mit dem Shari verwechselt hatte, obwohl M'Queen seine wahre Beziehung zum Nigersystem herausgefunden hatte.

Unmittelbar hinter der Kreuzung verlässt der Niger das Sandsteinplateau und fließt durch eine schmale Schlucht durch eine Reihe kühner, malerischer Berge. Auf beiden Seiten werden sie von isolierten Gipfeln und Tafelbergen geschützt, die in trotziger, karger Rauheit über das Wasser blicken. Als ob sie jeden Zu- oder Abfluss stoppen wollten, erheben sich in der Mitte des Stroms kleine Inseln und versteckte Felsen, um die die schnellen Strömungen des verengten Flusses wütend herumfegen und wirbeln.

Nachdem wir dieses natürliche Tor passiert haben, dehnt sich der Fluss wieder zu majestätischen Ausläufern aus und sonnt seine volle Brust unter der tropischen Sonne, ohne dass Felsen oder Inseln unterbrochen werden. Die Berge fallen in sanfte Wellen ab und diese wiederum in eine grenzenlose, flache Fläche, die sich jedoch kaum über das Flussniveau erhebt. Mit jeder Meile wird die Vegetation immer üppiger, immer verschwenderischer, bis der Urwald in seiner ganzen Höhe, Tiefe und Feierlichkeit vor dem Reisenden liegt. Nie zuvor hatten die Brüder Lander solche Bäume, eine solche Fülle an Sträuchern, ein solches Gewirr verschiedener Schlingpflanzen gesehen.

Hier und da lugten Dörfer, reizend geschmückt mit nickenden Palmen, gemütlich aus ihren waldigen Winkeln in den dunklen, schützenden Wald. In der Nähe der Häuser standen oder räkelten sich Gruppen spärlich bekleideter Eingeborener und verbrachten die faulen Stunden in verträumtem Müßiggang, wie es sich für die Herren der Schöpfung gehörte. Kinder, nackt wie am Tag ihrer Geburt, tollten wie Frösche im Fluss herum; und Frauen, die immer bei der Arbeit waren, beschäftigten sich mit häuslichen Sorgen. An manchen Orten hatte man der üppigen Üppigkeit der Natur den Kampf angesagt und im Wald kleine Lichtungen für den Anbau von Yamswurzeln, Bohnen oder Zuckerrohr angelegt.

Nicht zuletzt einladend in der Szene war der Niger selbst. Jetzt breitete es sich vor den Reisenden aus wie ein wunderschöner See, umgeben von geschmückten Bäumen am Rande, der unter den Strahlen der tropischen Sonne strahlend glitzerte. Weit vorn öffnete sich wieder der Waldrahmen und zeigte den schlangenförmigen Lauf des silbernen Flusses, gesäumt von gelben Sandbänken. Man sah, wie Kanus schnell flussabwärts glitten oder durch mühsames Paddeln gegen die Strömung nach oben gezwungen wurden. An den Ufern, die das fallende Wasser hinterlassen hatte, breiteten Krokodile ihre abstoßende Länge wie verrottende Holzscheite aus, während in den tieferen Teichen die Flusspferde trotzig schnaubten. Wasservögel glitten in großer Zahl über die Wasseroberfläche, fischten im seichten Wasser oder ruhten auf *festem Boden* .

Vom Fluss aus gesehen war die Szenerie arkadisch und faszinierend. Eine nähere Bekanntschaft steigerte ihre Anziehungskraft nicht. Die Reisenden befanden sich nun unter einem Volk, das sich stark von jenen oberhalb des Zusammenflusses von Niger und Benué (Tchadda) unterschied. Hier gab es nur heidnische Wilde, die in tiefster Barbarei versunken und von gröbstem Aberglauben beherrscht waren. Mord und Plünderung standen in harmonischer Verbindung mit Fetischismus und Kannibalismus, und Gastfreundschaft war unbekannt. Nur mit Gewalt konnte Lander seine Männer dazu bringen, sich in diese gefährliche Region zu wagen. Dass ihre Ängste nicht bloße Einbildung waren, wurde gleich bei der ersten Landung bewiesen, und später entgingen sie nur der völligen Vernichtung und gerieten in die Gefangenschaft einer Gruppe von Männern in großen Kanus, die flussaufwärts waren und bereit waren, mit den Starken Handel zu treiben und die Schwachen anzugreifen und zu plündern.

Die Reisenden befanden sich nun unter Menschen, die aus der Nähe des Meeres kamen und nicht nur von Europäern gehört hatten, sondern tatsächlich mit ihnen Handel getrieben hatten. Sie waren also keineswegs verzweifelt, als sie sich ihrem Schicksal ergaben und ihren Weg fortsetzten, die Gefangenen der Ibo.

Bald war klar, dass das Flussdelta erreicht war. Von einem einheitlichen Wasservolumen begann es in zahlreiche Zweige aufzubrechen, die in alle Richtungen verliefen. An der Spitze des Deltas war das Land trocken und mit Palmölhainen und Seidenbaumwollbäumen bedeckt. Allmählich verschwanden diese jedoch, und als das trockene Land hybriden Sümpfen Platz machte, behauptete die Mangrove ihr Eigentum. Die Natur zeigte damals ein so abstoßendes Aussehen wie in keiner anderen Region der Erde: Was bei Ebbe ein Sumpf war, glich bei Ebbe einem überschwemmten Wald, und zwar sowohl dann als auch zu allen anderen Zeiten , stinkt nach pestilenzialen Dämpfen aus dem schleimigen Schlamm, der zwischen den krakenartigen Wurzeln der Mangroven hervorquillt.

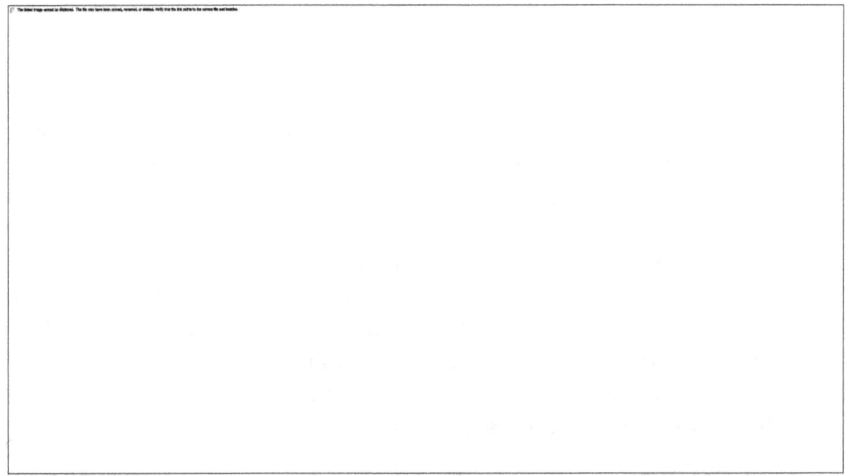

AKASSA.

Bei ihrer Durchquerung dieser unwirtlichen Region hatten die Reisenden keinen Grund zur Verwunderung darüber, dass sich noch nie jemand daran gewagt hatte, die labyrinthartigen Bäche und Flussarme zu erkunden, die die Mangroven in alle Richtungen durchzogen, aber scheinbar nirgendwohin führten.

Am 24. November 1830 klang das dumpfe Donnern der an die Küste brandenden Brandungswellen des Atlantiks wie süßeste Musik in den Ohren der Reisenden und knurrte ein ruppiges, aber herzliches Willkommen, und bald lag das Meer selbst vor ihnen – seine kühle, gesunde Brise fächelte ihnen köstlich zu, seine schimmernde, grenzenlose Weite so schön wie ein Blick auf den Himmel.

Das Rätsel um den Niger war endlich gelöst, und die Flussportale wurden der Welt zugänglich gemacht und sollten nie wieder geschlossen werden.

KAPITEL XXVIII.
AUSFÜLLEN DER DETAILS.

Während Clapperton und Lander damit die Arbeit von Park zu einem erfolgreichen Abschluss brachten und die Genauigkeit von M'Queens Geographie des Nigerbeckens bewiesen, waren in der Region andere am Werk, die durch die Arbeit und den Tod ihres großen Pioniers zu Klassikern geworden waren Boden. Major Laing war im Rahmen einer Regierungsmission von Sierra Leone nach Falaba im Land Sulima gereist und stellte fest, dass der Niger im Hochland von Kurauka, etwa 70 Meilen südwestlich von Falaba, seinen Ursprung nahm, und nicht mehr als 150 Meilen östlich von Sierra Leone. Den Fluss selbst konnte er nicht erreichen, dennoch geriet er unter den unwiderstehlichen Einfluss seiner Faszination.

Timbuktu und Niger waren mehr denn je zu Zauberwörtern geworden und hatten die Menschen mit einer Art rücksichtsloser Selbstaufopferung infiziert, die weder durch noch durch Erfahrung, Umsicht oder gesunden Menschenverstand zu vertreiben war. Wie Lander und andere seiner Vorgänger konnte Major Laing, nachdem er einmal die bittersüße Erfahrung der afrikanischen Entdeckungsreisen gekostet hatte, nicht ruhen, bis er die magische Frucht wieder geerntet hatte. Daher brach er nach einer Pause von drei Jahren erneut auf, entschlossen, seine geliebten Träume in die Tat umzusetzen.

Timbuktu und der Obere Niger waren die Ziele seiner Reise. Wie Denham und Clapperton nahm er Tripolis als Ausgangspunkt. Von dort reiste er südwestlich nach Ghadamis und zur Oase Twat. Zwischen letzterer und Timbuktu lagen die wilden Wüsten der Sahara – die kein Mensch betreten konnte, ohne auf plündernde und blutrünstige Nomaden zu treffen oder durch Durst oder Entbehrung zu sterben. Selbst diese Faktoren einer Afrikareise hatten für Männer mit Laings Temperament ihren wilden Reiz und fügten dem sonst eintönigen Marsch und dem Alltag voller Sorgen und Entbehrungen eine Art „ *sauce piquante* " hinzu. Auch für sie sind die düstere Unermesslichkeit der Sahara – die entsetzliche Trostlosigkeit, die jedes ihrer Merkmale kennzeichnet – und die flammende Sonne und der grelle Himmel, der darüber hängt, Elemente, die sie mit tiefster Ehrfurcht erfüllen und einen unauslöschlichen Eindruck in ihrem Gedächtnis hinterlassen.

Sechzehn Tage lang, nachdem er Twat verlassen hatte, erlebte Laing all diese Empfindungen in ihrer auffallendsten Form. Und um seine Erfahrungen der Wüstenreise zu vervollständigen, wurde er nachts von einer Gruppe Tuareg-Plünderer angegriffen und mit nicht weniger als vierundzwanzig Wunden dem Tod überlassen. Dank des geheimen Elixiers des heroischen Geistes und der Gesundheit seiner Konstitution erholte er sich jedoch auf wundersame Weise und setzte unbeirrt seinen Weg nach Timbuktu fort, das er am 18. August 1826 erreichte.

Laing war der erste Europäer, der diese historische Stadt betrat, die vier Jahrhunderte lang der Leitstern für Könige, Kaufleute und Gelehrte gewesen war. Er kam zu einer unglücklichen Stunde an. Nur kurze Zeit zuvor hatten die ersten Wellen der herannahenden Flut des Einflusses der Fulah die Region des oberen Niger erreicht. Timbuktu hatte bereits ihre seltsame Macht gespürt, obwohl es die politische Stellung, die die Minister der neuen Erweckung usurpierten, ablehnte.

Einen Monat lang durfte Laing unbehelligt bleiben. Dann wurde ihm befohlen, die Stadt der Gläubigen zu verlassen. Er konnte sich dem Befehl nicht widersetzen und reiste am 22. September ab, nur um zwei Tage später von den Leuten, die ihn durch die Wüste eskortieren wollten, grausam ermordet zu werden. Mit ihm gingen leider auch die Aufzeichnungen seiner Beobachtungen und Nachforschungen verloren.

Zwei Jahre später betrat Caillé, ein einigermaßen ungebildeter, aber beharrlicher und unerschrockener Franzose, die Stadt, aus der Laing vertrieben worden war. Jahre zuvor hatte dieser junge Entdecker in seiner fernen französischen Heimat die Echos afrikanischer Unternehmungen gehört. Begeistert von der romantischen Geschichte hatte er anhand der leeren Karten des Kontinents gesehen, wie viel zu tun war und welchen Ruhm derjenige erlangen konnte, der diesen noch jungfräulichen Blättern seinen Stempel aufdrücken konnte. Von da an wurde es zum Ziel seines Lebens, ein afrikanischer Reisender zu sein. Jahrelang träumte er von der Arbeit und bereitete sich darauf vor. Aber es war eine Sache, davon zu träumen – eine Sache, sogar die Schwelle zu neuen Ländern zu erreichen – und eine ganz andere, in sie einzudringen, wie er bald feststellte. Immer wieder wurden seine Hoffnungen, wenn sie fast an der Stelle ihrer Verwirklichung standen, unsanft zunichte gemacht; Doch unbeeindruckt wartete er auf seine Zeit und Gelegenheit, allerdings ohne private Mittel und im Bewusstsein, dass die Ohren der Reichen und Mächtigen gegenüber seinen Plänen und Darstellungen taub waren.

Aber während Caillé träumte und Petitionen forderte, arbeitete er auch. Als untergeordneter Beamter der Regierung von Sierra Leone konnte er durch Wirtschaft und Industrie die Summe von 80 Pfund einsparen. Für ihn war diese geringe Summe das „offene Sesam" von Ruhm und Reichtum. Es war das Instrument, mit dem er die Austernschale öffnen und die darin enthaltene unschätzbare Perle gewinnen sollte.

Am 19. April 1827 verließ Caillé in Begleitung einer kleinen Mandingo-Karawane Kakundy am Fluss Nunez auf halbem Weg zwischen Sierra Leone und Gambia. Auf seiner Reise nach Osten durchquerte er das Land Futa

Jallon, durch das nach Norden die oberen Nebenflüsse des Senegal und nach Osten die des Niger verliefen. Der letztere Fluss wurde bei Kurusa im Distrikt Kankan erreicht, und es stellte sich heraus, dass es sich auch dort um einen schönen Bach mit einer Tiefe von acht bis zehn Fuß handelte.

Nachdem er den Niger überquert hatte, fuhr er weiter nach Osten in das Land Wasulu, eine gut kultivierte und dicht besiedelte Region. Von dort reiste er nach Nordosten, bis er schließlich wieder die Ufer des Niger erreichte, ein kurzes Stück westlich von Jenné. Er war der erste Europäer, der diese Stadt betrat, obwohl Park sie auf seiner letzten Reise gesehen hatte.

Von Jenné aus segelte Caillé in einem grob gebauten Schiff von beträchtlichen Ausmaßen den Niger hinunter nach Kabara, dem Hafen von Timbuktu, von wo aus er zu Pferd in die Stadt selbst weiterritt.

Der Anblick von Timbuktu entsprach in keiner Weise den glühenden Erwartungen des Reisenden. Anstelle der wohlhabenden und mächtigen Stadt, die er erwartet hatte und die vom Glanz des leuchtenden Orients erfüllt war, lag vor ihm nur eine Ansammlung elender Lehmgebäude, zwischen denen sich mehrere Moscheen befanden, die nur im Vergleich zu ihnen imposant wirkten Unhöfliche Hütten um sie herum. Im Nordosten und Süden erstreckte sich die riesige Wüste als eine weite Ebene aus brennendem, abstoßendem Sand, über der die Stille des Todes brütete, außer dort, wo Pariahunde oder abscheuliche Geier sich an Aas oder Innereien labten, die aus der Stadt geworfen wurden . Dies war der Ort, an dem der Handel sein zentralafrikanisches Handelszentrum errichtete und die Handelsadern und -arterien bündelte, die sich mehr oder weniger über ganz Nordostafrika verzweigten. Auch hier, inmitten dieser trostlosen Einöden, hatte die muslimische Gelehrsamkeit ihren Sitz gefunden; und hier hatte die Religion des Islam ein bleibendes Zentrum gefunden, von dem aus sie ihren Einfluss bis in die barbarischsten Tiefen des Negerafrikas ausstrahlen konnte.

Im Verhältnis zu ihrer Umgebung, ihrer Lage und ihren Funktionen betrachtet, erhalten die Lehmhütten und primitiven Moscheen, aus denen sie besteht, einen Anflug von Erhabenheit und regen die Vorstellungskraft sogar stärker an als die gewaltigen Wunder Londons oder Paris.

Vierzehn Tage lang blieb Caillé – in seiner Verkleidung sicher – in Timbuktu, dann machte er sich mit einer Karawane auf den Weg, um die Wüste nach Marokko zu durchqueren. An keinem anderen Teil der Sahara erscheint die Wüste in einer so erschreckenden Erscheinung. Durch einen Trakt musste die Karawane mit allen möglichen Expeditionen zehn Tage lang reisen, ohne dass ein Tropfen Wasser erhältlich war. Die erlittenen Entbehrungen waren unbeschreiblich, Menschen und Tiere wurden gleichermaßen bis zum Äußersten gebracht, bevor sie das Wasser erreichten und ihre Qualen gelindert wurden. Weiter nördlich erwarteten sie ähnliche Erlebnisse, bis die Karawane am Fluss Dra ankam. Von dort aus wurde der Marsch vergleichsweise bequem über Tafilet und den Atlas nach Fes und Tanger durchgeführt, wo Caillé am 18. August 1828 eintraf.

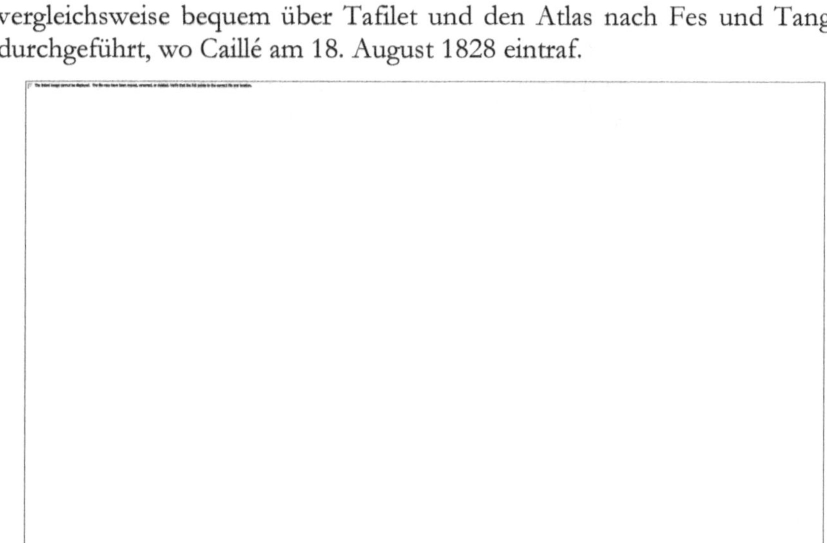

TIMBUKTU.

Mit Landers Abstieg des Niger von Bussa zum Meer erhielt der Kurs der nigerianischen Unternehmungen eine neue Entwicklung und einen neuen Aufschwung. Die begeisterten Berichte, die seine Entdecker über die reichen Länder und mächtigen zivilisierten Königreiche, durch die es floss, mitbrachten, fanden in England eifrige Zuhörer; und nachdem nun ein Eingang gefunden worden war, durch den man das Herz dieser vielversprechenden Regionen erreichen konnte, zögerten solche Zuhörer nicht, zu handeln und den kommerziellen Wert der großen Wasserstraße auf praktische Weise zu testen.

In dieser neuen Bewegung war Macgregor Laird aus Liverpool der führende Geist. Unter seinen Anweisungen wurden speziell für diese Arbeiten zwei Dampfer gebaut. Laird selbst übernahm das Kommando, und mit ihm waren Lander und Leutnant Allen von der Marine sowie Dr. Briggs und Mr. Oldfield als Sanitäter verbunden.

Kaum hatte die Gruppe im August 1832 den Nun-Arm des Flusses erreicht, als die Malaria ihren verheerenden Ausbruch begann und den Tod eines Kapitäns und zweier Seeleute verursachte. Die erste Aufgabe der Expedition bestand darin, einen geeigneten schiffbaren Kanal zwischen den vielen verwirrenden Armen, Bächen und Nebengewässern zu finden, die sich wie ein labyrinthisches Netzwerk über das Delta ausbreiten, dessen

Mangrovensümpfe „wenig einladend sind, wenn man sie sieht, abstoßend, wenn man sich ihnen nähert, gefährlich, wenn man sie untersucht, und schrecklich und abscheulich, wenn man ihre Eigenschaften und ihre Bewohner kennt". Hier war die Luft erfüllt von giftigen Gerüchen – feucht, klamm und tödlich; und die Nächte wurden durch die nie endenden Angriffe von Schwärmen von Moskitos und Sandfliegen grauenhaft gemacht.

BLICK AUF DEN NIGER OBERHALB VON LOKOJA.

Sechs Wochen lang war Laird mit der Erkundung des Deltas beschäftigt, mit dem Ergebnis, dass achtzehn Männer dem Fieber erlagen. Eine Zeit lang drohte die Expedition mit dem Tod der gesamten Gruppe zu enden, von denen kaum einer den schlimmen Auswirkungen der Malaria entkommen konnte. Aber Laird und seine Gefährten waren Männer, die sich nicht so leicht entmutigen oder besiegen ließen, und schließlich entkamen sie dem tödlichen Gebiet und erreichten den ungeteilten Fluss und gesündere obere Regionen. Es war wie eine Flucht aus einem abscheulichen Fegefeuer in ein irdisches Paradies, als die Gruppe in die offenen Bereiche des edlen Stroms segelte, der von tropischen Wäldern umschlossen und von kühlen Brisen umweht wurde. Aus kommerzieller Sicht erwiesen sich die Aussichten jedoch als etwas unbefriedigend und entsprachen nicht den glühenden Hoffnungen, mit denen die Partei England verlassen hatte. Sie dachten jedoch nicht daran, dem ersten Gefühl der Enttäuschung nachzugeben, und in der Überzeugung, dass sich die Lage verbessern würde, sobald sie die barbarische Zone hinter sich gelassen hätten, setzten sie ihren Weg flussaufwärts fort. Leider hatten sie für den Aufstieg die falsche Jahreszeit gewählt. Der Fluss fiel bereits. Mehr als einmal lief der größere der beiden Dampfer auf Sandbänken auf Grund und musste schließlich liegen bleiben, bis das Wasser wieder ansteigen sollte. Versuche, Rabba zu erreichen, scheiterten offensichtlich, obwohl Laird in einem Boot ein Stück den Benué hinaufstieg.

In der folgenden Saison waren Oldfield und Lander erfolgreicher. Sie befuhren den Benué bis zu einer Entfernung von 104 Meilen, bevor sie wegen Versorgungsmangels umkehren mussten. Auch auf dem Niger-Hauptfluss hatten sie mehr Glück als im Vorjahr. Sie erreichten Rabba sicher und fanden heraus, dass dort knapp 40.000 Menschen lebten. Rabba war zu dieser Zeit die Hauptstadt von Nupé.

Jenseits von Rabba war ein Weiterkommen nicht mehr möglich und man hielt es für ratsam, zur Küste zurückzukehren, um dort Leute anzuwerben und sich auf einen weiteren Versuch vorzubereiten, auf dem Fluss Handel zu treiben.

Dieses neue Unterfangen endete jedoch in einer Katastrophe. Auf dem Rückweg wurde Lander angeschossen und nur so lange am Leben gehalten, bis Fernando Po erreicht wurde. Mit ihm endete vorerst Macgregor Lairds Unternehmung. Obwohl es mit großartiger Beharrlichkeit und Aufopferung durchgeführt wurde , waren die Ergebnisse traurigerweise negativ, während von den 49 Europäern, die daran beteiligt waren, nur neun das Fieber überlebten.

Mehrere Jahre lang wurde nichts mehr unternommen, um das, was nur allzu treffend als „das Grab des weißen Mannes" bezeichnet wurde, weiter zu nutzen. Im Jahr 1840 jedoch stieg Gouverneur Beecroft den Fluss bis auf dreißig Meilen vor Bussa hinauf und kam ohne große Verluste an Menschenleben zurück, obwohl er nur wenig zu unserem Wissen über die Geographie der Region beitrug.

Unterdessen waren Philanthropen ebenso daran interessiert, das Nigerbecken europäischen Einflüssen zugänglich zu machen wie die Handelswelt. Lairds Expedition verfolgte zwar in erster Linie den Handel, „hoffte aber auch, den Sklavenhandel zu unterdrücken und wahre Religion, Zivilisation und humanisierende Einflüsse unter den Eingeborenen einzuführen, deren Barbarei bis dahin durch die europäischen Verbindungen nur noch verstärkt worden war."

Diese selbstlosen Ziele wurden im Jahr 1841 noch verstärkt, als die Regierung, immer noch unbeeindruckt von der verhängnisvollen Natur der Arbeit, drei Dampfer aussandte mit dem Ziel, Verträge mit den Häuptlingen von Niger zur Unterdrückung des Sklavenhandels abzuschließen. Am Zusammenfluss des Benué und des Hauptflusses sollte eine Musterfarm errichtet werden, um den Einheimischen bessere Methoden der Landwirtschaft beizubringen, und im Allgemeinen sollte der Grundstein für das große britische Empire gelegt werden, von dem M'Queen geträumt hatte. Auf diese Weise sollte in gewisser Weise eine Sühne für die Sünden früherer Generationen geleistet werden. Alles, was Wissenschaft und Voraussicht vorschlagen konnten, wurde getan, um diese Expedition zu einem Erfolg zu machen, aber leider war noch keine Möglichkeit gefunden worden, die heimtückischen Angriffe der Malaria abzuwehren oder den Auswirkungen der Fieberkeime entgegenzuwirken, sobald sie sich im System etabliert hatten . Das Ergebnis war Tod und Katastrophe. Kein höherer Punkt als Egga wurde erreicht, und das nur von einem Dampfer. Von einhundertfünfundvierzig Männern starben achtundvierzig innerhalb der zwei Monate, in denen die Schiffe im Fluss waren.

Das Vorhaben, den Niger angesichts solch schrecklicher Sterblichkeit und tödlicher klimatischer Bedingungen gewinnbringend zu nutzen, schien nun völlig aussichtslos zu sein. Von Major Houghton an war der Tod durch Gewalt, Entbehrungen oder Krankheit das Schicksal derjenigen gewesen, die versucht hatten, es dem europäischen Einfluss zu öffnen. Kein anderer Fluss hatte eine so romantische Geschichte heldenhafter Selbstaufopferung – keiner hatte eine solche Märtyrergeschichte – keiner hatte eine solche Geschichte von Heldentum und scheinbar nutzlos verschwendetem Blut.

War wirklich alles umsonst? Hatten weder die Europäer noch die Einheimischen einen Nutzen aus der Erkundung dieses silbernen Streifens durch die wunderschönen Westküstenhochländer, die dicht besiedelten Ebenen von Sego und Massina, die entvölkerte Halbwüstenwildnis von Songhay und Gandu, die Waldtiefen von Igara usw.? Ado und die Mangrovensümpfe rund um die Bucht von Benin. Park, Clapperton, Lander und alle anderen Entdecker des Nigerbeckens wurden in zukünftigen Zeitaltern nur wegen der heroischen Tugenden in Erinnerung bleiben, die sie bewiesen hatten, und nicht als Pioniere einer neuen Ära der Hoffnung für die Afrikaner – die Gründer von ein großes nationales Unternehmen, das sowohl für Großbritannien als auch für Afrika vielversprechend ist?

Der Gedanke an ein solches Ende war nicht ohne Widerwillen zu hegen, dennoch schien es unvermeidlich. Wilder Widerstand und gewöhnliche körperliche Schwierigkeiten könnten mit der Zeit überwunden werden, aber wer könnte gegen die Krankheit kämpfen, die unsichtbar in den stinkenden Tiefen der Mangrovenwälder lauert und die Luft mit ihren giftigen Keimen erfüllt? Wer könnte der unheilbaren Plage seines tödlichen Atems entgehen?

Solche Fragen waren bereits gestellt worden, als das Scheitern von Tuckeys Expedition die Erkundung Nigers eine Zeit lang innehalten ließ, bis Clapperton und Denham, die die Region von hinten angriffen, den Verzweifelten erneut Hoffnung gaben. Seltsamerweise brachte das Wiederauftreten derselben Krise eine ähnliche Heilung mit sich.

Im Jahr 1849 startete eine Expedition von Tripolis aus, diesmal unter der Schirmherrschaft der Regierung, unter dem Kommando von Richardson und Dr. Barth und Overweg.

Die Grenzen von Bornu wurden sicher erreicht, und hier teilte sich die Gruppe – um sich nie wieder zu treffen. Richardson und Overweg gingen den Weg von Toole und Oudney, und nur Barth blieb übrig, um die Ziele der Expedition auszuführen. Er hat seine Aufgabe würdig erfüllt. Noch nie zuvor wurde in der Afrikaforschung eine so reiche Sammlung geographischer, historischer, ethnographischer und philologischer Fakten zusammengetragen.

Von Kanem bis Timbuktu, von Tripolis bis Adamawa legte er das Land unter Kontribution. Es wäre vergeblich, ihn auf seinen wunderbaren Reisen im begrenzten Raum dieser Seiten zu begleiten. Es ist jedoch anzumerken, dass er auf seiner Reise nach Südwesten von Kuka in Bornu in die Fulah-Provinz Adamawa am 18. Juni 1851 den Fluss Benué an seiner Mündung in den Faro und 415 geografische Meilen in direkter Linie erreichte von seinem Zusammenfluss mit dem Niger. Seit er Europa verlassen hatte, hatte er keinen so großen und imposanten Fluss gesehen. Selbst an diesem entfernten Punkt ist die Benué, oder „Mutter des Wassers", eine halbe Meile breit und fließt mit einer schnellen Strömung nach Westen. Es hieß, er entspringe neun Tagereisen südöstlich, während der Faro von einem sieben Tagereisen entfernten Berg entspringe.

Nur zweitrangig nach seiner Entdeckung des Benué so weit östlich des Niger war seine Erkundung der großen Nigerschleife selbst.

Von Bornu aus reiste er nach Westen über Sokoto und Gandu zum Niger bei Say, etwas oberhalb der Stelle, an der der Gulbi-n-Gindi von Sokoto in den Hauptfluss mündet.

Von Say aus reiste er in nordöstlicher Richtung über die große Kurve, zwischen wilden Tuareg-Stämmen und den romantischen Bergen von Hombori, nach Timbuktu. Von dort kehrte er noch einmal in die sichereren Haussa-Staaten entlang der Flussufer zurück, wo außer Parks noch nie ein Europäer Rast gemacht hatte. Hier befand er sich im Zentrum des einst wunderbaren Songhay-Reiches, von dem nach den zerstörerischen Schlägen der Mauren, Tuareg und Fulah nur noch ein paar elende Dörfer übrig blieben, deren Bewohner ein erbärmliches Dasein führten und ebenfalls von der Dürre niedergedrückt wurden und die Verwüstungen menschlicher Plünderer.

Ein Ergebnis von Barths Entdeckung des Benué so nahe am Tschadsee war die Entsendung einer weiteren Expedition, um, wenn möglich, die Schiffbarkeit des Flusses zu bestimmen, eine Frage, die bei vorherigen Versuchen nicht zufriedenstellend geklärt werden konnte.

Macgregor Laird war wieder der treibende Geist dieses neuen Unternehmens, und alles, was die Erfahrungen der Vergangenheit nahelegten, wurde genutzt, um eine erfolgreiche Reise sicherzustellen. Dr. Baikie, RN, und DJ May, RN, waren als Vermessungsoffiziere und -leiter dabei, mehrere andere Herren waren mit ihnen verbunden. Dies war in mancher Hinsicht die erfolgreichste der staatlichen Vermessungsexpeditionen, denn sie erkundete und vermessen nicht nur den Benué auf einer Strecke von 340 Meilen, sondern kehrte auch ohne besondere Verluste an Menschenleben zurück.

Mit dieser Reise war die Beteiligung unserer Regierung an der Erschließung Nigers praktisch abgeschlossen. Von da an begnügte es sich damit, von Zeit zu Zeit ein Kanonenboot auf einer Strafmission in den Fluss zu schicken, aber es wurden keine besonderen Versuche unternommen, die Welt über ihre Geographie und Ressourcen weiter aufzuklären. Von nun an wurden alle diese Arbeiten privaten Unternehmen überlassen, die Regierung blieb distanziert, war weder geneigt, zu fördern noch zu entmutigen, war sich aber offensichtlich darüber im Klaren, dass aus einem teilweise schiffbaren Fluss, der durch ein Land ohne große kommerzielle Möglichkeiten floss, nichts von Bedeutung gemacht werden konnte ein Klima, das eine Kolonisierung unmöglich machte und selbst einen Aufenthalt, so kurz er auch sein mochte, für den durchschnittlichen Europäer fast unmöglich machte.

KAPITEL XXIX.
Der französische Vorstoß zum Niger.

Mit dem praktischen Rückzug unserer Regierung aus dem Niger-Unternehmen schien M'Queens großartiger Traum vom britischen Empire im Herzen Afrikas für immer zu verschwinden. In unseren Nationalräten tauchte eine neue Schule von Politikern auf, die die Geheimnisse der Größe unseres Landes so wenig kennengelernt hatten, dass ihr Ruf nach einer weiteren Expansion ins Ausland und nach keiner weiteren kolonialen Verantwortung lautete.

Der Einfluss der rückläufigen Bewegung begann sich bald auf die Geschicke Westafrikas auszuwirken. Seine natürliche Entwicklung war bereits durch ein tödliches Klima, einen Mangel an wertvollen Produkten sowie die Barbarei und Faulheit seiner Bewohner verzögert worden. Hinzu kamen nun Vernachlässigung und Misswirtschaft der Regierung. Administratoren und Gouverneure wurden angewiesen, ihren Betrieb auf die engsten Grenzen zu beschränken. Den Kaufleuten wurde entweder der Zugang zum Landesinneren verwehrt oder sie wurden darüber informiert, dass sie auf eigenes Risiko und ohne Hoffnung auf staatliche Unterstützung vordringen würden. Geografisches Unternehmen, das in der allgemeinen Verderbnis geteilt wird. Die Arbeit, eine Region zu erkunden, die durch die Reisen und das Märtyrerleben so vieler der würdigsten Söhne Großbritanniens zu einem Klassiker geworden war, wurde eingestellt.

Es erübrigt sich zu sagen, dass eine solche Politik zu schändlichen Ergebnissen führte. Der britische Einfluss beschränkte sich auf die Küstenregion, wo er in den tödlichen Sümpfen ein jämmerliches politisches und kommerzielles Dasein fristete; unsere Gouverneure erhielten die Aufgabe, lächerlich ungeeignete Gesetze zu erlassen oder sich mit noch unbedeutenderen Stammeshäuptlingen über kleinliche Streitigkeiten zu streiten; unsere Kaufleute wurden aufgrund ihrer Lebensbedingungen zu Tauschhändlern degradiert, die Gin, Rum, Tabak, Schießpulver und Gewehre verkauften – das Beste, was Europa im Tausch gegen afrikanisches Öl, Gold und Elfenbein zu bieten hatte. Während wir so zu einer wirbellosen Fehlgeburt britischen Kolonialgenies degenerierten und schleimige Sümpfe und fieberbringende Dschungel bewohnten, bereitete sich ein kontinentaler Rivale darauf vor, in unsere Fußstapfen zu treten und die Belohnung für unsere früheren Mühen einzustreichen.

Fast zeitgleich mit dem praktischen Beginn unserer Arbeit am unteren Niger begannen die Franzosen, sich auf den Senegal zu konzentrieren und richteten ihren sehnsüchtigen Blick auf Bambarra und den oberen Niger. Auch sie begannen vom Zentralafrikanischen Reich zu träumen – wie einst M'Queen es getan hatte – und davon, dass ihre Flagge in weiter Ferne von der Mittelmeerküste von Algier bis zu den Küsten des Atlantiks an der Spitze stand. Der Schlüssel zur Situation lag ihrer Ansicht nach offensichtlich im Niger. Sobald sie sich dort etablierten und über die notwendigen Öffnungen nach Westen verfügten, hätten sie die Kontrolle über den gesamten Westsudan und möglicherweise auch über die Zentralregion.

Mit geduldiger Voraussicht begannen sie, Entdecker entlang der geplanten Eroberungsroute zu schicken, die fertige Verträge, französische Flaggen und leere Karten mitbrachten. Der französische Einfluss war bereits weit flussaufwärts spürbar, und schon in den ersten Tagen ihrer Herrschaft waren Festungen errichtet worden. Diejenigen, die verfallen oder verlassen waren, wurden wieder besetzt und repariert, und neue Vorposten wurden weiter ins Landesinnere vorgeschoben.

Bald hatten sie sich so weit oben im Senegal festgesetzt, wie an der Stelle, wo Park ihn bei seiner ersten Expedition auf dem Weg nach Kaarta überquert hatte. Dies war die Grenze der Schiffbarkeit des Flusses in der Regenzeit. Doch keine Rücksicht auf natürliche Hindernisse setzte ihrem Traum von Macht Grenzen.

Im Jahr 1863 suchten zwei Offiziere, E. Mage und Dr. Quintin, nach einem Weg zum Niger über das dazwischen liegende Hochland zwischen den beiden Flüssen. Die französischen Waffen ließen nicht lange auf sich warten und folgten dem Weg der französischen Entdecker, und es wurden rasch Vorbereitungen getroffen, um die Operationsbasis für den endgültigen Vormarsch in ihr versprochenes Land fertigzustellen.

Unterdessen waren unsere Vertreter an der Küste, die in ihrem elenden, von Krankheiten heimgesuchten Gürtel schmorten, den Fortschritten unserer unternehmungslustigen Nachbarn nicht verborgen geblieben, noch waren sie sich ihrer gewaltigen Eroberungs- und Handelsmonopolpläne und der wahrscheinlichen Folgen für Englands politische und kommerzielle Position in diesen Regionen bewusst. Vergeblich lenkten sie die Aufmerksamkeit der Regierung auf die Situation und baten um die Macht, zu handeln, bevor es zu spät war. Sie waren nur wie Stimmen, die in der Wildnis schreien und denen ebenso wenig Beachtung geschenkt wurde, wie den Beduinen die Fata Morgana der Wüste. Mehr noch, die Küstenbehörden wurden angewiesen, die Franzosen gehen zu lassen, wohin sie wollten, und ihnen keine Hindernisse in den Weg zu legen.

Die Franzosen zögerten nicht, das ihnen so offen stehende Feld auszunutzen. 1880 war ihre Festungslinie am Senegal fertiggestellt und alles für ihren nächsten Schritt vorbereitet. Für dieses Unternehmen wurde Kapitän Gallieni zum Anführer ernannt und begann 1880 an der Spitze einer kleinen Armee ausgebildeter Truppen und eines beträchtlichen Zuges von

Eseln, einheimischen Treibern, einheimischen Dienern usw. mit seiner Mission, die französische Flagge zu hissen der Obere Niger, wo aufgrund unserer geografischen Lage und unserer Erkundungspriorität nur der Union Jack hätte schweben sollen.

Bis zum Zusammenfluss von Bakhoy und Bafing war der Marsch von Gallieni mit nichts Schlimmerem verbunden als dem üblichen Ausmaß an Sorgen und Schwierigkeiten, die der Durchzug einer kleinen Armee durch ein barbarisches oder halbbarbarisches Land mit sich bringt. Dahinter lag jedoch das unbesetzte und nur teilweise erforschte Land zwischen Senegal und Niger. Hier begannen die besonderen Prüfungen und Sorgen der Expedition. Die Nahrungsbeschaffung war oft schwierig. Ihr Vormarsch wurde von den Eingeborenen natürlich mit Argwohn betrachtet, und es war viel Sorgfalt und Fingerspitzengefühl erforderlich, um Reibungen zu vermeiden. Trotz aller Hindernisse drangen sie jedoch nach und nach nach Süden vor, ihrem Ziel entgegen, wobei sie französische Flaggen in den Händen der Häuptlinge ließen und Verträge mit sich brachten, die diese und ihr Volk unter den Schutz Frankreichs stellten.

Bevor die Expedition den Niger erreichte, wäre sie beinahe durch einen entschlossenen Angriff eines Volks namens Beleris zerstört worden. Die Beleris konnten jedoch erfolgreich zurückgeschlagen werden und zwei Tage später erreichte man Bammaku am Niger, wo man bereits die Trikolore schwimmend vorfand – einem Vorhut der Gruppe war es gelungen, den üblichen Vertrag abzuschließen. Wie dieser Vertrag zustande kam, wird uns nicht gesagt, wir erfahren jedoch, dass Gallieni kalt und ungastlich empfangen wurde.

Es blieb nur noch, nach Sego zu gelangen, den Oberbefehlshaber der Häuptlinge und Könige von Ober-Niger zu treffen und einen Vertrag mit ihm abzuschließen. Zu diesem Zweck überquerte Gallieni den Niger und reiste entlang der Südseite des Flusses. Bei seiner Ankunft in der Nähe der Hauptstadt wurde er angehalten und angewiesen, dort zu bleiben, bis seine Geschäfte erledigt seien. Viele ermüdende Wochen und Monate vergingen bei dem Versuch, Amadu, den Sultan von Sego, zur Unterzeichnung eines Vertrags zu bewegen, der sein Land unter französisches Protektorat stellte. Am Ende wurde die erforderliche Unterschrift erhalten, und von diesem Moment an war die französische Herrschaft – auf dem Papier – von den Quellen des Niger bis nach Timbuktu unumstößlich.

Frankreich war jedoch keineswegs geneigt, sich mit der bloß mentalen Anerkennung seiner Autorität zufrieden zu geben. Mit großartiger Energie und Ausdauer drängte sie ihre Festungen in das Tal des Bakhoy vor – die Wasserscheide der beiden Flüsse; und baute sich schließlich eine dauerhafte Behausung am Niger selbst auf. Gleichzeitig wurde mit dem Bau einer

Eisenbahnlinie begonnen, deren Ziel es war, den höchsten schiffbaren Punkt Senegals mit Bammaku zu verbinden. Gleichzeitig wurde ein Kanonenboot in Teilen übernommen und auf dem Fluss zusammengebaut, als weiteres Symbol der französischen Autorität und als wirksames Instrument zur Ausweitung seines Einflusses.

Um seine Beute noch besser vor den möglichen Folgen des Erwachens der britischen Regierung zu schützen, begann Frankreich, den Gambia-Fluss durch eine Reihe von Verträgen abzuschotten. Der Wasserweg blieb britisch, alles andere aber wurde französisch. Um seine Position noch zu stärken, wurden alle Länder an den oberen Nebenflüssen und Quellen des Niger unter französischen Schutz gestellt und fast die gesamte Küstenlinie von Gambia bis nach Sierra Leone in Besitz genommen. Und während all dem schlief unsere Regierung friedlich weiter, da sie den Befehl gegeben hatte, nicht geweckt zu werden; oder sie erwachte nur, um zustimmend zu blinzeln, hocherfreut, die ganze lästige Angelegenheit los zu sein.

Sechzig Jahre zuvor hatte M'Queen geschrieben: „Frankreich hat sich bereits am Senegal etabliert und beherrscht diesen Fluss. Wenn Großbritanniens Trägheit und Sorglosigkeit es diesem mächtigen, unternehmungslustigen und ehrgeizigen Rivalen erlaubt, vor uns zu treten und sich am Niger festzusetzen, dann ist es klar, dass Frankreich mit einer solchen Regelung zusätzlich zu seiner Herrschaft über den Senegal ganz Nordafrika beherrschen wird. Die Folgen für die besten Interessen dieses Landes werden unweigerlich fatal sein und mit Mitteln, die sicherer sind als Krieg und Eroberung, letztlich dazu führen, unsere beste tropische Kolonialherrschaft zu ruinieren."

Was M'Queen befürchtet hatte, ist nun in Bezug auf den politischen Aspekt der französischen Aktionen in den Königreichen des Niger eingetreten. Es bleibt abzuwarten, was das kommerzielle Ergebnis ihres afrikanischen Traums sein wird.

KAPITEL XXX.
DIE ROYAL NIGER COMPANY.

Es war schon immer eine gute Sache für die britischen Handelsunternehmen, dass ihre Agenten sich nie darauf verlassen mussten, dass ihre Regierung neue Handelswege erschließt und ihnen ungenutztes Territorium sichert. Unsere Kaufleute brauchten nichts als freie Hand, um ihren eigenen Weg zu gehen, und dass ihnen die Früchte ihrer Arbeit nicht durch die politische Aktion anderer Nationalitäten genommen werden sollten. Was unter diesen Bedingungen erreicht wurde, lassen Sie die Hälfte unserer Kolonien sagen.

Obwohl die obige Regel allgemein ist, wurde sie nicht ausnahmslos angewendet, wie der bereits beschriebene Fall Westafrika zeigt, wo infolge staatlicher Beschränkungen und Eingriffe die Ernte britischer Arbeitskräfte in französische Hände und kommerzielle Unternehmen übergegangen ist ist zusammen mit den Regionen, in denen es betrieben wurde, zerstört und degradiert worden.

Glücklicherweise für unsere Position in Westzentralafrika geriet das Nigerbecken nie unter diese schädlichen Einflüsse. Als sich unsere Regierung aus dieser Region zurückzog, zog sie sich vollständig zurück, sonst wäre dies ein weiteres Kapitel beklagenswerter Misswirtschaft und groben Vertrauensbruchs in die Annalen der westafrikanischen Geschichte eingegangen.

Somit stand es der Privatwirtschaft frei, den größtmöglichen Nutzen aus Niger zu ziehen.

Nach Baikies Expedition wurde einige Jahre lang nichts mehr unternommen, um den Handel auf dem Fluss zu etablieren. Nicht, dass die Aufgabe als hoffnungslos aufgegeben worden wäre. Im Gegenteil, es keimten neue Pläne und nahmen allmählich Gestalt an, um neue Versuche unter hoffnungsvolleren Bedingungen vorzubereiten.

Zu dieser Zeit hatten die Menschen begonnen, die Natur des tropischen Lebens besser zu verstehen und wussten besser, wie man die heimtückischen und gefährlichen Einflüsse übermäßiger Hitze und Feuchtigkeit und die von ihnen begünstigten Krankheitserreger bekämpfte. Durch den Ersatz der Lanzette bei der Behandlung von Fieber durch Chinin wurde die Hälfte der Schrecken dieser bis dahin tödlichen Krankheit gemindert.

Wieder einmal war Macgregor Laird – ein Name, der in eine Reihe mit Park, M'Queen und Lander gestellt werden muss – der Anführer der neuen Bewegung. Unbeeindruckt von den Verlusten und Misserfolgen der Vergangenheit – im Gegenteil, sie lehrten ihn, wie man den Sieg erringen konnte – betrat er 1852 erneut den Niger – dieses Mal, um ihn nicht zu verlassen, bis er die dauerhaften Grundlagen für den britischen Handelseinfluss gelegt hatte.

Bei diesem neuen Unternehmen beschränkte sich der Pionier nicht nur auf Flussfahrten und Besuche bei den wichtigsten Vertriebszentren. Er richtete an verschiedenen Stellen Stationen in Form von beweglichen Schiffskolonnen ein, die im Fluss festgemacht waren und den doppelten Vorteil hatten, dass sie Personen transportieren konnten und ein gewisses Maß an Sicherheit vor feindlichen Angriffen boten. Gleichzeitig wurde die Zahl der europäischen Agenten auf ein Minimum reduziert und stattdessen gebildete Küstenbewohner eingesetzt, wobei man sich die Erfahrungen mit der tödlichen Natur des Klimas zunutze machte.

Palmöl, Elfenbein und Benni-Samen waren die einzigen exportierten Produkte; Baumwollwaren, Metalle verschiedener Art, Perlen und Salz waren die wichtigsten Tauschartikel. In Küstennähe waren Gin, Rum, Schießpulver und Waffen aufgrund der alten, schändlichen Zeiten des Sklavenhandels sehr gefragt. Bald wurde ein profitables Geschäft aufgebaut, und schon viele Jahre später musste Macgregor Laird mit neuen Firmen konkurrieren, die versuchten, die Gewinne zu teilen.

Doch obwohl die Zahl der Europäer dadurch zunahm, blieb ihre Lage äußerst prekär. Die Kannibalenstämme des Deltas erkannten schnell, dass ihr Monopol auf den Handel am Oberlauf des Flusses vollständig abgeschafft wurde, und versuchten, den Weg durch unaufhörliche Angriffe auf die Dampfer und Stationen der verschiedenen Händler zu versperren. Diejenigen, die widersprüchliche Interessen hatten, konnten nicht dazu gebracht werden, sich zu einem gemeinsamen Vorgehen gegen den gemeinsamen Feind zusammenzuschließen. Von Zeit zu Zeit stattete ein Kanonenboot einen eiligen Strafbesuch ab, hinterließ aber bei den widerspenstigen Bewohnern keinen bleibenden Eindruck.

Das Ergebnis dieses geteilten Vorgehens der Händler und der wachsenden Macht und Widerspenstigkeit der einheimischen Stämme war äußerst katastrophal für Macgregor Laird, der schließlich gezwungen war, sich vom Fluss zurückzuziehen.

Neben den wachsenden Gefahren für die verschiedenen am Nigerhandel beteiligten Unternehmen begannen sich neue Probleme abzuzeichnen, die die ordnungsgemäße und gesunde kommerzielle Entwicklung der Region verzögerten und alle in den Ruin zu treiben drohten. Anfangs war das auszubeutende Feld so groß, dass die Händler kaum in Konflikt gerieten. Allmählich jedoch, mit dem Eintritt neuer Firmen und der Gründung neuer Stationen, begannen sie, in die Gebiete der anderen einzudringen. Das Ergebnis zeigte sich bald in der scharfen Konkurrenz, die sich daraus ergab.

Der Preis der einheimischen Produkte begann zu steigen, bis er drohte, über ihren Wert hinauszusteigen. Um den Handel profitabel zu halten, waren die Agenten gezwungen, hinsichtlich der Art der Importartikel immer skrupelloser zu werden – immer rücksichtsloser gegenüber den Ansprüchen ihrer kommerziellen Konkurrenten. Jeder versuchte, den anderen zu vertreiben, und die Einheimischen, die die Vorteile für sich selbst schnell erkannten, taten ihr Bestes, um den Streit zu schüren. Unter solchen Bedingungen wurde jeder legitime Fortschritt unmöglich gemacht. An jedem beliebigen Punkt konnten die Einwohner sagen: „Bis hierher sollst du gehen und nicht weiter", oder sie konnten die Kaufleute hinauswerfen, wenn sie es für richtig hielten. Unternehmen, die erhebliche Ausgaben erforderten, kamen nicht in Frage, wenn die Früchte wahrscheinlich nur von Rivalen geerntet werden konnten. Der Handel war nicht mehr auf nützliche Artikel beschränkt, sondern degenerierte rasch und umfasste inzwischen größtenteils auch schändliche Geister und Zerstörungswaffen. Allmählich machten die Wettbewerbsbedingungen einen gesunden Handel unmöglich, und die Eingeborenen wurden, anstatt sich durch den europäischen Verkehr geistig und materiell zu verbessern, in immer tiefere Tiefen der Barbarei getrieben. Ein Zustand, den unser Prophet M'Queen mit diesen denkwürdigen Worten vorhergesagt hatte: „Wenn diese falsche Politik verfolgt wird, sind die zentralen und südlichen Teile dieses riesigen Kontinents bis auf den letzten Tag dazu verdammt, in demselben beklagenswerten Zustand der Unwissenheit, Erniedrigung und des Elends zu verharren, der ihnen seit dreihundert Jahren zuteil wird."

Dies war eine Vollendung ihrer Arbeit, die die Kaufleute nicht mit Gleichmut betrachten konnten. Wir haben keinen Grund, daran zu zweifeln, dass sie ehrenhafte Männer waren. Sie gingen zwar nach Niger, um Geld zu verdienen, aber sie dachten nicht daran, durch den Ruin und die Erniedrigung der Menschen, mit denen sie Handel trieben, reich zu werden. Sie waren Opfer der Umstände geworden, unter denen ihr Geschäft betrieben wurde, wodurch sie unaufhaltsam und sogar unabsichtlich in die beklagenswerte Lage getrieben wurden, in der sie sich schließlich befanden. In gewisser Weise waren sie eher zu bemitleiden als zu tadeln, denn sie hatten einen Frankenstein heraufbeschworen, der ihren Ruin zu bedeuten drohte. Allen war klar, dass sich der Charakter des Handels nicht ändern ließ, solange es einen offenen, unregulierten Wettbewerb gab – er musste sich sogar immer weiter verschlechtern. Ihre Gewinne wurden immer geringer und ihre Stellung im Land immer unsicherer, da sie den Launen, Feindseligkeiten, Erpressungen und Beschränkungen der barbarischen Stämme unterworfen waren, die von den Händlern selbst mit Gewehren bewaffnet wurden, die sie gelegentlich gegen die Verkäufer richteten.

Ein Wendepunkt in der Handelsgeschichte des Niger war erreicht, und alles hing nun davon ab, ob der nächste Abgang zum Wohl oder zum Leid aller Beteiligten erfolgen würde.

Glücklicherweise war in diesem kritischen Moment, als die Notwendigkeit einer Veränderung für alle offensichtlich war, der richtige Mann da. Geschäftsleute mit klarem Kopf und Weitblick waren im Handel tätig – die Gleichgesinnten unter den britischen Kaufleuten, wo auch immer sie tätig waren; aber es fehlte noch etwas mehr an ihm, der seine Mitmenschen aus der schwierigen Lage befreien sollte, in die sie sich begeben hatten. Es brauchte jemanden, der mit kaufmännischem Gespür und Wissen das *Savoirfaire* und die Kenntnis der Welt des Diplomaten vereinen sollte. Ein solcher war Sir George T. Goldie – damals Mr. G. Goldie Taubman – ein Name, der, wie der von Macgregor Laird, in der Galaxie der großen Namen, die mit den Annalen der nigerianischen Unternehmungen verbunden sind, jemals einen Platz einnehmen muss.

Als Sir George Goldie der Central African Company of London beitrat, waren die einzigen anderen Häuser am Fluss die Herren Miller & Co., Glasgow, die West African Company of Manchester und Mr James Pinnock aus Liverpool. Der Handel wurde bis nach Egga im Norden betrieben, obwohl der Benué kommerziell immer noch ein geschlossener Fluss blieb. Ein Besuch am Operationssitz reichte aus, um Sir George auf die genaue Situation und die absolute Notwendigkeit einer Änderung aufmerksam zu machen, wenn ein legitimer und gleichzeitig profitabler Handel fortgesetzt werden sollte. Die anderen Firmen waren bereits von der gleichen Meinung beeindruckt, und das Ergebnis einer kleinen Auseinandersetzung war der Zusammenschluss aller Firmen zur United African Company im Jahr 1879.

Die erfreulichen Ergebnisse dieser Politik zeigten sich bald in höheren Gewinnen. Die Betriebskosten wurden enorm gesenkt. Wo es früher schwimmende Schiffe gab, wurden feste Stationen an Land errichtet und gleichzeitig deren Zahl erhöht. Die Gesellschaft befand sich damit auf einer völlig neuen Basis gegenüber den Eingeborenen, die nun zu gleichen Bedingungen behandelt werden konnten. Der Handel wuchs sprunghaft und versprach, nationale Bedeutung zu erlangen.

Natürlich konnte ein solcher Wohlstand nicht anhalten, ohne den Neid anderer Nationen auf sich zu ziehen, insbesondere der Franzosen. Diese hatten ihre kühnsten Erwartungen übertroffen und die Ernte eingefahren, die die Engländer im oberen Nigerbecken gesät hatten. Nun hofften sie, durch ein wenig geschickte Manipulation dasselbe auch am Unterlauf des Flusses tun zu können und so ihren Traum eines fast ausschließlichen afrikanischen Reiches zu verwirklichen, das sich von Benin bis zum Mittelmeer erstreckt.

Unter der mehr oder weniger offenen Schirmherrschaft von Gambetta – sicherlich von ihm angeregt und ermutigt – wurden die ersten Fühler zur Gründung zweier kommerzieller Vereinigungen ausgestreckt – der Compagnie Française de l'Afrique Equatoriale in Paris mit einem Kapital von 160.000 Pfund Sterling ; und die Compagnie du Senegal et de la Côte Occidentale d'Afrique aus Marseille mit einem gezeichneten Kapital von 600.000 £.

Zum Glück für die britischen Unternehmungen im Nigerbecken wurden unsere Interessen von Argusaugen überwacht, sonst hätte der Lauf der Dinge eine andere Wendung genommen, der französische Handel hätte überall die französische Flagge und das französische Verwaltungssystem mit sich gebracht, bis schließlich jeder Handel mit Frankreich erstickt wäre unsere.

Die bis dahin private United African Company wurde umgehend der Öffentlichkeit zugänglich gemacht und das Kapital auf eine Million Pfund erhöht. Mit den „Sehnen des Krieges" ausgestattet, begann die Kompanie, den ausländischen Eindringlingen den Kampf zu liefern und sie schnell aus der gesamten Region zu vertreiben. Dennoch gelang es den Franzosen, während ihrer kurzen, unrühmlichen Karriere, in der der Gin-Handel florierte und die Anarchie unter den wilden Stämmen, die wie üblich immer bereit waren, die Spaltung und Feindschaft zwischen ihnen voll auszunutzen, noch mehr Anarchie ausbreitete , unkalkulierbaren Schaden anzurichten Die europäischen Händler.

Mit der Vernichtung der französischen Kompanien herrschten unsere Kaufleute erneut an der Spitze, und jede unmittelbare Gefahr einer politischen und kommerziellen Aggression Frankreichs war vollständig beseitigt.

Der Stand, den erstere sogar vorübergehend erreichen konnte, hatte jedoch gezeigt, wie prekär die Lage der britischen Gesellschaft im Land war, die nicht durch die Unterstützung der Regierung gestützt wurde. Sie waren immer noch anfällig für erneute Aggressionsversuche – immer noch gefährdet, dass ihnen die Früchte ihrer Arbeit und ihres Unternehmungsgeists entzogen werden. Unter solchen Bedingungen konnte es keine wirklichen Versuche geben, die Ressourcen des Landes zu erschließen oder neue zivilisatorische Institutionen unter den Eingeborenen einzuführen. Um diese Ziele zu erreichen, war völlig klar, dass zwei Dinge notwendig waren – erstens, dass das Nigerbecken unterhalb von Timbuktu sein sollte als britisch erklärt, als Garantie gegen jedes weitere Eindringen von außen; und zweitens, dass eine königliche Charta eingeholt werden sollte, unter deren Autorität das Unternehmen in die Lage versetzt würde, mit der Entwicklungs- und Fortschrittsarbeit fortzufahren.

Die Notwendigkeit dieses letzten Schritts war von M'Queen bereits lange vor der Erkundung des Unternigers vorhergesehen worden, außer in M'Queens eigenen Gedanken. Mit einer wahrhaft prophetischen Einsicht wies er darauf hin, dass die Mission Großbritanniens im Niger jemals erreicht werden könne, wenn dies nur durch eine Chartered Company geschehen könne. Während er eine längere Dauer des Privilegs ablehnt, argumentiert er, dass seine Dauer nicht zu stark verkürzt werden sollte, da dieser Umstand sonst den Kaufmann entmutigen und ihn davon abhalten würde, gleich zu Beginn Geld auszugeben oder damit den Handel aufzunehmen Kraft, die allein es produktiv und erfolgreich machen könnte.

Als Antwort auf das Argument gegen das ausschließliche Privileg zeigt er, dass dieses ausschließliche Privileg für einen noch zu bildenden Handel gilt und dass die Handelsbedingungen eines zivilisierten und eines unzivilisierten Landes völlig verschieden sind. Im letzteren „muss alles getan werden. Der reguläre Handel muss geschaffen werden. Die Gesellschaft muss fast vollständig gebildet werden. Sicherheit und Zivilisation, Recht, Ordnung und Religion müssen alle noch eingeführt werden. Einheitlichkeit in Aktion und Plan wird daher absolut notwendig, um all diese wünschenswerten Ziele zu erreichen – widerstreitende Interessen inmitten einer so uneinheitlichen Bevölkerung müssen und werden dies auf unbestimmte Zeit verzögern. Eine Charta ist eindeutig und unverzichtbar notwendig, um Handelsgeschäfte zu einem erfolgreichen Abschluss zu bringen – um die Versorgung zu regulieren, das Land zu erkunden und die richtigen Märkte zu finden, um als unwiderstehliche und stabile Macht mit den einheimischen Fürsten zu verhandeln, Land zu kaufen, den Handel zu schützen, Aggression zu bestrafen, um allmählich ein Reich in Afrika aufzubauen, wie es in Indien geschehen ist, gegen das keine einheimische Macht ihr Haupt erheben kann. Dann, und nicht eher, kann der Handel wieder aufgenommen werden ... Ohne solche Regelungen gibt es für eine gewisse Zeit nur allzu gute Gründe zu befürchten, dass unsere Verbindung mit Afrika nie mehr als die flüchtigen Besuche isolierter Kaufleute sein wird" usw. usw. Mit diesen und anderen bemerkenswerten Worten skizziert M'Queen anschaulich die Geschichte der sechzig Jahre des britischen Handels mit dem Niger seit der Zeit, in der er schrieb. Erst nach so langer Zeit und nach einer langen Reihe von Fehlern und der groben Umwälzung der Fakten wurden uns die Augen für die Notwendigkeit geöffnet, seinen Rat zu befolgen.

Doch selbst dann hätte die National African Company die Regierung möglicherweise vergeblich gebeten, Niger vor ausländischer Aggression zu schützen oder ihr die einzig mögliche Grundlage für die Ausbeutung und Entwicklung eines wilden Landes zu geben, das unter der Plage eines tödlichen Klimas litt, wäre Europa nicht plötzlich auf die angeblich riesigen latenten Möglichkeiten des afrikanischen Kontinents aufmerksam geworden.

Eine prächtige Seifenblase wurde sichtbar, die alle Augen mit ihren schillernden Farben blendete und alle Gemüter mit ihrem Versprechen von Reichtum und Macht entflammte. Der europäische Handel sollte wiederbelebt werden – der Druck auf die Bevölkerung sollte gemildert werden – Nationen sollten an Macht und Bedeutung gewinnen. El Dorado und Zweites Indien waren Begriffe, die zu schwach waren, um die Möglichkeiten der Zukunft auszudrücken, als Afrika zur Sprache kam.

Unter dem elektrischen Glanz der neuen Mode erblühten Wüsten wie Eden, Sümpfe wurden zu wahren Arkadien, die Wildnis wurde wieder bevölkert und Frieden und eine Nachfrage nach europäischen Gütern wurden zu den vorherrschenden Eigenschaften der Eingeborenen. Das Ergebnis war der Wettlauf um Afrika, bei dem sich die führenden Nationen Europas durch die unanständige Eile, mit der sie ihre jeweiligen Flaggen hissten, lächerlich machten. Unsere eigene Regierung war die letzte, die die belebenden Einflüsse spürte, und erwachte erst unter dem Druck der öffentlichen Meinung, und zwar erst, nachdem vieles, was uns hätte gehören sollen, verloren war.

Ohne die National African Company wäre der Niger jetzt wahrscheinlich Frankreich oder Deutschland zum Opfer gefallen, doch mit bewundernswerter Voraussicht hatten sie ihre Position gestärkt und ihre Rechte durch Verträge mit jedem einheimischen Stamm von der Mündung des Niger bis zu den Benué gesichert. Durch hartnäckiges Nörgeln beim Auswärtigen Amt wurden diese Verträge von der Regierung anerkannt und ein Protektorat über die so erworbene Region proklamiert.

Dann kam es im Winter 1884 zur Berliner Konferenz, auf der die freie Schifffahrt des Niger eingeführt wurde, die Verwaltung des Flusses von Timbuktu bis zum Meer jedoch in den Händen der Briten blieb.

Das war viel; aber es blieb noch mehr zu tun. Niger und Benué oberhalb ihres Zusammenflusses waren immer noch anfällig für politische und kommerzielle Aggressionen, die sowohl für die Interessen dieses Landes als auch für die Gesellschaft, die bereits so viel getan hatte, fatale Folgen haben könnten.

Dank der beharrlichen Bemühungen eines gewissen Herrn Flegel erkannten die Deutschen diese Tatsache schnell. Dieser unermüdliche Händler und Entdecker begann seine Karriere als Angestellter in einem Handelshaus in Lagos. Voller dem Ehrgeiz, den deutschen Einfluss zu erforschen und auszudehnen, gelang es ihm, mit britischen Missionsdampfern und Handelsschiffen den Niger zu besteigen, wobei er das Land auskundschaftete, wohin er auch ging, und stets auf der Suche war, wie das britische Brot, das er aß, für deutsche Zwecke genutzt werden könnte . Mit viel Wagemut und Fleiß und unterstützt durch deutsche Mittel erweiterte er auf späteren Reisen unser Wissen über einige Teile des Niger und der Benué.

Das Ergebnis seiner Nachforschungen und Erkundungen war die Entlassung der Deutschen Kolonialgesellschaft in der Hoffnung, ihren nationalen Einfluss in den Regionen außerhalb des britischen Protektorats zu etablieren.

Glücklicherweise war die National African Company wie immer hellwach und wurde sich der neuen Gefahr, die sie bedrohte, bald bewusst. Sofort begannen sie Vorbereitungen, um jegliches Vorgehen der Deutschen zu verhindern. Bereits bei ihrer selbst auferlegten Aufgabe, die Rechte Großbritanniens im Niger zu sichern, hatten sie alle Gewinne aus ihrem Handel aufgebraucht, aber sie dachten nicht daran, vor dieser Aufgabe zurückzuschrecken. Die Deutschen im Niger zu haben, würde den legitimen Handel irreparabel ruinieren und das ganze Land mit der styxartigen Flut von Gin überfluten, die unweigerlich in einer verheerenden Flut aus Hamburg fließen würde. In diesem entscheidenden Moment wurde es ein für alle Mal notwendig, das Nigerbecken für Großbritannien zu sichern. Die Gesellschaft erwies dem Verfasser dieser Zeilen die Ehre, ihn einzuladen, diese Aufgabe zu übernehmen. Dementsprechend befand ich mich im Februar 1885 wieder auf dem Weg in die Tropen, während meine Freunde sich noch größtenteils vorstellten, ich würde im Mittelmeer nach den Folgen meiner jüngsten Expedition ins Massai-Land rekrutieren.

KAPITEL XXXI.
DIE ROYAL NIGER COMPANY – (Fortsetzung).

Am 16. März 1885 erreichten wir die Nun-Mündung des Niger.

Schwere, bleierne Wolken hingen über uns, aus denen es in einem stetigen Regenguss herabfiel und Blitze in schnellen Abständen zuckten. Von Zeit zu Zeit krachte ohrenbetäubend Donner um uns herum oder vermischte sich aus weiter Entfernung mit dem monotonen, eindrucksvollen Brüllen der Atlantikbrandung. Eine dampfende Atmosphäre warf ihren deprimierenden Schleier über die Szene und ließ auf Fieberkeime und alle möglichen Leber- und Magenbeschwerden schließen. Auf allen Seiten erstreckte sich eine verfärbte Wasserfläche, die die bleiernen Farben über uns widerspiegelte und in die nebelverhangenen Mangroven floss, die den Horizont umgaben.

Als wir auf dem Deck der SS *Apobo* unter einer tropfenden Markise standen, ließen wir uns von der Melancholie der Szene anstecken und hätten zweifellos in römischer Heldenhaftigkeit ausgerufen: „Wir, die zum Sterben kommen, grüßen dich", wenn das nicht der Fall gewesen wäre Wir mussten unsere Fallen packen und uns auf die Landung vorbereiten.

Noch ein paar Meilen dampften wir in das „Grab dieses weißen Mannes", und unsere Gedanken wurden von der Melancholie unserer unmittelbaren Aussicht durch eine neue und interessantere Besonderheit abgelenkt. Dort vor uns, auf der linken Seite, wo Bach und Mangrove zusammentrafen, streckte ein leviathisches Objekt seine seltsame Länge weit ins Wasser und schüttete seine hundert Gliedmaßen in die ruhigen Tiefen. Dies war der eiserne Pier von Akassa, dem damaligen Haupthandelszentrum und Depot der National African Company.

Bald konnten wir den Strand erkennen, der mit den Überresten der Schiffe und Lastkähne aus vergangenen Tagen und den Booten und Kanus übersät war, die noch immer in Gebrauch waren. Weiter oben lagen Stapel von Vorräten und Palmölfässern, während sich dahinter eine Reihe geräumiger Lagerhäuser aus Wellblech erhob. Weiter seewärts befanden sich die Quartiere der Agenten der Gesellschaft – alles gemütlich eingebettet in die Arme des Mangrovenwaldes, der aus der Ferne faszinierend aussah, sich bei näherer Betrachtung jedoch als fiebererregender Sumpf erwies.

So war Akassa, wo mit unsterblicher Energie der geschäftige Strom des britischen Handelslebens pulsierte.

Mit unserer Ankunft am Fluss waren meine Tage der Ruhe vorbei und schnelles Handeln und strenge Arbeit waren an der Tagesordnung. Niemand wusste, wo Flegel war oder wo er auftauchen könnte. Mit seiner genauen Kenntnis des Flusses war er ein nicht zu verachtender Rivale. Es lag mir also an, keine Zeit zu verschwenden, und nachdem ich die nötigen Vorräte zusammengetragen hatte, trat ich zwei Tage nach meiner Ankunft in Akassa meine Reise mit der Dampfbarkasse *Français an*.

Die erste Stunde fuhren wir den immer schmaler werdenden Bach hinauf, bis wir uns einer dichten Mangrovenbarriere gegenübersahen. Einen Augenblick lang schienen wir wie verrückt auf Schiffbruch und Katastrophe zuzusteuern, als plötzlich die Vegetationswand eine schmale Öffnung bot und wir in ihren blattreichen Tiefen versanken. Konnte dies der Niger sein – der mächtige Fluss, der ein Viertel eines Kontinents entwässerte – nur ein dreißig Meter breiter und etwa fünf Meter tiefer Bach, der träge dem Meer zuströmte? Dieser Bach bestand aus Nigerwasser, aber es war nicht der Niger.

Auf dieser unbedeutenden, kurvenreichen Wasserstraße lag nun unser Kurs. Zuerst gab es Mangroven und nichts anderes, was das Aussehen von trockenem Land vortäuschte, das je nach Gezeitenstand abwechselnd als pestilenzartiger Schlamm freigelegt oder von Wasser bedeckt war. Nach einiger Zeit tauchte Land auf dem Niveau der höchsten Gezeiten auf – die Sumpfvegetation begann weniger kräftig zu wachsen und vermischte sich mit anderen Bäumen und Sträuchern. Mit jeder Meile wurde die Transformation deutlicher. Das Land stieg immer höher; die Mangrovenbäume wurden immer verkümmerter und ihre Zahl nahm ab; Erdpflanzen traten an ihre Stelle und wuchsen an Größe, Schönheit und Majestät, bis der ideale tropische Wald seine romantischen Tiefen vor unseren bewundernden Augen ausbreitete.

Zufällig fanden auch andere Entwicklungen des Panoramas statt. Der Fluss bündelte seine verschiedenen Arme und nahm an Breite und Tiefe zu, bis er in seiner vollen majestätischen Einheit seine breite Brust im tropischen Glanz sonnte – ein prächtiger Bach mit einer Breite von einer Meile bis anderthalb Meilen.

Mit dem Zusammenschluss der verschiedenen Zweige und der Verbesserung der physischen Bedingungen begannen sich Anzeichen menschlicher Besetzung zu zeigen.

In den ersten acht Stunden war nicht die leiseste Spur eines Menschen zu erkennen. Dann tauchte ein verlassenes Fischerwehr auf, daneben eine alte Plantage, nach und nach eine neue Lichtung und gleich danach ein von zwei Frauen angetriebenes Kanu, das man langsam am Flussufer entlangkriechen sah.

Endlich, gegen Sonnenuntergang, wurden ein paar Dörfer gesichtet, und von da an verkündete der Mensch seine Herrschaft über das Land und verlieh der Szene Leben, das hin und wieder einen malerischen Effekt hatte.

Als wir unseren Weg fortsetzten, bot sich unseren Augen der Anblick von vielem, von dem Lander und seine Nachfolger nur geträumt hatten, dass es möglich wäre. Der Handel hatte bereits prosaisch die große Straße der Erzählung und des Reisens betreten – den Fluss, der der Romantik heilig ist und dessen „goldener Sand" durch die Alchemie seiner Berührung nun in eine goldene Fracht aus Palmöl verwandelt wird.

Die brummenden Schrauben, der Dampfstoß und das Klirren der Maschinen durchbrechen die eindrucksvolle Stille des Waldes und erfüllen die tropische Luft mit ihren unheiligen Echos, die das Nilpferd aus seinem Lieblingsteich und das Krokodil von der gelben Sandbank vertreiben. Zwischen diesen Geräuschen dringen der schrille Schrei des Papageis und das empörte Geschnatter des Affen mit einem seltsamen Gefühl der Unvereinbarkeit ins Ohr.

Hier und da blitzt die schlichte Front einer Handelsstation mit ihren weißgetünchten Wellblechwänden und dem Dach im europäischen Stil unverblümt aus ihrer waldigen Nische aus Palmen und Kapokbäumen hervor. Von dort tritt der sachliche Händler – nicht mehr in der malerischen Unordnung des „Palmöl-Raufbolds", sondern strahlend in der blendenden Pracht eines gut gestärkten Hemdes und schneeweißer Segeltuchhosen – der durch einen von Sonnenblumen erleuchteten Garten und von einem Baldachin aus Weinreben und anderen Kletterpflanzen beschatteten Wegen zum Anlegeplatz hinunterschlendert.

HÄNDLERHAUS, ABUTSHI.

Die Eingeborenen rund um die Station teilen die unromantischen Veränderungen. Sie tragen noch immer eine Aura malerischer Sansculotten-Barbarei mit sich, aber es sind schrille Elemente hinzugekommen. Der Neger ist zu dem hybriden Wesen des „Niggers" verkommen, der einem „Guten Morgen" sagt, wenn er nach einer Pfeife Tabak oder einem Schluck Gin fragt, oder der einen auf seinen Lawn-Tennis-Hut aufmerksam macht – die neueste Mode und fast seine einzige Kleidung.

Der einzige Umstand, der dazu beiträgt, ihm einen Hauch von Romantik zu verleihen, ist die Tatsache, dass wir wissen, dass er seinen Nächsten immer noch so sehr liebt, dass er manchmal buchstäblich ein Fleisch mit ihm wird.

Überall gibt es Hinweise darauf, dass der Händler im Besitz ist. Der Missionar hat ihn begleitet, eifrig im Dienste Christi und der Menschheit. Nicht selten kann man die süßen Töne der Kirchenglocke hören, die silbern klar aus der kathedralen Dunkelheit des Waldes erklingen. Sie rufen, ach!, diejenigen, die nicht hören wollen, obwohl sich diese süßen, feierlichen Klänge für das sehnsüchtige Ohr des Glaubens zweifellos zu einer Prophezeiung des kommenden Guten formen, das eines Tages durch jede Waldtiefe und weite Wüste des Dschungels widerhallen wird.

Wie auch immer die Zukunft des Christentums in diesen Ländern aussehen mag, eines wird uns völlig klar, während wir den Fluss hinaufsteigen, nämlich, dass es nicht die einzige religiöse Kraft ist, die in die durchnässte Masse des Niger-Heidentums eindringt. Der Islam hat mit unermüdlichem missionarischem Unternehmungsgeist das Feld betreten und der älteren Religion den Fehdehandschuh hingeworfen, um den Besitz der Eingeborenen zu erlangen. Bedauerlicherweise ist der Fortschritt des christlichen Glaubens im Vergleich zur fortschreitenden Strömung des Mohammedanismus bisher praktisch zum Stillstand gekommen. Auf halbem Weg zwischen dem Delta und Lokoja befinden sich die ersten muslimischen Außenposten, die einen deutlichen und von Jahr zu Jahr zunehmenden Einfluss auf die Ideen und Gewohnheiten der Einheimischen ausüben. Mit jeder Meile, die wir dem Sudan nähern, wird dieser Einfluss immer deutlicher erkennbar, bis wir, bevor wir die Grenzen von Gandu erreicht haben, die sympathische Dreifaltigkeit – Fetischismus, Kannibalismus und die Ginflasche – vollständig hinter uns gelassen haben und in gewissem Maße den noch ungewaschenen Barbaren finden bekleidet und bei klarem Verstand, instinktiv zu religiöser Aktivität und Enthusiasmus und wunderbar weit fortgeschritten in den Künsten und Industrien. Hier wird deutlich, dass wir es nicht mit einer vermeintlichen Fassade, keiner bloßen Formalität, keinen äußeren Einflüssen zu tun haben, die einem wilden Volk den Anschein höherer Dinge verleihen könnten, sondern dass wir uns einer Kraft gegenübersehen, die tief im Leben verwurzelt ist der Bewohner und verwandelte sie insgesamt.

Als wir uns Lokoja näherten, verabschiedeten wir uns von den dampfenden Ebenen und dichten Wäldern und betraten eine malerische Gegend mit hohen, tafelförmigen und spitzen Bergen, die das Auge durch ihre abwechslungsreiche Form und ihren schroffen Anblick erfreuten – hier streng und bedrohlich mit kahlen Abgründen, dort sonnen sie sich in der tropischen Sonne an lächelnden Hängen, verschönert und beschattet von Baumgruppen, an anderen Stellen wölben sie sich nach oben und erheben sich zu fantastischen Gipfeln. Doch so entzückend dieser Teil der Reise für uns als Passagiere und Zuschauer auch war, er war für unseren Kapitän alles andere als angenehm, dessen ganze Gedanken von den verborgenen Felsen im Flussbett und den wilden Strömungen, die sie umwirbelten, in Anspruch genommen wurden.

Die Überfahrt verlief jedoch am Abend des 25. sicher und wir ankerten vor Lokoja, gerade als die letzten Sonnenstrahlen von den Berggipfeln verschwanden und den Sepiatönen des Abends Platz machten.

Bei der Fortsetzung unserer Reise mussten wir nun vorsichtiger vorgehen. Wir hatten die südlichen Grenzen von Gandu erreicht, die westliche Hälfte des großen Fillani-Reiches (Fulah). Zu dieser Zeit besaß Maliké, der Emir von Nupé, das vollständige Monopol auf den Handel zwischen der Gesellschaft und dem Rest von Gandu. Wir waren uns nur allzu bewusst, dass er jeden Versuch, dieses Monopol zu durchbrechen, energisch bekämpfen würde, und dass wir daher alle Hoffnungen auf ein Vordringen ins Landesinnere aufgeben könnten, wenn er das Ziel unserer Expedition zu seinem Lehnsherrn in Gandu wittern würde. Da unsere Anwesenheit vor ihm nicht geheim gehalten werden konnte, dachten wir, es wäre das Beste, ihm einen Brief zu schicken, in dem wir lediglich ankündigten, dass wir vorbeikamen.

Am 28. verließen wir Lokoja und fuhren weiter nach Rabba. Jetzt waren wir mit vollem Ernst bei der Arbeit und bereiteten Ladungen im kleinen Laderaum des Bootes vor, wo wir beinahe bei lebendigem Leib geröstet worden wären. An verschiedenen Stationen wurden heimlich Träger eingeschifft und in Lastkähnen verstaut, und alles wurde für einen Überraschungsmarsch vorbereitet, sobald wir an Land gingen.

Am 8. April erreichten wir Rabba, von wo aus unser Marsch über Land beginnen sollte. Maliké erwartete noch immer unseren Besuch in Bida, als wir tatsächlich hundert Meilen weiter westlich mit hundertzwanzig Männern, zwei gebildeten Negerhändlern, einem arabischen Dolmetscher und zwei Europäern außer mir an Land gingen. Alle unsere Pläne waren so vollständig ausgearbeitet, dass wir am nächsten Tag aufbrachen und die Häuptlinge und Dorfältesten sprachlos und ratlos zurückließen, da sie nicht wussten, was sie ohne Anweisungen aus der Hauptstadt tun sollten.

Unsere ersten Freudengefühle, als wir Rabba zurückließen, wurden schnell getrübt, als einer meiner europäischen Begleiter sich das Bein brach und sofort zur Barkasse zurückgebracht werden musste. Bald überkam uns eine Flut von Problemen und Sorgen. Die Oberhäupter der verschiedenen

Bezirke begannen, uns jedes mögliche Hindernis in den Weg zu legen und uns Führer, Träger und Essen zu verweigern. Die Männer, die an karge Kost und den stetigen Trubel eines Karawanenmarsches nicht gewöhnt waren, meuterten und versuchten, uns zur Umkehr zu zwingen. Sie drohten, uns zu ermorden, und hielten uns mehr als einmal zur Einschüchterung ihre Gewehre entgegen. Ein Mann versuchte, mich zu erstechen, konnte aber erst nach einem erbitterten Kampf, während die Träger passiv zusahen, in Gewahrsam genommen werden. Dennoch war es für uns eine Frage von Leben und Tod, dass wir trotz aller Widerstände vorankamen – ein paar Tage könnten den Untergang der Expedition bedeuten, wenn sie dem Boten des Emirs Zeit geben würden, mit uns zusammenzukommen. Der Gedanke inspirierte uns, unsere Anstrengungen zu verdoppeln. Wir kämpften wie Männer auf Distanz, obwohl wir nur zu zweit gegen hundertzwanzig waren; und glücklicherweise gingen wir dank machiavellistischer Strategie und Diplomatie, mit nicht wenig entschlossenem Einsatz von Revolvern, siegreich aus der Schlacht hervor – sicher außerhalb der Fänge Malikés und völlige Herr der Lage.

HAUSSA-HÜTTE.

Es würde den Rahmen dieses Kapitels sprengen, zu erzählen, wie wir unseren Weg über Nupé nach Kontakora und von dort über Yauri, den Niger und Gulbi-n-Gindi nach Jega, Sokoto und Wurnu, wo der Sultan von Sokoto war, fortsetzten hatte seinen Hof errichtet.

Hier befanden wir uns in einer Region voller interessanter Dinge, denn wir hatten das religiöse, politische und kommerzielle Zentrum des westlichen und zentralen Sudan erreicht. Wir konnten unseren Sinnen kaum trauen und erkannten, dass wir uns im Herzen Afrikas befanden, unter einem Volk, das im Volksmund als Neger bezeichnet wird. Es kam uns eher so vor, als wären wir, erschöpft von den ermüdenden Meilen und dem eintönigen Trappeln unserer Pferde, eingeschlafen und hätten uns in einem Traum in einem Teil des maurischen Afrikas gefühlt. Eine glühende Sonne brannte mit schrecklicher Wirkung auf ein ausgedörrtes Land, in dem hier und da grüne Oasen aus Akazien, Baobabs und *Doumpalmen auftauchten* , in denen Dörfer und Städte lagen, halb verborgen im wohltuenden Schatten des Laubes.

Während wir weitergingen, wurden wir überall an mohammedanische Bräuche erinnert, an die Fülle östlicher Kleidung, wenn auch nicht an prachtvolle Farben. Alles trug den Stempel maurischer Ideen und nordafrikanischer Zivilisation. In den frühen taufrischen Morgenstunden, in der schwülen Mittagshitze, am Ende des tropischen Tages konnten wir den heiligen Ruf zum Gebet hören. Am Wegesrand, weit weg von Moschee und Stadt, waren mit Steinen markierte Stellen zu sehen, die den staubigen und fußkrank gewordenen Reisenden mit stiller Beredsamkeit einluden, seinen mühsamen Marsch zu unterbrechen und seine Gedanken für einen Moment von seinen weltlichen Angelegenheiten abzulenken.

Die Männertypen und die Kleidungsmoden waren höchst unterschiedlich.

Besonders interessant waren jene geheimnisvollen Menschen, die Fillani oder Fulah, von denen uns von Zeit zu Zeit mehrere begegneten. Zu Beginn dieses Jahrhunderts waren sie einfache Hirten, halbnomadisch gekleidet und halbsklavisch in ihrer Stellung – wenige Jahre später Krieger und mohammedanische Propagandisten –, heute herrschen sie über hundert Rassen zwischen dem Atlantik und Bornu. Mit ihren voluminösen Gewändern, ihren massiven Turbanen und mit *Litham* verschleierten Gesichtern tänzelten sie auf prächtig geschmückten Pferden mit der würdevollen Haltung der Mauren daher.

PORTRÄT DES BRUDERS DES SULTANS VON SOKOTO.

Zahlreicher waren die Haussa, die intelligenteste und fleißigste der schwarzen Rassen.

Ganz anders als dieses interessante Volk waren die Tuareg-Besucher aus der Hochebene von Asben, die in kunstvoll zerlumpten Kleidern an uns vorbeistolzierten, mit Augen, die im Schatten ihres Waschlappens und ihres überhängenden Turbans vor wilder menschlicher Leidenschaft zu glühen schienen.

Am 24. Mai erreichten wir das Ziel unserer Expedition und wenige Tage später auch das Ziel unserer Mission. Wir verloren keine Zeit und machten uns auf den Weg nach Gandu, wo wir mit ähnlichen Erfolgen kämpften. Mit Verträgen in arabischer Sprache, die mit den Siegeln der beiden Sultane versehen und von ihren jeweiligen Wesiren unterzeichnet wurden, stellten wir ihre beiden Reiche praktisch unter britisches Protektorat und gaben der National African Company alle Handelsprivilegien. Mit nicht geringer Begeisterung traten wir unsere Heimreise an.

Das einzige unangenehme Ereignis, das unsere Reise Richtung Küste kennzeichnete, war der Diebstahl meiner Tagebücher und meiner persönlichen Gegenstände, obwohl die wertvollen Verträge glücklicherweise unversehrt blieben. Rabba wurde ordnungsgemäß erreicht, und von dort setzten wir unsere Reise flussabwärts in Kanus nach Lokoja fort. Unterwegs begegneten wir der deutschen Expedition, die inzwischen ins Leben gerufen worden war, um anderen Nationen in den Regionen zuvorzukommen, die wir gerade verlassen hatten, auf dem Weg flussaufwärts, ohne zu wissen, dass von Timbuktu bis Akassa oder von Bornu bis Yoruba kein Meter Boden mehr übrig war, auf dem die Flagge des Vaterlandes gehisst werden konnte.

Innerhalb von sieben Monaten nach meiner Abreise aus Liverpool war ich wieder zu Hause und hatte meine Arbeit in viel kürzerer Zeit erfolgreich erledigt, als ich zu Beginn zu hoffen gewagt hatte.

Nächstes Jahr gewährte unsere Regierung, die sich nun der Fehler der Vergangenheit bewusst geworden war und die unbestreitbaren Ansprüche und das großartige patriotische Unternehmen der National African Company anerkannte, ihr eine königliche Charta und das Recht auf den Titel Royal Niger Company, den sie jetzt trägt .

Der ehrenwerte Lord Aberdare war sein erster Gouverneur, und Sir George Goldie – dessen diplomatisches Genie und unermüdlicher Fleiß dieses Land und die Gesellschaft so viel verdanken – war der stellvertretende Vorsitzende. Um sie versammelten sich als Ratgeber und Berater viele, die zu den Pionieren des britischen Handels und Einflusses auf den Niger gehörten und dabei geholfen hatten, den Weg für das großartige nationale Unterfangen zu bereiten, dessen Eröffnung sie noch erlebt hatten. Zu diesen gehören die Herren Miller, Mr. Edgar und Mr. Croft, deren Namen in den Annalen des Unternehmens einen ehrenvollen Platz finden.

Über die vielversprechende Karriere, die die Gesellschaft damit begonnen hat, muss nicht ausführlich gesprochen werden. Die neue Verwaltung kann bereits gute Ergebnisse vorweisen. Der Gin-Handel wurde in Angriff genommen, wo möglich unterdrückt und andernorts durch enorme Zölle eingeschränkt. Waffen und Schießpulver werden auch nicht mehr in großen Mengen an die wilden Eingeborenen verkauft. Die Ressourcen des Landes werden wie nie zuvor getestet und entwickelt und das mit den erfreulichsten Ergebnissen.

HAUSSA-DORF.

Zum Abschluss dieses Berichts über die Erforschung des Niger können wir nichts Besseres tun, als die prophetischen Worte von M'Queen zu zitieren – sie sind noch immer anwendbar, obwohl sie sich später erfüllen werden, als sie es vielleicht sein könnten. Er war es, der als erster den Verlauf und das Ende des großen Flusses eindeutig demonstrierte. Er warnte als erster vor der Gewissheit des französischen Vormarsches; er hatte die klare Vision, die die Notwendigkeit einer Chartered Company voraussah. Lassen Sie ihn also für die Zukunft sprechen und vorhersagen, was kommen wird, so wie er in den abschließenden Worten seiner Commercial Survey of the Region vorhersagte, was jetzt vergangen ist.

„Somit habe ich, wenn auch, wie ich gestehe, im Vergleich zur Bedeutung des angesprochenen Themas schwach, mein Ziel erreicht, nämlich die Aufmerksamkeit der britischen Regierung und die Macht und Energie unseres Volkes auf eine Ehre ersten Ranges zu lenken und gleichzeitig versucht, die Findigkeit und den Unternehmergeist unserer Kaufleute zu wecken, um einen Handel ersten Ranges zu betreiben. Mit Hilfe des Niger und seiner Nebenflüsse ist es ganz offensichtlich, dass der gesamte Handel Zentralafrikas ausschließlich und dauerhaft unser Eigentum sein kann ... Die zur Verwirklichung dieses Vorhabens notwendigen Maßnahmen zu unterstützen und durchzuführen, ist des Ministeriums Großbritanniens und des ersten Landes der Welt würdig. Es wird unserem Heimatland ewige Ehre verleihen, dem Namen und der Herrschaft Georgs des Vierten dauerhaften Ruhm verleihen, Großbritannien immense und dauerhafte Vorteile bringen und Afrika unschätzbare Segnungen und Vorteile bescheren. Landwirtschaft, Industrie und Handel, Bildung und Religion werden sich rasch und weit in einem Land ausbreiten, das reich an reichhaltigen Erzeugnissen ist, ob auf der Erdoberfläche oder darunter, das aber gegenwärtig von der erbärmlichsten Knechtschaft überzogen und in tiefster Unwissenheit, Aberglaube und Barbarei versunken ist. Jedes Hindernis wird vor vernünftigen und geduldigen Anstrengungen verschwinden. Der Ruhm unseres Schöpfers, das Wohl der Menschheit, der Wohlstand unseres Landes, das Interesse der Gegenwart und das Wohlergehen künftiger Generationen – Ruhm, Ehre, Interesse rufen uns und zeigen uns gemeinsam den sicheren Weg, um das wichtige Ziel zu erreichen. Lasst nur die edle Union Ensign über dem Strom des mächtigen Niger wehen und an ihm gepflanzt werden, und die tiefsten Wunden Afrikas werden geheilt."

- 239 -

EDRISIS AFRIKA 1154

Katalanische Weltkarte, 1375.

The linked image cannot be displayed. The file may have been moved, renamed, or deleted. Verify that the link points to the correct file and location.

- 241 -

FUßNOTEN:

[1] Barths Reisen, Bde. II und IV, Anhänge V und IX.

[2] Barths Reisen, Bd. IV, S. 415.

[3] Barths Reisen, Bd. IV, Anhang IX, S. 624.

[4] Eine geografische und kommerzielle Betrachtung Nord- und Zentralafrikas.

[5] Im Folgenden ist die Version des obigen Vorfalls der Herzogin von Devonshire wiedergegeben:

„Der Wind brauste laut, der Regen fiel schnell,

Der weiße Mann gab der Explosion nach;

Er setzte sich unter einen Baum,

Denn er war müde, traurig und schwach,

Und ach, keine Frau, keine Muttersorge

Für ihn die Milch oder den Mais zubereiten.

CHOR.

Der weiße Mann soll unser Mitleid teilen;

Ach, keine Frau oder Mutter fürsorglich

Für ihn die Milch oder den Mais zubereiten.

Der Sturm ist vorüber, der Sturm ist vorüber,

Und die Stimme der Gnade hat den Sturm gedämpft,

Der Wind ist leise flüsternd zu hören,

Der weiße Mann muss weit weg,

Aber immer muss er in seinem Herzen tragen

Erinnerung an die Fürsorge der Neger.

CHOR.

Geh, weißer Mann, geh, aber trage mit dir

Der Wunsch des Negers, das Gebet des Negers,

Erinnerung an die Fürsorge der Neger.“